魅力口才

Meili Koucai

Zhou Enlai

良石/编著

台海出版社

图书在版编目（CIP）数据

魅力口才周恩来／良石编著．－北京：台海出版社，2012.4（2021.5重印）

ISBN 978-7-80141-984-2

Ⅰ.①魅… Ⅱ.①良… Ⅲ.①周恩来（1898～1976）－语言艺术－研究 Ⅳ.①K827=7②H019

中国版本图书馆CIP数据核字（2012）第072367号

魅力口才周恩来

著　　者：良　石

责任编辑：姜　航　　装帧设计：张　涛

版式设计：张　涛　　责任印制：蔡　旭

出版发行：台海出版社

地　　址：北京市景山东街20号，　邮政编码：100009

电　　话：010－64041652（发行，邮购）

传　　真：010－84045799（总编室）

网　　址：http://www.taimeng.org.cn/thcbs/default.htm

E-mail：thcbs@126.com

经　　销：全国各地新华书店

印　　刷：唐山市铭诚印刷有限公司

本书如有破损、缺页、装订错误，请与本社联系调换

开　　本：710×1000 mm　1/16

字　　数：190 千字　　印　　张：18.5

版　　次：2012 年 7 月 第 1 版　　印　　次：2021 年 5 月 第 5 次印刷

书　　号：ISBN 978-7-80141-984-2

定　　价：49.80 元

前言 PREFACE

一代伟人
——魅力口才周恩来

周恩来是举世公认的伟人，他具有超凡的气度、横溢的才华和脱俗的人格魅力，他不但以超凡的人格魅力征服了他所生活的那个时代，还给世界和后人留下了弥足珍贵、彪炳千秋的精神财富。尤其是他卓尔不群的外交造诣和出类拔萃的魅力口才，更成为世人津津乐道的精神佳话。应当说，一流的魅力口才，也的确成了周恩来活跃国内政坛、叱咤国际风云的公关利器，几乎所向披靡、锐不可当。也正是他那张“打破天下无敌手”的铿锵铁嘴和捍卫民族利益的铮铮铁骨，在为祖国赢得巨大利益和崇高荣誉的同时，也把自己打造成解决世界棘手难题的大外交家、谈判专家和口若悬河的演讲大师。

应当说，有关周恩来口才方面的书籍，市场并不鲜见，但大多数停留在对故事的欣赏层面，而对周恩来口才的运用剖析上，则少有涉猎，偶尔触及，也往往是蜻蜓点水、浮光掠影，根本谈不到语言运用的内核上。而本书则跳出单纯地对伟人仰慕的怪圈，从口才的运用上，对伟人的口才技能加以诠释，并不是简单地把伟人的口才故事做生硬解读，而是将其置放在当时的时空背景下，仔细揣度伟人的口才意境及其后人可供借鉴的精粹之处，加以置换，为我所用，具有一定的可操作性。本书遵从一代伟人周恩来的人生路径，从其脍炙人口的风云故事和生活情趣中，遴选了大量的口才故事，不但可以领略伟人的风采，还可以窥知伟人的内心世界。本书从时代伟人周恩来的谈吐举止、雄辩口才、演讲功力、谈判境界、幽默天赋及魅力风采等6个方面，分为24个章节，全方位、多角度地剖析伟人对语言的灵活运用，以及精美语言所产生的神奇功效。不但可以拉近读者与伟人之间的距离，还可以感触伟人语言的脉络。对读者而言，这既是灵魂的陶冶，也是精神的洗礼，更是酣畅淋漓的灵魂盛宴和味美可口的精神佳肴。

目录 CONTENTS

◎第一章 温文尔雅——周恩来的谈吐举止

◎第二章 雷霆万钧——周恩来的雄辩口才

◎第三章 激荡人心——周恩来的演讲功力

◎第四章 总揽全局——周恩来的谈判境界

◎第五章 睿智诙谐——周恩来的幽默天赋

◎第六章 世界倾倒——周恩来的魅力风采

第一章
Chapter 01

温文尔雅
——周恩来的谈吐举止

大多政治家，尤其是国家领导人，都比较注重个人的魅力。与其他政治人物相比，周恩来最大的特点就是和蔼可亲、温文尔雅、气质脱俗。其实这种富有亲和力的背后，折射的是他高超非凡的谈吐神韵。人与人之间，语言是最直接的互动方式，但一个人的气质、修养、胆识等各方面因素都会对其语言起关键作用。因此，一个富有魅力的人总会在人际交往中将自己的言谈举止发挥到极致。周恩来作为伟大的战略家，他不仅善于从大处着眼，而且还善于从小处入手。在别人看来，也许是很不起眼的小事，可是周恩来却非常重视。因此，对于周恩来来说，在举手投足之间显现的都是魅力，一句话、一个表情，甚至一个眼神，都能展现他匠心独运的大家风采。

第一节　语言：充满感召的隽永辞藻

周恩来在少年时代就发誓要“为中华之崛起而读书”。事实上，这句激荡人心的豪言壮语也确实激励了他的一生。为了中国人民的解放和幸福事业，他殚精竭虑，鞠躬尽瘁，日理万机，用一生的信念和执著践行了“为人民服务”的庄严承诺。当然，这一切都源于他对自己民族和人民深深的爱，透过他的言谈举止，让人们感受到了一个忧国忧民的伟大灵魂。

良言过耳周身暖

——大爱无边，周恩来将“人民的勤务员”的观念融化在脑海里

周恩来一生对待各界人士都是以“我是人民的勤务员”作为自我定位的。凡是看过以前新闻纪录片的人都会记得，周总理胸前经常挂着一枚“为人民服务”的徽章。“真在内者，神动于外”，这正是周总理高尚品德的真实写照。

一句“国宝”，让老艺术家感慨万千

1962年，周总理手撑雨伞，从杭州饭店徒步来到金沙岗。这里是著名京剧表演艺术家盖叫天的寓所。盖叫天得知总理要来，激动得心都要跳出来了。这可是前所未闻的大事啊！因为在封建时代，戏曲一直被划为三教九流的范畴，是登不了大雅之堂的，可如今，一个泱泱大国的总理，却要来到他的寒舍前来拜访，这怎能不让他心潮澎湃呢？于是盖老三步并作两步，打开正门迎接，却不料总理已从另一个门进去了。

盖老赶紧回过身来，用颤抖的双手接过总理手中的雨伞，说：“总理啊！您冒雨前来看我，这可担当不起啊！这哪朝哪代，有宰相登门拜访一个玩把式的？”

周恩来笑着说：“什么玩把式的？时代不同了，你可是人民的表演艺术家，是我们的‘国宝’！”

周恩来的一句“国宝”让盖老激动不已，他声音有些发颤地说：“总理啊，一个过去被人看不起的戏子，如今却被您看做‘国宝’，这一辈子怎么的都值了！我不枉此生啊！”

周恩来笑答：“当然，有你这样的‘国宝’也是我们国家的骄傲啊！今晚你还要代表我们国家为外宾演出啊！”

盖叫天说：“我正忙着练功准备！”

周恩来说：“你呀，真是‘活到老，学到老’啊！”

晚上，周恩来陪同外宾观看了盖叫天的演出之后，又一次到后台看望他。盖叫天正光着脊梁，赤裸着上身在洗脸卸妆。旁人要招呼盖叫天，周恩来一面摆手阻止，一面拉过凳子坐下，慈祥地看着他卸妆。

盖叫天正对着镜子埋头揩擦油彩，抬头猛见镜中映出总理慈祥的笑容，回转身来，又惊又喜地说：“啊，总理，您是宰相，要在过去，我这样赤身裸体，就会犯大不敬之罪的啊！”

周恩来却摆摆手，脱下身上的夹大衣披在盖叫天身上说：“那是过去啊，今天，你是‘国宝’，我是人民的勤务员啊！”

盖叫天是京剧武生泰斗，为人刚直，气节凛然。旧社会时因不肯受戏院老板的挟制而遭受排斥，曾为拒绝充当清朝内廷供奉，自残左臂。新中国成立后不久的1951年，盖叫天在北京第一次与周恩来总理见面，起初不免拘谨。周恩来热情地握着他的手，亲切地说：“我30年代就是你忠实的观众。虽然只是神交，但是我自信对你是十分了解的，我们应该成为好朋友。”周恩来平易近人的言行，使盖叫天如释重负，从此引以为知己[1]。

灾后慰问，肺腑良言温暖百姓心窝

1966年3月8日凌晨，河北省邢台地区发生了6.7级强烈地震。周恩来在国务院会议厅召开紧急会议，商讨灾区应对措施。3月9日，年近古稀的周恩来只带了几名随行人员便来到了震情最严重的隆尧县。晚上10点左右，周恩来正在与当地干部研究、布置抗震救灾工作，突然发生了5级以上的余震，但周恩来坚持不肯走，仍镇静地和干部们继续研究救灾工作。

3月10日下午，周恩来亲赴灾情最严重的白家寨村，他亲切地对大家说："乡亲们，你们受了灾，损失很大，毛主席派我来看望你们，党中央很关心你们。"[2]在群众大会上，他号召干部、群众要以愚公移山的精神战胜困难，"共产党员、共青团员和少先队员要带头抗震救灾"。会后，周恩来挨家挨户地进行慰问，他逢人便问：煮米有没有锅？烧柴有没有灶？吃饭有没有碗？

灾民们感动地说："敬爱的总理连我们吃饭的锅、碗、瓢、勺都想到了！"

3月22日，邢台地区又一次发生了7.2级的强烈地震。4月1日，周恩来再次来到邢台震区。在宁晋县东汪公社的临时医院，周恩来看望了100多名伤病员。周恩来走到骨盆严重受伤的老贫农贺全胜身边，蹲下来紧紧握着他的手，仔细察看伤情。贺全胜流着眼泪，激动地说："总理呀，亲人解放军把我救出来。您整天为我们操劳国家大事，工作那么忙，还亲自来看我们，这可叫我们怎么报答您的恩情！"周恩来握着他的手亲切地说："解放军是为人民服务的，我也是为人民服务的。我们都是人民的勤务员。"[3]

这天下午，周恩来又赶到何家寨，在村头的帐篷里与70多名干部群众代表进行了座谈。许多村民激动地说："俺们受了灾，把您老人家惊动来了。"他爽朗地回答说："为人民服务，应该。"这一天一直刮着六七级的大风，风卷着沙，沙裹着风，碗里刚倒上水，就落下一层土，但周恩来毫不介意，他端起粗瓷大碗，轻轻吹一下，便喝下去了。这一天从早上5点到晚上9点，他一口饭都没有吃，连续工作了16个小时。人们多次劝他吃饭，他总说不忙，并一再嘱咐身边的同志说，群众受了灾，已经很困难了，不要再给他们添麻烦。晚上，他还来到邢台郊区驻军营房前的操场上，与战士们一起吃了家常饼和炒白菜。

魅力感悟

跟盖叫天第一次见面，周恩来就坦言“我30年代就是你忠实的观众”，没有一点高高在上的姿态，特别是用“国宝”来称呼老艺术家，话不在多，而在于直击肺腑，让盖叫天感慨不已。老一辈艺人，一般都历经了时代的磨难。周恩来深深地理解他们所承受的不幸，也深深地知道他们身负的国粹是无价之宝，必须给予高度的照顾和关怀。周恩来对他们的照顾不是停留在见面的寒暄上，而是时时刻刻惦记着他们。只要有机会，他就会亲自去登门拜访，问寒问暖，帮助解决实际问题，且每次都是以一个“勤务员”的身份，从不给对方造成生活上的打扰和心理上的压力。因此说，周恩来身上所体现出来的那种“勤务员”的精神就是无私付出。

世上最美的语言需要多华丽呢？不需要。与人民群众同甘苦、共命运的时候，他已经无需再去雕琢自己的语言，朴实无华、嘘寒问暖的话，已经可以把最好的表达做了无限的诠释。

周总理到了受灾现场，他想到的不是自己的生命安危，而是把自己看做毛主席的特派员，党中央的一分子，带来党的关怀和慰问。接着，他号召“共产党员、共青团员和少先队员要带头抗震救灾”，并以身作则，挨家挨户进行慰问。他所问的问题多么细致，都是老百姓关心的一碗、一饭，此时此刻，还有什么比这种细微的关心更重要？

作为国家领导人，周恩来没有把自己看成一个特殊的人，在他心里，他跟每一个为人民服务的党员一样，就是一个“勤务员”。在一般老百姓看来，国家领导人亲自到现场，与灾民同苦共难，实在是一种“惊动”。可在周恩来心里，这一切都是应该的，且不能因为自己是领导，而成为救灾工作的负担。他甚至比每一个人还要操劳，连饭都顾不上吃一口，喝着落满尘土的水，不给自己搞特殊，不给百姓添不必要的麻烦，与人们一起呼吸，完全把自身的安危置之度外。

由此可见，对人民真正的大爱是装不出来的，且绝非一天半日能够做到，周恩来已经把“人民的勤务员”的观念融化在脑海里，他的一言一行，无不是这种大爱的体现，无须技巧，无须修饰。也正是这样，这种大爱才在朴实无华中发挥出了无与伦比的力量，让整个民族撑起了苦难。

略带沙哑的磁性发音
——把亲切和自信传递给世界

周恩来总理的一生是伟大的，他有着伟大的人格魅力。周总理身上体现出的是一个民族的气节，略带沙哑的说话传达的是一个民族的声音，这个声音亲切，这个声音自信，这个声音从容，这个声音坚定，这个声音充满了智慧与艰辛。在一次次面对西方大国，一次次面对国际复杂局势，一次次面对中华民族的危难与转机，周恩来靠其智慧，利用一切可团结的因素，把不利因素降到最低。他让所有的对手敬服，因为他体现着自强不息的民族品格，富贵不能淫，威武不能屈。

沙哑声音，疏缓美国使者的紧张情绪

1971年7月9日，随着基辛格一行的访华，终结了中美两个国家的敌对状态。

当天下午4点，是基辛格与周恩来约定的会面时间。基辛格在其入住的钓鱼台国宾馆接到电话，告知周恩来总理马上就要过来。他没有想到总理会亲自到宾馆来，而不是他去见总理，因此既紧张又兴奋。基辛格站到门口等候，看见周恩来特意把手伸出去，周恩来立即微笑，和他握手。基辛格后来说：“这是将旧日嫌隙抛于脑后的第一步。”

周总理的准备非常细致，他事先对基辛格一行的情况了如指掌。站在基辛格旁边的是霍尔德里奇，周恩来握着他的手说："我知道，你会讲北京话，还会广东话，广东话连我都讲不好，你在香港学的吧？"[4]

下一个是斯迈泽。"我读过你在《外交季刊》上发表的关于日本的文章，希望你也写一篇关于中国的。"

轮到洛德，周恩来说："你的中文应该学得不错，你的上海夫人一定教你不少中文。我知道她在写小说，我愿意读到她的书，欢迎她回来访问。"[5]洛德有些不好意思地笑了。

关于这次相见，基辛格在他的《白宫岁月》一书中对周恩来有这样的描述："他脸容瘦削，额带憔悴，但神采奕奕，双目炯炯，他的目光既坚毅又安详，既谨慎又满怀信心。他身穿一套剪裁精致的灰色毛式服装，显得简单朴素，却甚为精美。他举止娴雅庄重，使举座注目的不是魁伟的身躯（像毛泽东和戴高乐那样），而是他那外弛内张的神情、钢铁般的自制力，就像一根绞紧了的弹簧一样。他令人觉得轻松自如，但如仔细观察就知并不尽然。他听英语时，不必等到翻译，脸上的笑容和理解的神情，很清楚地表示他是听得懂英语的；他的警觉性极高，令人一见就感觉得到。显然，半个世纪来烈火般激烈斗争的锻炼，已将那极度重要的沉着品格烙印在他身上。"

周恩来和基辛格会谈的时候，不像基辛格那样带着有半尺厚的材料和发言稿，周总理习惯于先熟悉总的会谈方针，成竹在胸，然后根据对方的具体情况来进行会谈。

周恩来从陪同人员处已得知基辛格颇为紧张，且有顾虑。会谈时，他没有立刻把手中拿着的卷宗打开，而是又重新再认识一下基辛格一行的每位客人。当再次和洛德对话时，周恩来带着高兴的语调说："您的夫人是中国女士，这一次您是来到岳丈大人的家了。"[6]一句话引得大家都笑了，会谈的气氛顿时轻松起来。

可基辛格仍然显得有些紧张和拘谨，发言时每一句都严格地按照准备好的发言稿照本宣读。他的英语发音带着浓重的德国口音，带有学究气和哲学味，句子冗长，有时有点艰涩不顺口。

周总理说：“交谈嘛，何必照着稿子念呢？”

基辛格说：“我在哈佛教了那么多年书，还从未用过讲稿，最多拟个提纲。可这次不同，对周恩来总理我念稿子都跟不上，不念稿子就更跟不上了。”基辛格的幽默把大家都逗笑了，会谈的气氛又轻松了许多。

在基辛格的面前放着一本厚厚的情况汇编，但自从他的开场白被周恩来打断之后，他就不再翻它了。在周恩来面前只有一张钓鱼台的便条，上面写了几行字，基辛格心想，那大概是他要讨论的发言大纲。周恩来说：“这些都是我秘书给我准备的，不好意思。”

基辛格与周恩来一共会谈了6次，都已经被历史详尽记录下来。而它达成的最大的一个成果，是双方发表了会谈公告。公告宣布，美国总统尼克松应邀将于1972年5月以前的适当时候访问中国。

磁性语言，成为世人关注的最强音

1972年2月21日11点30分，美国总统尼克松抵达北京。

飞机舱门打开后，尼克松和夫人先行走下舷梯，在离地面还有三四级台阶时，尼克松就身体前倾，向周总理伸出手说：“我非常高兴来到中华人民共和国的首都——北京。”周总理意味深长地回答说：“你的手伸过了世界上最辽阔的海洋——我们25年没有交往了！”[7]

众多记者用相机记录下了这一历史性握手的瞬间，这标志着世界上两个互为敌人的政治对手，正式开启了中美建交的大门。

当晚7时，周恩来在人民大会堂举行国宴，款待尼克松一行。宴会开始时，周恩来站立致祝酒词：“首先，我高兴地代表毛泽东主席和中国政府向尼克松总统和夫人，以及其他的美国客人们，表示欢迎。同时，我也想利用这个机会代表中国人民向远在大洋彼岸的美国人民致以亲切的问候。尼克松总统应中国政府的邀请，前来我国访问，使两国领导人有机会直接会晤，谋求两国关系正常化，并就共同关心的问题交换意见，这是符合中美两国人民愿望的积极行动，这在中美两国关系史上是一个创举。美国人民是伟大的人民，中国人民是伟大的人民。我们两国人民一向是友好的。由于大家都知道的原因，两国人民之间的来往中断了二十多年。现在，经过中美双方的共同努力，友好来往的大门终于打开了。目前，促使两国关系正常化，争取和缓紧张局势，已成为中美两国人民强烈的愿望。人民，只有人民，才是创造世界历史的动力。我们相信，我们两国人民这种共同愿望，总有一天是要实现的。

“中美两国的社会制度根本不同，在中美两国政府之间存在着巨大的分歧。但是，这种分歧不应当妨碍中美两国在互相尊重主权和领土完整、互不侵犯、互不干涉内政、平等互利和和平共处五项原则的基础上建立正常的国家关系，更不应该导致战争。中国政府早在一九五五年就公开声明，中国人民不要同美国打仗，中国政府愿意坐下来同美国政府谈判，这是我们一贯奉行的方针。我们注意到尼克松总统在来华前的讲话中也谈到，‘我们必须做的事情是寻找某种办法使我们可以有分歧而又不成为战争中的敌人’。我们希望，通过双方坦率地交换意见，弄清楚彼此之间的分歧，努力寻找共同点，使我们两国的关系能够有一个新的开始。

“最后，我建议：为尼克松总统和夫人的健康，为其他美国客人们的健康，为在座的所有朋友们和同志们的健康，为中美两国人民之间的友谊，干杯[8]！”

尼克松在祝酒辞中说：“过去的一些时期我们曾是敌人。今天我们有重大分歧。使我们走到一起的，是我们有超过这些分歧的共同利益。中国人民是伟大的人民，美国人民是伟大的人民。如果我们两国人民互相为敌，那么我们共同居住的这个世界的前途就的确很暗淡。但是，如果我们能够找到进行合作的共同点，那么实现世界和平的机会就将无可置疑地大大增加。”

在以后的几天里，周恩来和尼克松本着求同存异的精神就两国关系正常化以及双方关心的国际事务进行了“广泛、认真和坦率”的讨论。

在谈到改善中美关系和台湾问题时，美方认可只有一个中国、不支持台湾独立、逐步从台湾撤出美军，但仍存在不同看法，表示不能迈出大的步子，不能抛弃“老朋友”，美国还不能马上承认中华人民共和国政府是中国的唯一合法政府，还不能丢弃台湾，希望在他第二届任期内完成中美关系正常化。周恩来指出：还是那句话，不愿丢掉老朋友，其实老朋友丢掉一大堆了。老朋友有好的，有不好的，应该有选择嘛。美国所以陷入越南泥沼中不能自拔，就是因为支持阮文绍这些“老朋友”；中美关系不能改善，就是因为支持蒋介石这些“老朋友”。既然中美要进入一个新时代，必然要改变一些关系。如果把所有的老关系一无更改，一切照旧，不但不能迎接新时代，还会被时代的潮流所淹没。尼克松和基辛格听后，不得不承认周恩来言之有理。

中方重申，台湾是中国的一部分，解放台湾是中国的内政，外国无权干涉。

尼克松向周恩来表示：1971年7月他在堪萨斯城的讲话，代表了他深思熟虑的看法，即一个以美、苏、中、日、西欧5个力量中心为基础的新的世界战略格局正在形成。美国对亚洲没有领土野心，他深信中国对美国也没有领土野心。因此，两国之间存在建立合作关系的基础。但是，尼克松又认为：有些地区，如果美国退出，就会出现“真空”，就会被苏联钻空子。

针对尼克松的“真空”论，周恩来指出：世界上不存在“真空”。他反问尼克松：美国退出中国后，出现“真空”了吗？还不是中国人填补了。英国退出美洲大陆，出现“真空”了吗？还不是美国人民填补了。尼克松听后唯有点头称是。

在27日由美方主办的答谢晚宴上，尼克松在祝酒词中热情洋溢地说：“我们在这里已经一周了，这是改变世界的一周。”伴随着碰杯声，中美两国的关系揭开了新的一页。

28日，中美双方经过反复磋商，终于在上海发表了《联合公报》。标志着中美两国关系正常化的开始，为以后中美关系的进一步改善和发展打下了基础。[9]

魅力感悟

中美建交是一个复杂的过程。周恩来在打开中美关系僵局方面作出了扭转乾坤的历史性贡献。尼克松时代，美国对华实现了全面的缓和。在这种情况下，中国领导人希望打破中美二十多年隔离的坚冰。

基辛格是犹太人，在外交思想上注重地缘政治及利益关系，在美国对华关系的缓和上发挥了关键作用。由于双方此次对缓和两国关系都是出于积极主动的态度，于是周恩来采取大度、真诚、友好的姿态。一开始由于双方互不摸底，美方不免会有各方面的顾忌和猜测，这时就要以真诚的态度消除对方的疑虑。周恩来首先主动见基辛格，对接下来的会谈定下了真诚、轻松的基调。更重要的是，这中间体现的平等观念令基辛格感到很满意。在这样一种友好的氛围下交流，很多问题都易于达成共识。

周恩来对客人的尊重同时也体现在对来访者的准备工作上，其亲切而不是虚假的话之所以能让对方深感兴趣，最关键的是来自他与众不同的个人魅力。周恩来讲话温和而富有磁性，谦虚而神圣不可侵犯，自然洒脱而稳重自信，语音沉稳，略带沙哑，极富魅力。基辛格不止一次表示了他对周恩来的欣赏。正是由于给基辛格留下了深刻友好的印象，正是周恩来严谨、认真的工作态度令美方代表感到中国对中美关系解冻谈判的高度重视，才使得他积极而肯定地促成了尼克松总统的访华。

周恩来在欢迎尼克松的第一句话："你的手伸过了世界上最辽阔的海洋——我们25年没有交往了！"一日之间风靡全球。而在欢迎酒会上，周恩来首先对来访者表示真挚的欢迎，对总统积极改善两国关系给予了肯定和赞同。接下来说明"谋求两国关系正常化"是中美两国人民的意愿，两国人民都是“伟大的人民”，意思是说，我们必须顺这个民意，否则就是辜负了历史的使命，而且这个民意是不可阻挡的，谁违背了这个民意谁就是逆历史洪流而行。然后说明了阻碍中美两国关系正常化最大的因素不是两国不同的社会制度，并利用尼克松总统对这个问题的共识来说明两国建立友好关系的完全可能性。

台湾问题是阻碍中美两国关系正常化的关键问题，周恩来从大处着眼，抓问题抓关键，针对美方的各种“顾虑”给予了针锋相对的回应。正是基于对国际行为正义性与合法性的认知，周恩来步步施压，使美国国际警察的论调站不住脚。针对尼克松的“真空论”，周恩来用事实指明美国退出中国后，中国并没有出现“真空”，并以英国人退出美洲大陆，美国也没有出现“真空”的例子，以彼之矛，攻彼之盾，让对方的理论不攻自破。周恩来得心应手地纵论天下大事，不由得使尼克松感到中国方面的立场是有道理的，周恩来的话是可以信赖的。

第二节 气质：儒雅潇洒的脱俗仪表

周恩来作为党和国家的领导人，他的一举一动，一言一行都代表着党和国家的形象，而在这一方面，周恩来有着无与伦比的魅力，不仅成为中国人民的骄傲，同时也为世界所敬服。周恩来的脱俗仪表是自我严格要求的结果，是真实性情的外露，同时也是与国家和人民融为一体的完美体现。

颇具魔力的肢体语言
——凛然正气与复杂环境下的细节雕琢

周恩来是现代交际礼仪当之无愧的楷模，但他在党和军队面临危难时的凛然正气恰恰是他性情魅力的极高体现，令党内持错误思想的领导人为之震慑。他的礼仪风范，尤其是在复杂环境下的细心周到，曾让敌人都心甘情愿为他指路，他的人格魅力，更让中美关系因为一次干杯而冰释前嫌。那么周总理当时究竟是怎么做的呢，从他与人相处的方法中，我们又能学到哪些可为自身所用的技巧呢？

怒拍桌子，儒雅背后的强势张力

1934年12月11日，红军占领湖南通道县城。可这时蒋军却在中央红军北上去湘西的路上布下了一个口袋。次日，周恩来在城外山坡上的恭城书院主持召开紧急碰头会议，讨论红军的行动路线问题。

周恩来神情肃然地说：“同志们，今天请大家来，主要是讨论部队的行军路线问题。目前形势十分严峻！各位有什么想法，务必立即提出来！”

李德望着周恩来说：“行动路线不是早在出发前就已经作出决定了吗？除了按原计划行动，我不知道你们还能有什么其他想法！”

周恩来说：“情况已经发生了变化。在我们原定的行军路线上，蒋军已布下重兵……”

李德说：“周浑元的部队正在与我们同一条平行线上追击我们，其他部队也在向西面战略要地急赶，那就让他们超过我们，我们则在他们背后转向北方，与2、6军团会合。我们依靠2军团的根据地，加上2、6军团，就可以在广阔的地域向蒋军进攻，并在湘黔川三省交界的三角地带，创建一大片苏区。”

周恩来环视一下与会者，说：“对李德同志的意见，大家有什么看法？”

毛泽东说：“我不同意李德同志的意见。从江西出发以来，我们一直遭受敌人的围追堵截。现在，我们依然面临着敌人的围追堵截！蒋介石已经知道我们要到哪里去，并在我们要去的路上布下重兵，等于在张开一个大口袋等我们去钻！明知道是这样，我们为什么还要往死路上走呢？”

李德指着毛泽东，大声发问：“那你说，我们要到哪里去？”

毛泽东也大声回答：“我们应该进入贵州，那里的敌人兵力相对比较薄弱。”

李德冷冷一笑，说：“你们别忘了，我们的原定计划是要到湘西去，与2、6军团会合后，在那里建立苏区。这个计划是得到共产国际批准的！”

毛泽东也冷冷一笑，说：“我知道原定计划是得到共产国际批准的，但却没有得到蒋介石的批准！你想去，蒋先生不让你去啊！”

“你们公然藐视共产国际的决定！你们太……”李德一气愤，满头冒汗。

12月15日，红军攻占黎平后的第三天晚上，周恩来再次主持召开中共中央政治局会议。

一开始，博古就以不容置疑的语气说：“到湘西去与2、6军团会合，并在那里建立苏区，这是我们的原定计划。这个计划是报经共产国际批准的。现在，我们只能按照经共产国际批准的计划行事，不要去考虑什么别的计划了。”

周恩来的脸一直阴沉着，经过一阵长时间的苦思，他以较温和的语气说：“敌人在我们去湘西的路上布下重兵，这一点我们以前没有料到。也就是说，现在情况发生了很大的变化了。对此，我们也应该引起足够的重视！”

博古怨懑地瞅了周恩来一眼，说：“恩来同志，这种背离原则去考虑问题的方法，我是坚决反对的！”

周恩来还是尽量和气地说，“实际情况我们要不要考虑呢？当然要考虑的。我们正在行军的路上，战局一日多变。与共产国际中断联系后，我们这里的情况发生了很大的变化。我们应该想到这一点，要是共产国际了解这些情况会怎么样呢？”

博古愁苦着脸说：“恩来同志，你这是假设。而这种假设本身就是背离原则！”

周恩来冷冷一笑，说：“那我就不敢苟同！”

李德先以严厉的目光将与会者扫视一遍，以训斥的语气说：“我一直搞不清楚，你们为什么一定要改变原计划？到湘西去与2、6军团会合，两支部队联合起来，可以在那里建立一个新的苏区，这是最佳方案！怎么能够一见敌人稍有调动，我们就害怕，就要改变原定计划了呢？”

“李德同志，你这是什么话？”周恩来气上心头，指着李德责问道。

李德跺了跺脚，挥手狂呼：“你们竟敢违背共产国际的指示！你们敢这样做？我看你们谁有那么大胆！我不同意，你们休想！你们……”

“太不像话了！”周恩来怒不可遏，猛一拍桌子。由于太使劲，桌子一震动，桌上的马灯滚落下地。站在门口的警卫员小魏赶紧跑过来，把摔灭了的马灯重新点起来。

整个屋子的人，包括李德和博古在内，都惊愣了。他们从来没有见过温文尔雅的周恩来发这么大的脾气。

周恩来话音里充满火气："李德同志，你是共产国际派来的军事顾问，我们一向尊重你。但你也要知道，你是个军事顾问，不是'太上皇'，不能居高临下地对我们指手画脚，更不能对我们无端指责！"

李德盯着周恩来："周恩来同志！难道我连批评的权力都没有了吗？"

周恩来大声说："这是批评吗？你这是以势压人！你开口闭口共产国际，老是以共产国际来压我们！这里大多数同志的意见你要不要听？你尊重过同志们的意见吗？"

面对周恩来的训责，李德无言以对，羞恼交加，一甩手便怏怏而去。

周恩来长长地嘘了口气，果断地说："别理他，我们继续开会！"

经过充分讨论，大家决定接受毛泽东的建议。

周恩来这次拍桌子，给毛主席印象深刻，他在1956年"八大"之前的七届七中全会上还说："总理那次拍了桌子，一下子就把局面扭转过来了，也是老实人不发火的缘故吧。"[10]

注重细节，肢体语言折射外交风采

周恩来的举止风度，颇有名气，尤其是在国际外交界。尼克松访华之前，美国民众在白宫外面举着牌子告诫他们的总统：Be a Nice Guy Before Zhou Enlai（在周恩来面前表现得出色一点）。大概是他们怕尼克松在这位大名鼎鼎的中国总理面前举止不够文雅。所以，尼克松从下飞机那一刻起，举止谨慎，刻意追求。

为了突出他和夫人，使照片拍出好的效果，尼克松不让基辛格、罗杰斯等人同他一起下机，等他跟周恩来握手之后，其他人才下舷梯。周恩来在尼克松步出机舱，走下舷梯近一半时，就鼓起掌来，尼克松也报之以掌声。

当天晚上在人民大会堂举行国宴，周总理礼仪风范征服了尼克松。

周恩来举起面前的一个小酒杯向尼克松介绍："这就是驰名中外的茅

台酒，酒精含量在50度以上。”当时的国宴，每个客人面前至少摆上大、中、小3个酒杯，每个酒杯都斟得满满的，其中必有国酒“茅台”，其余的是各种名牌葡萄酒、橘子水、矿泉水等。“我听说过您讲的笑话。说一个人喝多了，饭后想吸一支烟，可是点火时，烟还没有吸燃，他自己先爆炸了。”尼克松讲到这里，不等翻译译出，自己先笑了。周恩来也开怀大笑，他当真拿来火柴，划着之后，认真点燃自己杯中的茅台酒，用愉快的声音说：“尼克松先生，请看，它确实可以燃烧。”

敬酒的时候，周总理拿着酒杯来到尼克松总统旁边，说：“尼克松阁下，我代表中华人民共和国，你代表美利坚合众国，为了我们中美的友谊天长地久而干杯嘛！”

在周恩来一般在和其他国家的领导人碰杯时，总是让自己酒杯上沿去碰对方杯子的中间部分，以示对来访客人的尊重。但这次在向尼克松敬酒时，却特意将他的酒杯杯沿和尼克松的酒杯杯沿持平后虎口对人再碰杯。[11]

魅力感悟

周恩来一向是谦和的，但在面对攸关党和军队前途的重大问题时，谦和的人也有威严和正气凛然的一面。可三人团中，不懂军事的博古还是依仗于李德，而李德是一个纸上谈兵的人。唯有周恩来，在任何时候他都保持镇定自若，运筹帷幄。渡过湘江以后，三人团实际上已由他唱主角，军机大事由他一锤定音。他的军事领导地位，直到此时都是无人可以取代。他决定采纳毛泽东的建议，正是他在三人团里起主导作用之时。到湘西去与红2、6军团会合，在湘西建立苏区，周恩来也参与了决策。可现在又来否决这个已报经共产国际批准的决定，他心情是无法轻松的。如果支持博古、李德的主张，坚持按原计划执行，对他个人来说不必冒什么风险，可对于部队的前途来说则极其不利。在劝说无望的情况下，周恩来拍案而起，虽然一改他过去的儒雅形象，却震慑了李德，并促使其接受新的主张。

尼克松第一次访华，周恩来亲自迎接，周恩来不是等尼克松一出舱就鼓掌，也不是根本不鼓掌，而是等尼克松下梯一半时才鼓掌，足见周恩来总理对礼仪细节的重视。两个人的手握在一起的瞬间已经定格在了历史的相册里。为了这一举世瞩目的历史性握手，尼克松刻意作了一番安排。在那张的照片里，周恩来身体笔直，表情不卑不亢，表现出了精心雕琢的肢体语言。身体笔直符合中国人传统君子风范；表情不卑不亢，面对超级大国态度表现了一个中国领导者的自尊面貌；和尼克松握手的右手很松弛没有过分紧握，但是也不随意耷拉，有理有节，维护了国格；总理站在那，尼克松两脚叉开，显然是尼克松从飞机上很兴奋地小跑过来主动迎上来的；尼克松脸上洋溢着笑意，和总理略显严肃的表情形成鲜明对比。当时中苏关系紧张，中美双方都急于打破僵局结成新的同盟。显然尼克松非常开心，掩饰不住的快乐。总理心情有点复杂，一方面在冷战时期，美国和我们是价值观绝对不同的，所以必须保持谨慎的态度。另一方面当时周恩来所处的环境相当复杂，在今天看来，可以说是很险恶的。他私下曾叮嘱过摄影师一定要拍出美国人是“主动前来”拜访的味道的照片出来。只有这样，才有可能避免“倒向美帝国主义”的政治把柄。而且中美两国领导人的第一次握手，不可能有补拍的机会，在这种环境下，要不偏不倚地处理好对美关系，成为周恩来一生中最大的挑战之一。在接待晚宴上，周恩来以主人的身份，主动祝酒，与客人始终保持着合理的距离，既不远又不近，既显示周到，又不过分热情。周总理与尼克松碰杯的细节可谓用心良苦，首先是他的手，他知道手背对人，是不礼貌不尊重的；而手心也是不能对人的，因为手心是反对意见，所以手背、手心都不能对人，而他是用虎口对人。敬酒的时候虎口对着他人，虎口代表着文明、友好、尊敬、礼貌。酒杯持平象征了两国关系。安排既不失礼也不过分，显示了我们对美国人不卑不亢的态度。

手语、身体的角度都是语言，周恩来都非常地重视和规范，炉火纯青，这就是周恩来总理的礼仪风范。

十分注重个人形象
——衣冠整洁，风度翩翩，气质非凡

周恩来一生可谓风度翩翩。这与他从小注重自己的修养密不可分，同时又跟他的工作性质不无关系。他一生从未停止谈判和外交活动，深知自己代表着共产党人的形象和中国人的形象。所以，他十分注重自己的仪容仪表。周恩来所处的时代是中华民族处于危难的时代，既要体现一个民族的尊严，又受到物质条件匮乏的现实因素的限制，他穿着简朴，且长时间不做新衣服，身上的衣服虽然补了又补，很少留下“补丁现象”，这不仅是他对自己的严格要求，更是对别人的尊重，同时又是构成自己魅力的另一种语言。

在天津南开中学的入门处，立着一面醒目的大镜，镜子上方篆刻着：“面必净，发必理。衣必整，钮必结。头容正，肩容平。胸容宽，背容直。气质勿傲勿暴勿怠，颜色宜和宜静宜庄。”短短几十个字的“镜箴”印在了无数南开人的心中，也曾让15岁考入南开学校的周恩来自觉地以此规范自己的衣着、仪表和一言一行。周恩来在南开学校学习的4年，学习期间一直穿布衣布鞋，夏天只有一件白长衫，入冬则是单薄的青棉袍，外面再罩一件已经泛白的蓝大褂，但这样的衣服周恩来却总是穿得干净整洁。虽因没钱到食堂吃饭，但周恩来依然气色饱满，精神昂扬。在南开期间，以“镜箴”为鉴，周恩来所在的班级被评为全校班风第一，所住的西斋19号宿舍获得“整齐洁净”的嘉奖。

全国解放后，周恩来就跟身边的工作人员说：“我参加活动多，仪容是否整洁，国内国外都注意。给你们提个要求，我的衣服一定要能表现出中国人的脸孔。”

那时，北京裁缝手艺最好的大约就是“红都”了。五六十年代，只有外国使馆和中国高级官员才能在那里做衣服，用现在话讲，是中央首长做

衣的“指定厂家”。

工作人员介绍：“这是闻名全国的高级服装店，这里备有各型各色的英国呢料、澳大利亚毛料……”

周恩来摇摇头：“我要中国的料子，无论毛料布料，都要国产的。”

后来，总理对衣料和颜色大致是这样选择的：首先选了上海产的法蓝线，又选了青色粗呢毛料各做一身中山服。在以后的岁月里，主要就是这件青色粗呢毛料中山服当“礼服”，接见外宾和参加重要活动都是穿这件衣服。接着又选了蓝咔叽布做一套夹衣；普通的斜纹布、平纹布做夏装。平纹布是灰色的，也是做成中山装。做内衣都是选择普通白市布，他不大喜欢穿棉毛衫，棉毛裤，都是用普通白布做成衬衣衬裤。这几件衣服一直穿到1963年，始终笔挺整洁，风采照人。

总理对于他的制服很讲究，不允许有补丁。这么大个国家的总理，穿着补丁衣服会客显然不好。所以，他对衣服穿用都很仔细，为减少磨损，办公时一定要戴袖套。周恩来备有两副袖套，他每天批阅公文常在10个小时以上，天长日久不免磨破。每件衣服最先磨破的仍然是袖底部位。既不能丢弃旧衣，又不能带补丁，这时总理就让人把衣服拿到王府井让富有经验的老师傅们去织补，补完后一般人是看不出破绽的。衣服虽旧了，见客时熨烫一遍，穿出来依然笔挺，再配上他大度的仪容举止，丝毫无损大国总理的风度。

内衣裤破损得快些，补了许多补丁，有一次接见外宾，卫士们劝他换新的：“总理，你看领口袖口都毛边了，还破了几处，露给外国人看见也不好呀。”周恩来笑道：“这好办，把领口袖口换成新的就行了。”

第二天，周恩来出现在外宾面前时，领口袖口都是雪白崭新的，可有谁知道，他内衣裤上已是补丁摞补丁。

总理喜欢穿黑布鞋和黑皮鞋。他外出活动多，走路快，要求鞋尽量合脚，并且特别关照：“要用国产牛皮。”

总理佩戴的东西也都是国产货。小到手绢大到手表。总理听说上海生产出手表的消息后，无限欣喜，扬手遥指东南："告诉他们，我买一块。按市场价买。我给他们做广告！"随着上海手表厂的发展，后来又换了带日历的上海表。

总理从贴身所穿背心汗衫到外衣、外裤、鞋袜、手表、睡衣、手绢、牙具等所有物品，都是表现中国人脸孔的国货。他说："进口是必须的，国外许多东西比我们先进么，拒绝学习利用是错误的。但我作为总理，代表着中国人的脸孔，中国人的骨气。只要我们国家能生产的，我就要用国货。都不用国货怎么能发展民族工业？我们时时都要想着为发展民族工业多作贡献。"

周恩来的大胡子是很出名的，进城后外事活动频繁，胡子要天天刮。修面是北京饭店朱师傅负责，但不可能天天麻烦朱师傅，所以平常还是总理用安全刀自己刮胡子。

总理怕热耐寒，毛泽东去莫斯科谈判不顺利，点名要周总理去谈。身边的工作人员就向总理建议："总理，苏联比咱们黑龙江省还要冷，听说吐痰动作慢了就会冻在嘴唇上。"

"那是胡吹，"总理笑着摇头，"我去过苏联，冷是比我们这里冷点，没那么严重。"

工作人员给总理做了一件皮大衣，一顶皮帽子。带上皮大衣，他就把毛衣毛裤，绒衣绒裤，棉衣棉裤统统丢下不带了，上身除了外衣，只多一件夹背心；下身就是一层衬裤一层外裤。大衣是个皮筒子，上下通气灌风，真怕总理冻出病来。可总理即便在零下30度的严寒中一站3小时，所有人脸上都会出现青灰的寒色或鸡皮疙瘩，但总理依然红光满面，从皮领口和帽檐下流出腾腾热气。不动还好，稍有运动，他竟能流出汗来!

总理不时地用手提提穿在身上的沉甸甸的皮大衣。他是极讲仪表的人，什么衣服穿上身，决不随便解开一个扣，再热也要保持整齐。

周恩来的穿衣也反映出他的性格：规矩严整，清洁平展；认真仔细，一丝不苟。他不叫卫士帮忙，穿衣脱衣都要自己动手。就寝时，他每脱一件衣裤，都要叠放整齐，从不乱扔，更不会胡乱一揉一堆；他从外衣裤到内衣裤，从下往上一件件叠放好，第二天起来，又从上往下一件件取来穿上；按部就班，顺序明确。他不但衣服一上身就要系好每一个扣子，神展每个衣角袖口领口，而且注意不能有一点点污渍。一旦发现，哪怕只是米粒大的污渍，他也会马上用湿毛巾仔细地擦去。

周恩来是讲究条理顺序的人。一天到晚无论多忙，都忙得有条不紊，生活和工作井井有条。办公桌上的文件按轻重缓急排放得清楚规律，闭上眼也不会拿错；纸墨笔砚文具眼镜各自就位，举手就能拿对；就连衣服口袋也都分工明确，永远不乱揣东西。手绢是固定装在右边的裤兜里，左边的裤兜装手纸；右面衣袋装眼镜盒，盒里还放两支圆珠笔，左边衣袋里永远是装笔记本；上衣袋里只装别人递来的名片或汇报条，涉及机密的材料就放入贴身的内衣袋中。这种条理性和规律性保证了总理的工作效率，从来不会发生手忙脚乱找不到东西的情况。一有事，他说走就走，不像一般人，越急越丢三落四地迈不开步。

由于长期生活在礼仪环境中，时时要面对照相机，摄影机镜头，时时要面对外宾、内宾和广大群众的注目，他养成了穿制服的习惯。他多次讲过："衣着整齐是一种礼貌，表示对人家的尊重。"

总理即便在家里，四周围没有外人，也总是衣着整洁，连领扣也不放松，好像面前有个摄像机随时记录着他的一举一动，他理应永远保持自己的形象，保持好中国人的脸孔。

到了夏天，总理就变了，比任何一个人都不惧暑热。总理做的布料服，都是浅灰色的中山服，有斜纹布，也有平纹布。他认为孙中山"发明"的这种中山服是最能表现中国人脸孔的，当时的干部制服都是中山装。夏天无论多热，总理都要穿中山装，而且中山装里还一定要穿衬衣，衣领整齐地露一圈白边。当天气热得人恨不能脱光了再泡在凉水中时，总理也坚持"全副武装"，他甚至不肯赤脚穿拖鞋，一定要穿双短袜子。

1954年英国工党领袖艾德礼来华访问，天气热得厉害，艾德礼穿上了短袖衫，总理却仍然保持他的礼貌，整整齐齐地穿着制服，并且认真扣严每一颗纽扣。

1963年，周恩来出访14国前夕，第二次做衣服。非洲天气酷热，他做了几件100支纱的白府绸衬衣和浅灰色有暗格的毛的确良中山服，外加一双凉皮鞋。这是50年代到60年代的十余年间，他唯一一次认真的添换新衣。但是，睡衣还是穿过十几年的贴有补丁的旧睡衣。

60年代到70年代，总理10年未添新衣。进城时做的那件法蓝绒中山装，虽有工作袖 那身“礼服”是织补过的，并传说出去。

于是，工作人员郑重地给总理提意见：“你那套衣服会见外宾实在不行了，再做一套吧，仿原来那套法蓝绒的，不改变样式，还是过去形成的一贯衣着形象……”

总理终于同意了。在基辛格访华前夕，做了一身新的法蓝绒中山服。[12]

魅力感悟

周恩来很小的时候就懂得仪容仪表是一个人精神面貌的体现，并一直把它作为自身修养的一部分。

“镜箴”主要从两个方面对学生进行了规范。对于学生的外表：面必净，发必理。衣必整，钮必结。有了这些“必”，进入校门的学生就有了一个好的面貌，学生的精神状态自然也会焕然一新。在内在气质上：气质勿傲勿暴勿怠，颜色宜和宜静宜庄。以一个平和的心态去学习，以一个平和的心态待人处事，不骄傲，不狂暴，不懈怠，果能如此，恐怕不仅气质上会面貌一新，道德涵养也会更上层楼。仔细体会，南开的“镜箴”，不是对学生行为加以规范的“守则”，既没有要求学生好好学习，也没有要求学生尊敬师长，甚至连遵守学校纪律都没有提。但正是这样一个简单的“镜箴”，却起到了意想不到的效果。

在这之后，不管是走上革命道路，还是在后来的对外工作中，愈是在关键时刻，愈是在危难之时，周恩来身上所表现出来的气质就愈能成为鼓舞人们继续革命、坚持到底的动力，周恩来心中的镜子还将光辉折射到身边的战友身上，成为一种动力、一种勇气。

无论是同对手谈判，还是与朋友交往，一个人的仪容仪表都至关重要，因为这是对别人的一种尊重，是增加自己谈判顺利的砝码，同时也是为自己所代表的民族和国家负责。

周恩来虽然基于自身修养和对别人的尊重，以及对国家尊严的维护，一贯注意自身形象，但由于物质条件的限制，他不得不在两者之间寻求结合，他做到了。一身中山装凝结了一个苦难而辉煌的时代。

一个人的尊贵不会因为他的朴素而失去光芒，相反，会因为内心真正的崇高而更加让人敬爱。因为比外衣更加光彩照人的是他的品德，圣洁中益显高贵的气质，这是什么样的衣服都包装不出来的。周恩来举手投足之间流露出来的温文尔雅，彬彬有礼，严谨随和，以及对人极度尊重的风范，都曾让谈判对手折服，也曾让无数不了解中国共产党的人开始重新认识中国共产党，同时也让中国人民永远记得有这样一位好总理。

第三节　修养：古今罕见的完美典范

周恩来是一个独具魅力的人，他严于律己，不搞特殊，但绝不是演戏作秀，而是对祖国和人民深深的爱；他胸怀博大，讲原则，讲人情味，但绝不是沽名钓誉，而是把自己跟别人一视同仁，推己及人，将心比心，为了大局，宽容大度；他机智冷静，从容自然，自控非凡，很少发怒，但绝不是没有锋芒，而是胸有成竹，谈笑间将对方的小伎俩化于无形。

严于律己，宽以待人
——自己绝不搞特殊，别人有错可以改

大凡伟大的人物，都不把自己看得比群众高贵，而是把自己当做群众中普通的一员，永远做人民的勤务员，周恩来总理与群众同呼吸、共命运、心连心，赢得人们深深爱戴。周恩来的一生是勤勤恳恳忘我工作的一生，他时刻关心着国家的命运和群众的疾苦。周恩来作为党和国家的领导人，从不高高在上，官气凌人，从不把自己凌驾于集体之上，搞家长制、一言堂，而是宽厚真诚，平等待人，广泛团结各方面的同志、朋友，虚心听取各方面的意见，努力处理好各方面的关系，调动各方面的积极性，广泛联系党内外各种人士，善于团结一切可以团结的人，为我们国家的发展贡献力量。

不搞特殊，只做普通劳动者

1958年，中央号召在北京的中央机关和国家机关的干部参加义务劳

动，修建十三陵水库，周恩来曾先后4次到十三陵水库劳动。1958年6月的一天，是他第四次来到这里参加劳动。周恩来到水库劳动，只带了一名卫生员，再没有任何随行人员。

到了工地，大家先席地而坐。工地指挥部的同志来给大家分配任务，宣布劳动中应注意的事项。这位同志一看，面前席地而坐的队伍中有周恩来总理，还有一位职务很高的领导干部，不免有点紧张，忙说：“我们欢迎总理和各位首长来工地参加劳动……”周恩来就站起来了。他爽朗地笑着，亲切地说：“今天这里没有总理和首长的职务，咱们大家是普通劳动者嘛！如果说首长，你才是这里的首长，你怎么指挥，我们大家就怎么干。”

周恩来在水库工地上同大家同吃、同住、同学习、同劳动。他住的是一间简陋的低矮平房。屋里，窄窄的两条长凳，架着的一个床板上面铺着很普通的旧布被褥；窗前放着一张三屉桌，还有两张硬木椅子，油漆都已脱落。除此之外，就什么也没有了。在工地期间，周恩来一直住在这里。他和大家一样，每天劳动8小时，从不迟到早退。劳动中间，午饭就在工地吃。领到饭后，他边吃边和别人谈笑，吃得十分香甜。

收工回来，周恩来和大家一样，在一个大食堂里吃大锅饭菜，在一个几十平方米的大澡堂里洗澡，一点也不特殊。唯一“特殊”的是，每天大家都休息了，他那间房子的窗户还透出灯光。他坐在硬木椅上，伏在桌前，读书、看材料。卫生员一次次劝他休息，他总是笑着说：“在家里事多，到这里主要是劳动，应该尽量挤时间，多学习一点，多看点东西。”

那年夏天，天气似乎比往常都热，每天都是烈日当空，骄阳似火，大大小小的石头晒得烫手。但大家都不怕，兴致勃勃地传运石头。一个小伙子排在周恩来前面，他拿了一块大石头传了过去，说道：“快接住，这是一个大西瓜。”周恩来接得慢了些，小伙子眉头一皱喊道：“嗨，快一点，利索些。”周恩来赶快跨前一步，用那只受过伤的手迅速接过石头来往下传。小伙子瞥了一眼，惊道：“哎呀，是总理。”接着，小伙子又拿一块大石头，忙说：“这石头太大，你别接。”周恩来笑着说：“你别喊，快给我。”小伙子抱着石头就是不放，说：“不行，总理，你胳膊受过伤，怎么能干这么重的活？”周恩来说：“不要紧，早好了！”小伙子说：“就不行，这是年轻人干的。”说完，他抱着石头，要绕过周恩来传下去。周恩来赶快抢上去，说：“咱们都是来劳动的。干起活来都应该一样。”小伙子抱着石头就是不放。

在抢石头时，周恩来的右手被石头划伤了。小伙子看见有血，大吃一惊：“哎呀！总理，你的手划破了，都流血了。”周恩来低声对他说：“不要声张，快干活，你看，石头又传过来了。”卫生员看到后说：“总理，你的手出血了，别传了，赶紧去找工地医生包一下吧。”周恩来一面不停手地传着石头，一面轻声地说：“不碍事，轻伤不下火线嘛。”卫生员看他不愿去包扎，便找来一双手套，要周恩来戴上。周恩来一摆手说：“不要，戴上干活就不方便了。”卫生员说：“那我还是去找医生吧。”说着就要走，周恩来一把拉住说：“你不能去。你一去，传送带就要停摆了。”大家只好向周恩来传石头，“来一个小香瓜呀”，“又来一个小香瓜呀”……接了一会儿“小香瓜”，周恩来发现不对劲：“咦，怎么尽是小香瓜，不来大西瓜呢？”他知道这是大家在照顾他，于是接一个“小香瓜”在手里掂量了一下，风趣地对前面的同志说：“哎，这么热的天气，还是大西瓜解渴呵，给前面的人说说，还是要大西瓜好。”他的话把大家逗笑了。

另外一天的劳动是用独轮小车运石头。卫生员和周恩来领来一辆小推车，然后去装了一车石头，卫生员在后边推车，周恩来拽住车前头的拉绳在前面拉。拉了几趟后，周恩来对卫生员说：“你推得不错嘛。来，我也试一下。”卫生员说：“我小时候在河北家乡就推过这种车。总理，你是南方人，常用肩挑背扛吧，你没推过这种车，恐怕它会欺生的。”周恩来说：“没关系，什么活都干干嘛。”说着，他把拉绳塞到卫生员手里，走过去自己驾起了小独轮车，歪歪扭扭地往前走起来，由于他没有推过这种车，加上一只胳膊受过伤，难以掌握平衡，所以小车不听使唤，没走多远就几乎翻倒。卫生员赶快将车扶好，才将一车石料运到料场。

这时，周恩来放声大笑着说："还是你说得对，这种小车真是欺生。看来我这个车把式是不行的，还是你来推，我来拉吧。"

车回到装料处，又装满了一车运行起来，周恩来拽着拉绳走在前面。卫生员看他太累了，便劝他休息一会儿再干。周恩来说："你看，大家还在干嘛，咱们怎能停下来休息。"卫生员说："总理，你怎能同那些年轻同志相比呢，你都65岁了，还是休息一下吧！"周恩来用毛巾擦了一下头上的汗水，望着工地上的情景说："汛期快到了，工地上的工具还比较落后，要保证工程进度，就必须抓紧干。作为总理，我应该多拉几车。"[13]

魅力感悟

周恩来作为一国总理，以身作则，带头参加劳动，把自己跟所有人一视同仁，到了工地，一切都要按那里的规矩办，听现场指挥部同志的指挥，不搞特殊。这种平易近人的作风，使工地指挥部同志的紧张心情一下打消了。

周恩来在水库工地上同大家同吃、同住、同学习、同劳动，甚至在同一个澡堂子里洗澡，而且每天不迟到不早退，这不仅是一种对自我的严格要求，同时也是一种更加便捷，更加真实的了解民情的方式。

劳累一天，别人都可以休息了，可年岁已高的周总理却还得为国事操劳——深夜办公，他没有因为劳动而耽误国事，同时也没有因为国事而耽误劳动。因他的胳膊受过伤，在搬石头的过程中受到影响，当对方看出自己的身份让他别接时，他让对方别喊，受了伤不下火线，为了干活方便不戴手套，一是不想让自己"偷懒"、"搞特殊"，二是不想因为自己而耽误大伙的进度。因为他一心想着"汛期快到了"，而且觉得身为总理，不但不应比别人干得少，还应该比别人多拉几车。在劳动间隙他也不忘幽默，拉车出现问题，他说是车子欺生，让人感到特别亲和，劳动中也就不会有那么多顾虑。

从容应对明枪暗箭

——心知肚明，见招拆招

周恩来因为其特殊身份，常常要在各种场合抛头露面，这也引来很多居心叵测的人想乘机用各种各样的难题来为难他，一言不慎，就可能给我党带来很大的负面影响，可谓凶险异常。但周恩来以其丰富的政治经验和高超的语言艺术，虽置身浊流箭丛，在防不胜防中，运筹帷幄，反守为攻，给对方以反戈一击。众所周知，周恩来的酒量是很大的，但在面对敌意的劝酒时，他从来不让对方的诡计得逞，反而能借以灭对手威风，长我方志气，显示了其超人冠绝的雄辩口才和严谨完美的外交才能。

冲锋陷阵，挡酒之举用心良苦

毛泽东赴重庆谈判的43天里，大小的宴会达到了十多场，谈判开始时，喝酒也开始了，每次宴会，人们都拥上来，争着向毛泽东主席敬酒。那段时间，周恩来形影不离地陪伴着毛泽东，宴会上也不例外，总是紧贴毛泽东而坐，谈话时退后半个身子让毛泽东为先，敬酒时又抢前半个身子挡在先，“毛主席酒量有限，我代了，我来代劳……”

1945年10月8日夜，张治中将军设宴欢送重庆参加国共两党谈判的中共中央主席毛泽东。毛泽东酒量不大，几次敬酒，都用周恩来抢先递给的或半杯酒或白葡萄酒应付过去。

周恩来刚刚嘘出一口气，一位西装革履、富富态态的商人端着两杯白酒走到毛泽东跟前。“毛泽东先生，敝人是恒达贸易公司董事长，听说国共两党谈判已进入融洽阶段，不久将有文告公之于世，请问，这是不是意味着敝公司在不久的将来就可以到延安做生意了呢？”

“这个问题我代毛先生回答，”一闻到茅台酒浓烈的香味，周恩来身子一侧，站到了毛泽东和那位商人之间，毫不客气地端过其中的一杯说，“延安是中国的地方，中国商人任何时候来延安做生意都会受到欢迎和保护。来为贵公司的生意兴隆、财源茂盛，干杯！”

一位珠光宝气、浓妆艳抹的电影演员拿着一杯威士忌走到毛泽东跟前：“我很想和延安同行合拍一部电影，听说共产党的文艺作品只准写革命不准写爱情，我擅长演言情片，担心没有用武之地。毛先生，我的担心是不是多余的呢？”

毛泽东摇手大手哈哈一笑，还没有正式回答，周恩来抢先开了口：“这位热心的女演员显然没有看过延安艺术家创作的歌剧《白毛女》。实不相瞒，毛先生是这部歌剧的忠实观众，剧中女主角喜儿和男主角大春的爱情就非常真挚，非常动人。”

“太好了！来，为非常真挚、非常动人的爱情干杯！咦，周先生，你怎么把我敬毛先生的酒抢过去喝了？”

“问题是我代答的，酒，自然该我代饮喽。”

“各位，各位，我发现了一个秘密，一个军事秘密……”惊人之语出自一位肩章上有两朵金梅花的将军口中，“不知各位注意到没有，今天晚上周先生在为毛先生把守前沿阵地，我们敬的酒，很难冲破周先生这道坚固防线，到达毛先生手中，周先生也该体谅大家仰慕毛先生的心情啊！”宾客们议论纷纷。

周恩来坦然笑道：“诸位，我也发现了一个秘密。在今晚的宴会上，毛先生作为远道来的贵客，作为大家的新朋友，受到热烈欢迎，我这个老朋友，却连代酒碰杯的资格都快要被取消了。这恐怕不太对头吧？”话说得在情在理又这样风趣，一阵爽朗的笑声代替了回答。

那位发现了军事秘密的将军也叹服道：“周恩来的前沿阵地是攻不破的。”[14]

巧言拒酒，摆脱饭局中的陷阱

1943年，国民党顽固派妄图掀起第三次“反共”高潮。蒋介石密令胡宗南调集60万精锐部队，准备“闪击”中共中央所在地延安。党中央在军事上做好准备的同时，委派周恩来赴西安与胡宗南进行交涉。

胡宗南清楚周恩来有豪饮的海量，便召集了一批黄埔军校的校友，现任将级军官30多人，偕夫人参加为欢迎周恩来举办的盛大酒会，并拟好了一个在酒桌上做文章的预案。胡宗南特别嘱咐诸位，酒会上要想办法多向周恩来敬酒，最好把周恩来灌醉，使“闪击延安”的问题在酒会上无法讨论。

这天，周恩来身着中山装，仪表堂堂，健步走入宴会大厅。

酒会开始后，首先由胡宗南手下王凡超致欢迎词。在欢迎词的末尾，王凡超稍稍加高音量说：“各位在座的黄埔同志，我提议，首先请周先生和我们一起，为领导全国抗战的蒋委员长的健康干杯！”

王凡超先发制人，周恩来微笑着站起来，手举酒杯说：“全国抗战的基础是国共合作，蒋委员长是国民党的总裁，为了表示国共合作共同抗日的诚意，我作为中国共产党党员，愿意为蒋委员长的健康干杯；各位在座的都是国民党党员，也请各位为毛泽东主席的健康干杯吧！”

一时弄得胡宗南及其部下不知所措。他们僵在原位，不知是干好还是不干好。周恩来见机笑笑说：“看来各位有为难之处，我不强人所难，这杯酒就免了吧！”

胡宗南见一开始就受了挫，心里十分懊火。好在他早有预案，遂朝座中使眼色。不一会儿，在座将领的夫人们纷纷举杯向周恩来走来，开始第二轮劝酒。一位夫人走到周恩来桌前，笑着说：“周先生在黄埔军校倡导了著名的黄埔精神，为了发扬黄埔精神，为表达我们的敬意，我们每人敬周先生一杯。”

周恩来自然知道来者的意图，于是不慌不忙，十分风趣地对那位夫人说：“今天来的各位夫人都很漂亮。这位夫人讲的话更漂亮。我想问，我倡导的黄埔精神是什么？谁答得对，我就同谁干杯。”

这些夫人们哪里清楚什么黄埔精神，被问得张口结舌。那位敬酒的夫人，未喝酒就先弄了个脖子通红。

胡宗南见此情景，赶忙出来解围打圆场：“周先生，今天我们只叙友情，不谈政治。”

这边夫人们刚刚退下，那边将军们又上场了。“周先生，当年我们在黄埔军校学习，你是政治部主任，同我们有师生之谊，作为弟子，我们每人敬老师一杯！”

周恩来未端酒杯，而是转身对身边的胡宗南说：“胡副长官刚才说了，今天我们不谈政治，这位将军提到我当过黄埔军校政治部主任，政治部主任岂能不谈政治？请问胡副长官，这杯酒该不该喝？”胡宗南没想到周恩来把“政治”同“政治部主任”两个概念联系在一起，再次把将军们弄得无可奈何，大家只好仰头喝了杯中酒。

将军们刚下阵来，夫人们又前来敬酒。一位夫人说：“周先生，我们久仰周夫人，为表敬意，我们各为周夫人的健康干一杯。既然周夫人未来，就请周先生代劳了。周先生一向尊重妇女，我想一定不会不尊重我们的请求吧。”

周恩来收起笑容，严肃地说：“延安人民生活异常困难，如果让邓颖超喝这样的好酒，她会感到于心不安的。我尊重妇女，也尊重邓颖超的心情，请各位各自喝了酒，我代她喝茶。”夫人们听罢此言，无言以对，只好各自喝了酒，而周恩来只喝了茶。

整个宴会，周恩来机智沉着，没有让胡宗南预案得逞。在酒会将要结束时，出于礼貌，他举杯回敬胡宗南及各位将军、夫人一杯。他说：“现在，日本帝国主义正占领着我们的大好江山。作为军人，不能保家卫国，不能够救黎民于水火，这是对于军人的耻辱。此次来西安，听胡副长官说，‘闪击延安’之说纯系谣传，我听了很高兴，胡副长官绝不能干一些亲者痛仇者快的事情。借这个机会，我向胡副长官、向各位将军和夫人敬一杯，希望我们团结抗战，收复失地，实现孙中山先生的三民主义。希望我们一起努力，坚持抗战，坚持团结，坚持进步，收复南京、上海、京津、东北三省，收复所有被日本帝国主义侵占的中国大好河山，彻底实现孙中山先生的三民主义，把我们的祖国建设成独立、自由、幸福的强大国家！同意的，请干杯。不同意的，不勉强。”说完，周恩来将杯中的酒一饮而尽。胡宗南和那些陪客，不得不干了杯中之酒。[15]

魅力感悟

毛泽东是中共的第一领袖，各界人士给毛泽东敬的酒，不管是出于对毛泽东的敬仰，还是另有别的意思，这酒一般是必须喝的。但毛泽东的酒量是不大的。周恩来要想为毛泽东挡酒，就必须挡得巧妙，说出足够的理由，让人信服。

面对第一位商人“这是不是意味着敝公司在不久的将来就可以到延安做生意了”的提问，周恩来先说“这个问题我代毛先生回答”，而不是“这个问题我来回答”，一方面维护了毛泽东的主角地位，另一方面也为毛泽东挡酒做了铺垫。在回答这个问题的时候，周恩来从“延安是中国的地方”这一前提出发，得出“中国商人任何时候来延安做生意都会受到欢迎和保护”的结论，逻辑性、说服性强，而且这也表明了我党实现祖国统一的愿望。

那个女演员“演感情戏”的问题提得刁钻、顽皮。在这里，周恩来用摆事实、讲道理的方法，用《白毛女》的例子回答了这位女演员，驳斥了“共产党的文艺作品只准写革命不准写爱情”的谬论，最后说“问题是我代答的，酒，自然该我代饮喽”。在事实面前，任何人不得不低头。

面对这位将军的“军事秘密”，周恩来拿他们的“新朋友”毛泽东和自己这个“老朋友”受到的不同“待遇”作了比较，幽默风趣地说明了自己“代酒碰杯”是理所当然的。这里周恩来使用了对比的辩论方法。巧妙地为毛泽东“把守前沿阵地”，并且对他们的提问作了精彩的回答。

周恩来喝酒有一套，拒酒更有一套。

面对王凡超“为领导全国抗战的蒋委员长的健康干杯”的提议，显然是不能接受的，如果接受就表示承认了蒋介石是国内唯一的领袖，否认了共产党的合法地位。于是，他以身作则，从一个共产党员的立场为蒋委员长的健康干杯，同时要求在场的国民党员也同样站在自身的立场祝毛主席身体健康。一来义正词严地维护了党的正当地位；二来显示共产党能容下国民党，而国民党却容不下共产党，说明国民党是鼠肚鸡肠，妄图独裁，共产党却有联合抗日的诚意；三来自己一个人敬蒋委员长，而现在你们必须这么多人来敬我们的毛主席。

周恩来当然愿意干杯，但对方呢？喝也不是，不喝更不是，周恩来一句“看来各位有为难之处，我不强人所难，这杯酒就免了吧”，如果不喝的话，那就是连一点风范都没有了，真是着着实实将了对方一军。

第二轮劝酒，将军夫人竟然用“为了黄埔精神”为理由，既然你是为了“黄埔精神”，那你总该知道“黄埔精神”吧，可惜不知道。真是搬起石头砸了自己的脚，自取其辱。

第三次劝酒，周恩来把“政治”同“政治部主任”两个概念联系在一起，借题发挥，将计就计，借力用力，让人有口莫辩。

第四轮劝酒，夫人们拿周夫人说事，这你总不能不喝吧？可是周恩来绕过周夫人和尊重妇女这个角度——应该代夫人喝，但喝的不是酒，为什么呢？因为“延安人民生活异常困难，如果让邓颖超喝这样的好酒，她会感到于心不安”，喝茶不但不是对她的不尊重，相反，是最大的尊重。

但周恩来明白，在这些小伎俩上战胜对手，不是目的，要是那样的话，自己跟他们也差不了多少，更重要的是，不利于团结的胜利是没有意义的。于是，周恩来在一次次占了上风的情况下，并没有洋洋自得，而是从民族利益出发，说明现在大敌当前，军人的职责是保家卫国，而不是内讧，并为胡宗南没有“闪击延安”而由衷地赞赏，最后主动敬上一杯，这一杯真是有千钧之重。

最后周恩来以民族大义将主题推向高潮，一句“同意的，请干杯。不同意的，不勉强”，既没有觉得自己说的是别人一定接受的，又置对手于完全被动，一饮而尽之下，完胜对手。

第四节　胆识：危难时刻的铁血英雄

周恩来是一个有胆有识、有理有节的无产阶级革命家。其实，在他小的时候，就已经把自己和中华民族的苦难联系在了一起。多少回风急浪险、多少次艰难险阻，他都从容不迫地闯了过来。温和中有威严，谦逊中不妥协，危难中更镇定，这就是他几十年革命生涯中的一贯作风。能做到临危不惧，除了过人的胆识之外，必定与其博学多才和超群的文化修养有关，众所周知，周恩来在各方面都有惊人的天赋，由南到北的成长经历，出国看世界的留学历练，在国共两党的工作经验和广泛交往，都使他站在了别人难以超越的高度。

信心铸就非凡
——祖国一定能崛起，革命一定能胜利

周恩来一向给人以自信之感，其实这种自信从周恩来小时就早已有之。周恩来在江苏淮安长大，后到沈阳求学，由南到北，目睹了中华民族在列强瓜分下日渐衰微的惨状，在他小小的心灵里，一次又一次地受着刺激，一次次坚定自己救国救民的信念，正是这种不惜一切代价救国救民的强烈愿望，使周恩来在一次又一次艰难的困境中置个人安危于不顾，以拯救民族的强大动力，激发出扭转乾坤的信心。这种自信是大无畏的自信，是一心向前决不退缩的自信，是革命乐观主义的自信，由此创造了一个又一个的奇迹。

醒觉少年，胸怀报国之志

1910年秋季的一天，一列从铁岭来的列车开进了奉天（沈阳）车站。拥挤的人群中，有位身穿灰色长袍、背着行囊的少年，急匆匆走出站口。他闪着一双明亮的大眼睛，朝四周巡视了一会儿，便向前边走过来的一位年近半百的老人喊了一声："大伯！"

这位老人就是奉天度支司（管理财政开支的机关）的科员周庚，他是特意来接侄子周恩来到奉天读书的。

这年周恩来12岁。他头一次来到奉天，处处感到新奇，想从热闹的街道上穿行。大伯父却赶紧拉住他，指点着东至陆军医院、南到公园、北达七马路一大片地方说："别走这儿，以后也不要到这地方来玩，有事绕开这条路走。"

"为什么？"周恩来遇见事情总爱寻根问底。

"这里是外国人的租界，惹出麻烦，没处说理去。"伯父的回答显然有些无奈。

"为什么呢？这不是咱中国的地方吗？"周恩来有些不甘。

"中华不振啊！你还小，等你长大后就明白了啦！"伯父紧紧地拉着他，绕道奔向了自己的寓所。安排好住处，送他进了奉天官立第六两等小学（后又改名东关模范学校）。这里的师资水平高，同学们思想比较活跃。周恩来很尊重自己的老师，并在同学中交了许多好朋友。

一天，周恩来问同学："外国人租界地，你去过吗？"

"去过啊，那地方可好玩哩！"同学回答说。

"你带我一块去一次吧！"周恩来想揭开"租界地"的谜。

同学就很爽快地答应了。于是，一个礼拜天，他和那位同学特意逛了租界地和外国人的洋行区。

这里确实和别处不同，到处都是挂着五花八门外国旗的领事馆，还有步兵营、宪兵队，以及建筑古怪的基督教堂、东正教堂……他们正说着话，忽然，从一所中国巡警局的门前，传来一阵嘈杂声。一双小伙伴好奇地挤进人群，只见一位中年妇女，指着一个黄头发的外国人，正向中国巡警告状。原来是她丈夫无故被这个外国人的汽车轧死了。过路的人帮她把凶手揪到巡警局。但遗憾的是中国的官员不但不扣留洋人，还让其大模大样地走了，却回过头来反而训斥这个妇女妨碍交通！天理何在？

这件事激怒了周围的中国人，也激怒了年纪小小的周恩来。他和大家一齐上去质问中国警官，为什么不主持公道？

可那个警官却面有难色地说："这是治外法权规定的，有什么办法？"说着，就想溜进巡警局。

"你还有点正义感吗？就这么看着自己的同胞受这样的窝囊气？"火苗上蹿的周恩来一把拦住巡警，非要问个明白。

"你一个娃娃家，管这么多闲事干什么？死者跟你又没什么关系！你真不该穿这身衣服！"巡警有些生气地说。

"你说什么？闲事？同胞的命就这么贱吗？你还是中国人吗？同胞的事不是你的事？"周恩来十分生气，大声质问巡警。

"可是，可是，我确实管不了，这的确超越了我的权限！"巡警显然有些尴尬，口气也有些软化，并趁机溜走。

周恩来仍要上去追赶，他的同学就过来劝周恩来说："算了吧！这样的事多了，官司就是打到北京去，也是中国人的不是。我爸爸说，还是搬到乡下去好，免得在城里受气！"

"乡下？"周恩来说，"还不是一个样！"

"你怎么知道？"同学有些不解。

"我在铁岭读书时，也亲眼看到过类似的情况。"周恩来一路走，一路向同学讲述自己在铁岭登龙首山的见闻。最后，周恩来对身边的同学说："咱们中华民族，不也像传说中的龙首山一样吗？中华不振哪！"

"要是能叫中华振作起来就好啦！"那位同学憧憬着。

"能！一定能！"周恩来肯定地回答。

"能？"那位同学有点泄气，"瞧政府的腐败样儿吧！"

“他们不能，我们能！一定能！”周恩来的语气更加坚定和自信。

一次修身课上，魏校长问同学们：“大家为什么读书？”

同学们的回答是多种多样的。有的说“为明礼”，有的说“为做官”，有的说“为家父”，又有的说“不知道”。

当问到周恩来时，他站起来清晰而有力地说：“为中华之崛起而读书！”魏校长没料到一个十二三岁的小学生能有如此胸怀，瞪大吃惊的眼睛又问了一句：“你为什么读书？”周恩来提高嗓音，坚定地重复一句：“为中华之崛起而读书！”[16]

“为中华之崛起而读书！好哇！”魏校长激动地向同学们说，“有志者，当效周生啊！”

处惊不乱，危难时刻仍从容

1937年冬天，日军大举进攻山西，卫立煌和阎锡山的军队节节败退，太原吃紧，当时在太原的周恩来一面向党中央、毛泽东汇报工作，一面布置办事处南迁汾阳。他亲自选定撤退日期和路线把大家分批送走，自己却留下3位机要人员和一个警卫员坚持工作。11月初，太谷、榆次陷落，炮声已震动耳膜了，周恩来还在伏案工作。同志们异常担心他的安全，一再催促他尽快离开。可他直到晚上，处理完全部工作后，才镇定如常地问：“卫立煌走了没有？阎锡山走了没有？”同志们说：“他们早就跑得不见影子了！”周恩来这才不慌不忙地说道：“好吧！那我们也走吧！”

他们步出西门，走上公路，准备过汾河去汾阳。4个人护卫着周恩来，向桥头赶去。快到桥头一看，心都凉了半截！只见汾河上木板搭起的桥面已经损坏，桥面上堆满了破烂的车辆和乱七八糟的东西，桥中间只有一尺来宽的一片木板可以过人。想涉水渡河吗？寒风刺骨，淤泥陷人，只能从桥上过。这时候，轰鸣的炮声已经越来越近了，大家都意识到，要是今天晚上过不了汾河，明早日寇一到，那后果就不堪设想了！大家真为周恩来的安全捏了一把汗。

可是，在这危险、紧急的时刻，周恩来还是那样沉着镇定，他毅然决然吩咐大家：“一定要在拂晓前突过去！文件包要保管好。一个紧跟一个，不能掉队。跟我来！”

说完，周恩来就领着大家往桥上走去。边走边回头召唤4个工作人员：“快点跟上，别掉队！快点跟上，把公文包带好！”

在通过只剩一尺来宽的独木桥板时，周恩来还守在桥边，把大家一个一个地牵过去。接着又带领大家一个一个地翻过堆积在桥上的牲口和车辆，胜利地踏上了去汾阳的公路。

1938年10月24日，武汉陷落的前夕，周恩来亲自来到新华日报社，为最后一期报纸写了《告别武汉》的社论。黄昏，他又指示机要室同志通知电台接受一个新的联络任务。

这时，敌人的炮声已经隐约可闻。电台的同志们聚精会神地守在电台跟前，仔细地调整旋钮，却总找不到需要联络的信号。大家正在着急的时候，周恩来来到了电台跟前。他一点也没有责备的神色，围着电台打量了一番，然后问道：“机子有毛病吗？”

电台的同志回答：“没有。”

周恩来沉思了一下，又说：“看急得满头汗，还不擦一擦。遇到困难，首先要冷静，一急，有办法也给急跑了。只有冷静地分析，才能找到原因。”他又问，“波长对不对？”电台同志拿表量了量，也没问题。周恩来稍稍皱了下眉头，突然指着天线问道：“天线架得有没有问题？”

这句话一下提醒了电台的同志。他们事先检查了电台的各个部分，却忽略了室外天线。他们连忙走到外面，果然发现天线碰着了墙壁，就赶紧重新架设天线。

架设好了天线，电台的同志赶紧打开机器重新呼叫，立刻听到了对方的回答。对方的声音很激动，显然他们也在着急地寻找呢！电台的同志高兴地向周恩来报告说：“通了！”周恩来含笑地点了点头。

一份百十字的电报很快抄完。这时已是24日的24点。隔了几十分钟，机要室又送了份向外发的急电。

发这份电报的时候，周恩来说："你们知道自己完成了一个多么重要的任务吗？"没等他们说完，周恩来略带微笑地说，"蒋介石不顾抗日利益，放弃了武汉，现在只有我们共产党人来领导武汉周围的人民起来抗日了。党中央派了一大批干部到长江流域开辟抗日根据地，刚才的电报就是给他们联系的。"

炮声越来越近，窗子都被震得颤动起来。周恩来看了看表说："撤机子吧！现在该是我们从武汉撤退的时候了！"

就这样，无论是奔波于战火纷飞的战场，还是同国民党反动派面对面地斗争，他都是那样坚定、沉着，从容不迫、镇定自若、有条不紊地领导同志和团结各方面的群众，英勇地进行战斗。[17]

魅力感悟

周恩来1910年到辽宁那年，日本军国主义正式吞并同东北只有一水之隔的朝鲜，并觊觎中国。中华民族已经到了生死存亡的紧要关头，以孙中山为代表的革命党人正在为拯救中国进行着殊死的斗争。在此后的几年里，中国社会发生了一系列巨大变革。清王朝被推翻，宣统皇帝（溥仪）退位，民国刚刚兴起。

此时刚刚12岁的周恩来，正是人生观和世界观形成的重要时期，当时的形势给少年的周恩来心灵空间打上了深深的烙印。再加上老师经常向学生讲述时局的危急和历代民族英雄的故事，激励学生们的爱国热情，使少年周恩来受到很大触动。在具有进步思想的老师的影响下，周恩来先后阅读了陈天华的《警世钟》和《猛回头》、章太炎的《驳康有为论革命书》、邹容的《革命军》等书籍。周恩来的胸襟格局得到进一步升华，更进一步强化了他刻苦学习、报效祖国的雄心。在这一动力支持下，周恩来的各科成绩都名列前茅，尤其是作文、书法和英文，每学期总是全班第一。

周恩来和巡警的争辩以及对魏校长的精彩回答，均展现出少年周恩来的崇高境界。由此可见，周恩来之所以能成为一代伟人，跟他个人的聪慧及他所受环境的熏陶有关，俗话说“自古英雄出少年”。显然这种自信跟年龄无关。只要个人跟祖国的命运联系在一起，就能发出掷地有声的声音。

一个人一旦把自己融入到某种使命当中，那么他就能发挥出超常的状态和魄力。因为这个时候，个人的安危已经不是第一位，这就是为什么面对危急时刻，有的指挥官会弃城逃跑，有的军人反而会更加英勇和镇定。

周恩来的沉着来自于对日寇的仇恨及与敌人较量到底的决心，这种自然而然地转为一种大无畏的姿态，不管遇到多么凶险的处境，也不会表现出一丝的畏惧。

英勇顽强是容易的，在敌情紧急之时能保持绝对的理智却是很难很难。这固然来自于周恩来多年来在战场上的磨炼，但更大的是魄力。别人慌自己不慌，自己不慌还要让别人也不慌，这绝不是常人能做到的。

为了让部队不乱阵脚，他表现出了强大的魄力，并且以身作则，现场指挥。这时候的一举一动，一字一句，都颇具分量。这时，自信胜过一切语言，冷静胜过所有命令。

不管在多么危机的时刻，周恩来都很少着急上火，反而更加精神集中，因为他知道，自己再危险，革命还得继续，只要还有一口气就绝不气馁，并且能教导别人也冷静，这都来源于他对革命事业的信心。

注释：

[1]责任编辑：陈城.人民网

[2]顾保孜.《红镜头中的周恩来》.贵州人民出版社.2011年8月

[3]顾保孜.《共和国红镜头》.中共党史出版社.2006年9月

[4]主笔：李菁.《三联生活周刊》. 2008年12月31日

[5]主笔：李菁.《三联生活周刊》. 2008年12月31日

[6]来源：“周总理晚年外事活动漫忆”. 中国共产党新闻网

[7]主笔：李菁.《三联生活周刊》. 2008年12月31日

[8] 来源：《周恩来总理在欢迎尼克松总统宴会上的祝酒词》.《人民日报》. 1972年2月22日

[9]陈扬勇.《周恩来在林彪出逃后》. 重庆出版社

[10]潘星海.《红军总政委周恩来》. 湖北人民出版社 2007年07月

[11]马祥林. 《人民大会堂往事追踪报告》. 中央文献出版社 2010年8月

[12]权延赤.《走下圣坛的周恩来》. 中共中央党校出版社 1993年01月

[13]许广亮.《周恩来的故事》.中共党史出版社 1993年

[14]来源：周恩来应对筵席间 . 新浪网. 2007年03月06日

[15]来源："胡宗南摆'鸿门宴'周恩来将计就计巧妙拒酒". 辽沈晚报. 2010年07月28日

[16]陈沚. 小学课文《为中华之崛起而读书》

[17]谷峰 .《文史月刊》. 2004年第10期

第二章

Chapter 02

雷霆万钧
——周恩来的雄辩口才

周恩来的每一次口舌交锋，无不是为了国家民族的权益，面对与其他国家在敏感问题上的斡旋，他总是摆事实讲道理，据理力争；面对与敌人的恶意和阴谋诡计，他游刃有余，针锋相对；面对别人深深的误解，他以大义为重，耐心释疑；针对别人犯下的错误，他都注意方式方法，让人心服口服。

从周恩来的身上我们可以看到，义正词严的辩护绝不等同于“巧言令色”，据理力争也绝不等同于“胡搅蛮缠”，它们的区别在于你到底是“有理走遍天下”还是“无理搅三分”，是为了民族和正义还是恃强凌弱、居心叵测，是摆事实讲道理还是主观臆断一厢情愿；是为了解决问题着眼大局还是借题发挥进行恶意攻击。

周恩来从不把辩论当成斗争，也不是单纯为辩论而辩论，他的每一句话体现的都是处理各种复杂矛盾的方法、驾驭危难局面的能力和进行各种形式政治斗争的经验。

第一节　目的：通过辩论分曲直

谈判是为了用最低成本的方法解决疑难问题，避免用其他形势的冲突和战争。周恩来的每次辩论都不是泛泛而谈，更不是被动应付，都需要付出极大的精力和智慧。周恩来日理万机，谈判时紧扣主题，不做无用功，用最精练的语言达到最明确的效果，是一个领导人处理问题的必然要求。周恩来不是为了辩论而辩论，因为他知道谈判不是目的，他只是有目的地去谈判。

有理有据，当仁不让
——中印边境争论周恩来仁至义尽

中印边境局势是在1959年西藏反动农奴主发动武装叛乱以后开始恶化的。当时，印度尼赫鲁政府一方面积极鼓励和支持西藏农奴主叛乱，另一方面又在中印边界蓄意挑起边界冲突，并企图将印度所主张的边界线强加给中国，致使中印关系急转直下，中印边境局势也骤然紧张起来，大规模武装冲突有一触即发的势头。1960年，周恩来在中印关系全面恶化的形势下亲赴印度参加边界谈判，为避免战争尽了一切可能的努力。

上世纪60年代初，印度军队不断侵占我国西藏的边境地区，挑起边界冲突。

中印之间约有2000公里的边界，虽然从未正式划定过，但在历史上按照双方的行政管辖范围，形成一条传统习惯的边界线。这条边界西段沿着喀喇昆仑山脉，中段沿着喜马拉雅山脉，东段沿着喜马拉雅山脉的南麓。为了和平解决边境争端，周恩来总理冒着风险访问印度，与尼赫鲁总理进行会谈。

1960年4月19日，印度总理兼外交部长尼赫鲁站在国际机场贵宾厅宽大的落地窗前。他在等候一位贵宾，一个老朋友，这人就是周恩来。

飞机停在机坪的中心，舱门拉开，第一个走出机舱的是周恩来。他仿佛没有注意到前来欢迎的仅百十余人，仍然微笑着扬着手臂走下舷梯。

周恩来走过来了。

“周总理，还认识我吗？”一个身穿西服裙，肩挎照相机的年轻女记者双手紧握着周恩来的手，用流利的中国话问。

“《泰晤士报》的记者，大名鼎鼎的韦尔娜小姐，我怎么会忘呢，记得嘛。咱们碰过杯，喝的是茅台酒，不过，别以为我不知道，你杯子里可掺了不少矿泉水噢！”

韦尔娜乐不可支，一对碧蓝色的眸子里溢出了泪水。

稍顷，韦尔娜问：“周总理，您认为这次的和平使命能完成吗？”

周恩来两手一张，“尽力而为吧，办这样的事情，一个诚意是不够的，需要两个……”

欢迎仪式进行了25分钟，便匆匆结束了。车队沿着空荡荡的大街，驶向中国代表团下榻的总统府。

周恩来一行于次日一早便按照惯例到甘地火化处献花圈，然后便马不停蹄地赶到总理府与尼赫鲁举行高级会谈。中国代表团一共在印度待了6天。这6天里双方谈话的时间超过20个小时，即使是算上翻译的时间，这一会谈也是空前的。而且，这还不包括双方的下级官员所重复进行的内容相同的会谈。

双方的会谈一开始，尼赫鲁便一本正经地要求中国承认非法的麦克马洪线。周恩来严肃地反问尼赫鲁：“总理先生，麦克马洪是谁？”

尼赫鲁一时语塞，只好笑而不答。

周恩来进一步问道："为何在结束了殖民统治的时代，一个前英帝国主义的将军，还能对两个主权国家的议事日程指手画脚，发生那么大的作用？中印边境问题因为历史问题而复杂化，但中印两国有对付英帝国主义的共同经历，应该很自然地对边境问题具有相同的观点。然而与此相反，印度却要中国接受英帝国主义片面扩张出去的边界，这未免太遗憾了。"

尼赫鲁听了，只好无奈地说："我深知总理是一位杰出人物，是我见到的最伟大的政治家之一，但你却说印度的独立政府正在从英国对中国的侵略中寻求自己的利益，这是我深感意外的苦恼。英国占领印度并违反我国人民的意志而统治次大陆是事实，但是印度的边界是几世纪以来由历史、地理、风俗习惯和传统所决定的，英国出版社出的我的书即是证明。"尼赫鲁居然根据他已出版的书来做为划分中印边界的根据！这无疑是既做运动员又做裁判，令周恩来感到十分惊讶。

1960年4月25日晚，周恩来在新德里举行了记者招待会。在此之前周恩来曾提议和尼赫鲁共同举行记者招待会，但却遭到了印方的拒绝。为了使各国外交使团和舆论界对中国立场有进一步的理解，周恩来于是决定单方面行动。

为了取得先声夺人的效果，平息一下有些记者的愤怒火气，人一到齐，工作人员便开始散发早打印好的周恩来的声明，上面扼要简洁地阐述了中国的立场，周恩来还将双方的共同点或接近点归纳为6条，一并印在显赫的位置上。

晚7时20分，周恩来、陈毅带领随行人员走进圆柱厅的边门。韦尔娜突然闪了出来，急切地说："总理先生，有帮人准备不顾外交礼仪向您发难，您可要小心啊！"

周恩来微微点头："谢谢您，韦尔娜小姐。"说完继续前行。

韦尔娜又迅疾地抢到前边，语音凄颤地说："周，这不是招待会，是射击场，您是唯一的靶子，上千只枪口都瞄准了你，你不能进去。"

周恩来严肃了，轻轻抚了抚韦尔娜瘦削的肩膀："放心吧，新德里的子弹打不倒我。”

周恩来开始了45分钟的讲演，演讲刚一结束，圆柱厅里便爆发出掌声的大潮。周恩来端起茶杯，侧身呷了一口茶，清了清喉咙，说：“有位朋友告诉我，在座的有不少是战神鸠摩罗的子孙，准备好了炮弹轰击我。我觉得，心里有火、有气，就应该发出来，我愿意承受。因为，我是你们的朋友。”

终于，有一个留大胡子的人站起来说：“我是印度报业托拉斯的记者，请问周恩来先生，中印边界的领土划分已经是十分明确的了，难道还有什么必要再进行谈判，再重新划分吗？”

周恩来耐心地回答：“如果你对中印边界的百年历史多做些研究，并且能真诚地倾听一下中国政府的呼声，我想，你是不会提出这种问题的。”

一位欧洲人站了起来：“我是英国路透社记者詹姆斯，总理先生口口声声要靠谈判来解决问题，请问，原本属于别人的东西，你认为有什么资格和必要去讨论这东西的归属吗？”

周恩来严肃地说：“詹姆斯先生，在国与国的领土纠纷中，你刚才的比喻显然不十分恰当，我愿就这个比喻再做些说明，如果一个强盗夺走了别人的东西，那么原物的主人不该向强盗讨还吗？”

詹姆斯气急败坏地说：“你……你敢说印度是强盗？”

周恩来坦然而答：“强盗，有，但不是印度，而是英国的殖民政策。中国和印度是朋友，而且应该永远是朋友。”

后排一位记者拍了拍詹姆斯的肩膀，站起来问：“总理先生，你们不打招呼，在有争议的地区擅自修了一条公路，这难道也是在表示和平、尊重和友谊吗？”

周恩来诚恳地回答：“不错，我们是在喀喇昆仑山侧修了一条公路。这就是青藏公路，是为了改善新疆、西藏地区的交通困难状况而修筑的，其中有几段因山脉阻隔，穿越了阿克赛钦地区的一角。我们原本以为，这是众所周知的中国领土。后来印度政府提出了抗议，我们愿意就此问题进行协商解决。如果这不算和平、尊重、友谊的话，那么印度政府越过传统的边界，在有争议地区建立军事据点，武装巡逻，不但不打招呼，而且逐步推进，动枪动炮，这又算是什么呢？”

台下的记者们交头接耳、窃窃私语，周恩来的雄辩虽早有耳闻，但今日才是第一次领教。

“我是《印度独立报》记者托姆拉。总理先生，你不认为，中印之间的领土争端，愈演愈烈，直到今天动枪死人的境地，完全是你们自恃大国身份，对印度横行侵犯的结果吗？”

周恩来冷峻地说：“不对。缅甸、不丹、尼泊尔都是小国，也都和我们有麦克马洪线的困扰，可为什么我们能和平地达成边界协议呢？事物的逻辑并不是当一个大国与一个小国发生纠纷的时候，大国就必然是无理的、蛮横的。如果这样的逻辑成立，那么印度同巴基斯坦、锡金的边界纠纷，也是大国欺侮小国吗？事实上，印度无论从哪方面看，都不是一个小国，她的综合国力，她的人口，她的国际地位和威望，尤其她引以骄傲的几千年的古代文明，一丝一毫也不比中国差，这怎么说得上是大国对小国的侵犯呢？”

托姆拉激怒得涨红了脸：“不管怎么说，你们是侵略者，是你们伤害了印度的感情，你们要滚出去……”

周恩来的面孔异常冷峻，语气却异乎寻常的平稳：“如果说到伤害感情，我想反问一句，究竟是谁伤害了谁？去年我国在平定西藏叛乱时，明知有些人背后搞鬼，我们并没有责怪，而是在采取军事行动前，电告贵国政府，保证对印度侨民提供保护。达赖喇嘛逃往贵国避难，中国政府根据‘对政治犯可以给予保护’的国际惯例，予以了宽容。在边界纠纷中，中国军队没有前进一步，连例行的边界巡逻也停止了。我们伤害谁啦？可是印度政府呢？面对领土纠纷拒不谈判，至今不断派出军队在我领土内巡逻，多次开枪，打死打伤我边防军民。去年，在我国处理自己的内政西藏问题时，贵国各城市都举行了大规模的反华游行，声援西藏叛乱集团。

更令人无法容忍的是，去年4月，在贵国孟买，政府怂恿一批歹徒，将我们伟大领袖毛主席的肖像贴在中国总领事馆的墙上，往肖像上抛掷变质鸡蛋、烂西红柿和砖瓦泥块。请问，这是什么？这不仅是伤害了我们的感情，而且是对中华人民共和国的侮辱。”

托姆拉惶急地辩解道：“那是一小部分人，绝不能代表印度政府……”

周恩来最后说：“我想再补充几句，中印两国都曾是帝国主义的殖民地，饱受过帝国主义列强的欺凌和蹂躏。中印两国应该友好、和睦。自家的事好商量，绝不能让边界纠纷再继续扩大，以致做出亲者痛、仇者快的事情来。我们绝不会侵略任何国家的一寸土地，当然我们也不容忍人家侵略我们。中印两国人民没有根本利益的冲突，一时的乌云是会消除的，两国边界的一时纠纷是能够解决的。我和我的同事们愿意在中印两国人民的友好方面继续工作。如果需要的话，为了伟大的中印两国人民的友好，我，或者其他人，还会再来新德里的。”

周恩来的最后补充，与刚才舌战群儒、大展辩才的情形相比，更显得真诚。话音未落，台下的掌声、叫好声犹如天边滚过的巨雷，上千名记者全部站起来，跺着脚，拍着巴掌，长达7分钟的掌声里，竟然包括刚才那些曾向周恩来发难的人。[18]

魅力感悟

周恩来一生自信，但这种自信一点都不盲目，因为他知道一个巴掌拍不响，要达成共识必须使双方都能做到真诚有效地沟通，所以在对方诚意不足时，他只能尽力而为。

尼赫鲁也是一位在斗争中成长起来的人物，谈到麦克马洪线，他表现出了强势的一面。周恩来利用印度和英国殖民者的关系驳斥他的这番话说得可谓入情入理，无懈可击。尼赫鲁虽然是西方资产阶级议会制度培养出来的一位能言善辩的政治家，此时此刻也无言以对，自觉十分尴尬。

周恩来舌战群儒的文化形象，是中华民族文韬的生动表现。温文尔雅，文质彬彬，以理服人，与人为善。处处都体现出对他人的尊重，这就是周恩来的魅力之所在。这些，就是中华民族、中华文明的伟大之处。周恩来，就是因为他在世界面前完美地展示了伟大的中华文明，才会如此赢得世界人民的崇拜和敬仰。在当时情况下，能够使有敌对情绪的记者们的低头，真是非伟人不能为之。由此可见，人心总有相通之处，只要抓住人心，在任何复杂环境下，都是可以打动人心的。其结果，周恩来凭借其雄辩的口才获得所有在场者的热烈掌声。

求同存异，寻找共识
——着眼未来，周恩来在中日建交中的战略思考

上世纪70年代，出任日本首相仅两个多月的田中角荣顺应潮流，顶住右翼的压力，开始了他的访问中国、恢复两国邦交之旅。周恩来运用既坚持原则又灵活应对的外交艺术，化解了一系列敏感和误解的难题，中日两个邻邦终于结束了敌对状态，翻过了历史不愉快的一页，建立起了睦邻友好的关系。

1972年9月25日上午11时30分，北京首都机场。一架来自日本的DC-8专机徐徐降落。舱门打开，日本首相田中角荣走下飞机。已经等候多时的周恩来走近舷梯。中日两国总理的手紧紧地握在了一起。

那一天北京天气很好，但气氛很严肃，下了飞机以后，田中显得很紧张。日本有一个习惯，初次见面都是要介绍自己的名字的。他说“我叫田中角荣”，实际上我们都知道他是田中角荣。他还说：“我是54岁当了日本首相的田中角荣。”语气中强调了54岁，也就是强调他很年轻、很有为。

总理亲自陪同田中角荣到达钓鱼台国宾馆18号楼下榻。走进会客室

里面，田中角荣一定要给总理脱大衣，总理穿的是秋天的那种风衣，他要给总理脱这个风衣。总理说：“我是主人，怎么能要你客人做这个事情呢？”他就和总理开玩笑说：“你把最好的18号楼提供给我使用了，我就是这里的主人，所以你到了我这里，我应该给你脱大衣，这是对你这个长者的最起码的礼貌。”气氛很好，这时他又说到自己54岁当了日本首相。为什么又再次强调呢？因为在日本政治家里面，像他这样的情况，没有学历——中专程度，是很少见的，而且这么年轻就当日本首相。日本前首相佐藤是要把班交给福田的，但是最终他胜利了。总理听了笑笑说：“田中先生，我51岁当的首相，中国的首相，而且当到今天，已经23年了。”从此以后，田中角荣在中国的四五天中，就再也不提他54岁当首相了。

这是战后日本首相首次访问中国。第二次世界大战后，日本被美国占领，完全听命于美国。1956年，周恩来向日本朋友指出：“日本政府在中日建交上有困难，困难不仅在内部，而且更大的困难是由于外来的干涉和压力。”这个外来的干涉和压力就是美国。1972年，美国总统尼克松访华与周恩来一起完成了中美关系正常化，这次美国改变对华政策却将日本撇在一边，使当政的佐藤内阁十分尴尬。

由于周恩来“以民促官”方针的实施，各阶层的人民都在关心日中友好。佐藤急得坐卧不安，托人捎信给周恩来，“要求亲自访华”。但是，这一次周恩来却一反常态，明确宣布“中日谈判不以佐藤为对象”。

果然，佐藤内阁倒台，田中内阁诞生后仅40天，就实现了田中访华。田中一行被安排在钓鱼台国宾馆下榻。中午吃过饭后，周恩来和田中在人民大会堂举行第一次首脑会谈。

周恩来首先问候田中：“你也没有休息一下，吃了饭就来了。”

田中说：“中午的茅台酒好喝。”

周恩来说：“茅台酒比伏特加好，不上头，疲劳的时候喝一点能起振奋作用。如果你觉得茅台酒好喝，我们送一点给你，把你的威士忌改成茅台。”

周恩来的话把大家说得哈哈大笑，紧张的气氛一下子变得轻松起来。

周恩来回顾了田中执政40多天以来的情况，说："首相阁下在外交上以这样高速度地进行，这在日本历史上也是很少见的。我很欣赏首相阁下9月21日宣布访华日期时跟记者所讲的，一定要使会谈取得成功，而且肯定会取得成功。我们以这样的心情欢迎首相阁下来访问。"

田中也表示了对周恩来的敬意。他说："尽管从我的愿望来讲，希望加紧实现日中两国邦交正常化，但根据以往的历史经验，如果时机不成熟，这种愿望也是不容易实现的。但周总理马上对我这个愿望表示了欢迎，并邀请我到中国来访问。也就是说，周总理马上抓住了这个时机，配合了我的愿望，做出了表示，所以我们才能迎接这个日子。我原来心里想，到中国来恐怕是不容易的。今天我能这么快到中国来访问，感到喜出望外。"

田中首先提出：希望在29日发表联合声明，这样可以不用在日本国会通过。

田中还开门见山地表明，要注意两个问题：第一，要谋求日中邦交正常化，就需要自动结束与台湾的关系。但要避免因此在自民党和国会内引起混乱。第二，不要因为台湾地位的变动，引起东亚形势发生变化而使苏联有机可乘。

关于联合声明，田中要大平正芳外相具体谈一下。

大平接着说：在建交问题上，有两大问题：第一，对中方所说的"日台条约是非法的、无效的，应予以废除"，可是从日本的立场来说，这个条约已经过日本国会的批准。日本作为条约当事国，是负有责任的。假如日本完全同意中方的见解，那就等于日本政府在过去20多年内一直欺骗国会和国民，日本政府一定会受到批评。所以我们的态度是，实现邦交正常化，与此同时日台条约即告终了。第二，关于日本和第三国的关系问题。我们的立场是在维持日美现存关系的情况下，谋求日中邦交正常化。

大平说完后，周恩来谈了7点意见：

（一）中日两国恢复邦交是双方的“大同”，也是第一位的原则。根据这条原则，其他问题总是好解决的。

（二）田中首相组阁以后，多次提到要站在充分理解中国方面提出的恢复中日邦交三原则的立场上。在此基础上我们自会照顾日本政府所面临的某些局部困难。

（三）田中首相讲得很清楚，日本国和中华人民共和国的外交关系一恢复，日蒋条约就自行失效了，日台外交关系也就中断，我钦佩你们的果断。

（四）同意从政治上解决问题，一些历史方面的问题不要拘泥于法律条文。因此同意会谈后发表联合声明，而不采取条约形式，以后可以再缔结以和平共处五项原则为基础的和平友好条约。

（五）声明中要指出，中日友好不排他。对第三国关系，日美安全条约问题，我们虽有意见，但可以不触及它。这是你们的事。

（六）联合声明中要宣告结束战争状态。你们用了“确认”战争状态结束的措辞，我们不完全同意，因为这样写法可被理解为从缔结旧金山和约后，中日战争状态已经结束。我们请两位外长用用脑子，写出一句双方都能同意的话。

（七）声明中要写上你们理解恢复中日邦交三原则。

周恩来既坚持了原则，又体谅了日方的难处。

晚上，周恩来在人民大会堂举行宴会，欢迎田中首相一行。

周恩来在致词中指出：“自从1894年以来的半个世纪中，由于日本军国主义者侵略中国，使得中国人民遭受重大灾难，日本人民也深受其害。前事不忘，后事之师，这样的经验教训，我们应该牢牢记住。”

周恩来最后指出：“促进中日友好，恢复中日邦交，是中日两国人民的共同愿望。现在是我们完成这一历史性任务的时候了。”“中日两国人民应当世世代代友好下去。”

周恩来的讲话博得阵阵掌声。周恩来讲完后，田中起来致答词。

但是，田中讲话中有一句话引起了参加宴会的中方人员的不快与反感。

田中说："这次访问，我是由东京直飞北京的。我再一次深深地感到日中两国是一衣带水的近邻。两国不仅在地理上如此相近，而且有着长达2000年丰富多彩的交往历史。然而，遗憾的是过去几十年之间，日中关系经历了不幸的历程，其间，我国给中国国民添了很大的麻烦，我对此再次表示深切的反省之意。"

田中用"添了很大的麻烦"来描述日本过去几十年对中国的侵略及其损害，当场就引起很多与会中方人员的不满。周总理对"添了麻烦"这句话十分反感，会场气氛一下子由热烈变得冷清。

第二天上午，中日双方举行外长会谈，具体讨论联合声明的内容。

日方条约局局长高岛益郎的发言再次给中日谈判带来了阴影。

高岛益郎首先发言，对日方方案作了说明。他提出了四点意见：（一）不同意中方方案所说的"自本声明公布之日起，中华人民共和国和日本国之间的战争状态宣告结束"。因为这样会让人觉得日台条约从一开始就是无效的。（二）中方提出的复交三原则，应当分开写，第三条"日台条约是非法的，也是无效的，必须予以废除"不能上。（三）关于台湾问题，根据旧金山条约，日本已经放弃了对台湾的一切权利，现在没有必要对此再作法律上的认定。（四）关于战争赔偿问题，蒋介石在缔结日台条约时已宣布放弃战争赔偿，因此没有必要再写入联合声明中。

周恩来听了后很生气。26日下午，周恩来与田中举行第二次首脑会谈。会谈一开始，周恩来对田中的"添了很大的麻烦"和高岛益郎的发言提出批评。

周恩来说：日本军国主义的侵略使中国人民遭受了重大的损害，而侵略战争的结果也给日本人民带来灾难。中国解放后，毛主席一再强调，要严格区分极少数军国主义分子和广大的日本人民。我们做了很多工作。田中首相表示对过去的不幸过程感到遗憾，并表示要深刻的反省，这是我们能够接受的。但是，用"添了很大的麻烦"来表述日本军国主义的侵略战争给中国人民带来的深重灾难，中国人民是通不过的，这句话引起了中国人民的强烈反感。因为普通的事情也可以说是“添了很大的麻烦”。

周恩来进一步指出：在中国，有人不慎把水溅到了女孩子的裙子上，也可以说给你“添了很大的麻烦”。这是一种轻微的道歉。

田中解释说：从日文来说，“添了麻烦”是诚心诚意地表示谢罪之意，而且包含着保证以后不重犯、请求原谅的意思。可能是日语“添麻烦”一词与汉语的含意不一样。如果中方觉得不合适，可以按照中国的习惯改。

针对高岛益郎上午的发言，周恩来说：“我非常欣赏田中首相和大平外相所说的这样一句话：恢复中日邦交应从政治上解决，而不要从法律条文上去解决。从政治上解决，比较容易解决问题，而且照顾双方。如果只从条文上去解释，有时很难说通，甚至发生对立。

“（中日）要建交，如同大平外相所说，就要同蒋介石断交，日台条约就自然失效。如果把旧金山条约、日台条约都拿来作根据，问题是无法解决的。我们说，只有在你们充分理解我们提出的复交三原则的基础上，才能照顾你们面临的一些困难，而不是相反。日台条约在于你们同台湾之间，但这个事实是当时美蒋关系造成的。这次在公报中可以不提这个字眼，但不能让我们承认这个条约的存在和合法。不然，就等于中国是从今天才算接受中华人民共和国的统治。这是我们根本不能接受的。”

在这番充分的说理后，周恩来话锋一转，严厉批驳高岛益郎关于战争赔偿的说法。他说：“你们条约局局长上午在外长会谈中的发言，我认为不是田中、大平先生的本意。说蒋介石已在日台条约中宣布放弃要求赔偿的权利，所以这次联合声明中就不必再提赔偿问题了。这个说法使我们感到诧异。当时蒋介石已逃到台湾，他已不能代表全中国，是慷他人之慨，遭受战争损失的主要在大陆。我们放弃赔偿要求，是从两国人民的友好关系出发，不要使日本人民因为赔偿负担而受苦。你们条约局局长对我们不领情，反而说蒋介石已说过不要赔偿，这个话是对我们的侮辱，我们绝对不能接受。日本外务省的条约局局长居然说出这种话来，使我们感到吃惊。我们在复交三原则的基础上照顾日本政府的困难，日本也应该照顾我们的立场。”

田中对此表示完全理解。在周恩来发言后，田中立即说：“我明白了。中国把恩怨置之度外，从大处着眼，本着互谅互让的精神处理问题，日本应坦率地评价中国的立场。”对于战争责任问题，最后双方共同接受的表述方式是：“日本方面痛感日本国过去由于战争给中国人民造成的重大损害的责任，表示深刻的反省。”

关于如何表述两国间结束战争状态，也是会谈中的焦点问题。双方提供的草案中，对这个问题的表述还有较大距离。中方草案的表述是：“中华人民共和国与日本之间的战争状态自本声明公布之日起宣告结束。”日方草案的表述是：“日本国政府和中华人民共和国政府在此确认，日本国和中国间的战争状态已经结束。”这一表述的潜台词是，这个问题在日台条约中已经解决，此次只是确认而已。

由于我们认为日台条约是“非法的、无效的”，因此对日方的表述难以接受。在这种情况下，周恩来说：让我考虑考虑。经过一番考虑，周恩来用“不正常状态”来代替原来正文中“战争状态”。这个建议使中日双方都感到满意。

会谈中，田中还含蓄地表示，日本有一部分人有一种疑虑，担心像中国这样的大国会不会输出革命。对此，周恩来明确表示：中国不会输出革命，也绝不会称霸。

两国外长根据两国首脑会谈的精神，主持联合声明起草小组，就有关分歧问题紧锣密鼓地协商联合声明的具体措辞。到9月27日下午，中日双方在几个主要的问题上都达成了一致，剩下的只是一些技术性的问题了。[19]

魅力感悟

要达到邦交正常化的目的，首先要找准正确的谈判对象。周恩来一是看透了佐藤政府在骨子里是反对中日邦交正常化的，二是周恩来着眼于佐藤之后，寄希望于下届政府能真心诚意地、圆满地实现中日邦交正常化。这一决断很有艺术性。外交上“礼尚往来”不能看形式，而要看实质，看全局，看长远。周恩来在选择谈判对手的方面非常明确，因此一举就打破了中日建交谈判的僵局。

周恩来每次国事谈判都善于从举手投足的小事开始，先培养好气氛。大家都知道伏特加是苏联产的酒，威士忌是美国产的酒，当田中角荣表示喜欢中国的茅台时，周恩来乘机以酒喻国，两人心照不宣。

在第一轮斡旋中，由于日方承认“一个中国”原则，并保证与台湾断交；中方提出“中日友好不排他”原则，打消了日本方面对于中日关系的改善将破坏日美同盟的忧虑，为双方继续谈判并最终达成共识打下了初步基础。

外交斡旋往往是关系到国家的根本利益，有时激烈的交锋是难免的。在斡旋中与不同的对手进行谈判会有不同的效果，在对谈判对象进行深入分析的基础上，有针对性地选择谈判对象尤其重要。

高岛益郎发言的核心，是从什么时候算日中之间结束战争状态和如何处理战争赔偿问题，是以1952年缔结的日台条约为依据呢，还是由中日联合声明宣布之日起才算数？如果中方接受高岛益郎的说法就等于承认日台条约是有效的，就会间接否定我们在中日复交三原则中“日台条约是非法的、无效的，必须废除”的原则。这是万万不行的。周恩来的话入情入理，简明扼要地阐明了中国政府的立场。实践证明，周恩来清晰的外交思路是缔结中日邦交的基本保证。

第二节 战术：攻心为上

要达到政治目的，同时又不能在一个问题上纠缠不清，过多地浪费时间，就不得不注重交际艺术，刚柔相济，软硬结合，机警灵敏，在策略方面上灵活多变，当形势需要时，不惜舍小取大，弃近求远，以退为进，以迂为直。在政治斡旋和处事交涉中，最高明的技巧就是攻心为上；注重现实工作和生活中的周到周密，讲究策略方法，掌握火候和分寸；处理矛盾及时、大胆、灵活、冷静。所以有效地攻心实际上是一个高难度的动作，而周恩来则是这方面的大师。

摸清对手意图
——绵里藏针，周恩来妙用离间计力克大西南

周恩来是一位文韬武略的盖世英才，在新中国成立后不久，虽然中共已占据绝对的优势，国民党已派出和谈代表。但蜗居西南手握重兵的胡宗南仍负隅顽抗，不但拒绝投降，还想挥师滇西，做更大的政治图谋，这一切，周恩来都了如指掌，为消灭这一心腹大患，周恩来就采取了相当高明的攻心之术，假蒋介石之手，彻底破坏了胡宗南的战略计划，为解放军完成战略大包围，就地歼灭胡宗南军事集团，争取到了必要的宝贵时间。

1949年11月6日中午12时，周恩来在中南海勤政殿举行盛大酒宴，张治中、邵力子、刘斐等原国民党当局指派的和谈代表应邀出席。

谈笑间，胡宗南的亲信熊向晖也悄然而至。谈兴正浓的张治中等人顿

觉疑惑，尴尬之下一时无语。

周恩来笑了笑，说："怎么，你们都不认识？"

张治中愣了半天才回过神来，对熊向晖不无嘲讽地说："认识，怎么会不认识？但让人想不到的是，像熊老弟这样的英才，竟然也起义了。唉！看来是天该亡党国啊！"

周恩来哈哈大笑，说："起义？他可不是什么起义，他这是归队。今天，我请你们大家来，一是和你们聚聚，谈谈心，二是向大家公开一个秘密。"

大家坐定后，周恩来指指熊向晖，说："他是1936年入党的中共党员，是清华大学的高才生，是我们特意派他到胡宗南那里去的……"说完，周恩来爽朗地大笑。

众人大为惊讶，怎么也想不到国民党高级将领胡宗南的心腹爱将竟然也是共产党员。

国民党前国防部参谋次长刘斐，有些伤神地说："怪不得胡宗南老打败仗。"

周恩来看了熊向晖一眼，说："向晖同志的表现不错，以后我们打算让他搞外交工作，正好借助他很不错的历练经验……"

此等重要的情况上峰竟然不知，这还了得，很快，张治中便暗中给蒋介石写了一封信，大意是："过去，我只知道国民党在军事上、政治上不是共产党的对手。今天我才知道，国民党在情报上，也远远不是共产党的对手。你靠特务起家，但你用的都是一些什么人？共产党用的又是一些什么人？在你的特务里，有像熊向晖这样的人才吗？胡宗南怎么能不打败仗，国民党的天下怎么能不丢？"

事实上，熊向晖作为胡宗南的心腹爱将，伴随胡宗南多年，从副官到机要秘书。胡宗南对熊向晖十分欣赏，特意在1946年把他送到美国留学，可是不久胡宗南就知道了熊向晖的底细，气得暴跳如雷，但思前想后，还是决定向上峰隐瞒这一重要情况，否则追究起他胡宗南的责任来，就要吃不了兜着走，因而，熊向晖是共产党员的消息也一直被封锁在很小的范围内。

也许大多数人都不太明白，严谨细致的周恩来为什么突然公开熊向晖共产党员身份，而且公开的方式，也绝对不同寻常。这不是故意向对手们通风报信吗?

其实，这都是周恩来高明的攻心之术。在《胡宗南这个人》一书中，作者杨者圣先生从三个方面对胡宗南的背景做了注解。

1. 胡宗南集团的30万大军，是国民党在大陆最后一个被消灭的重兵集团。

2. 早在西南战役打响前3个月，即1949年8月，胡宗南、宋希濂一致决定，率部取道西昌，退往滇西的中缅边界，继续抵抗。万不得已之时，再退到缅甸。

3. 胡、宋的计划未能实现，是因为蒋介石坚决反对。

对于胡、宋二人的这个决策，作者杨者圣先生的评价是："这是当时在大陆手握重兵的两个国民党高级将领，对国民党的军事形势及结局看得最为清楚，提出的应变措施最为厉害。

"君不见那个叫李弥的国民党第8军军长，仅率残部数千人，窜入缅、老、泰交界的三角地，闹鬼闹了好多年，不少人还摇身一变，成为威震国际毒品市场的大毒枭。试想一下，如果当年退到滇西的不是李弥的数千残兵，而是胡宗南的数十万大军，那么，缅、老、泰'金三角'地区会出现什么局面?随之而来是什么恶果?这是谁都不敢想象的事情。"

因此，对于刚刚建国的中共政权来说，整个西南战役，真正的要害是，如何阻止胡宗南、宋希濂兵团进军滇西。所以，周恩来向张治中等人公开熊向晖共产党员的真实身份，恰好是西南战役开始的时间。

难道这一切都是偶然吗?显然不是。

在周宏雁、姜铁军所著的《解放战争全记录》中则诠释了当年进军大西南的全过程，并诠释了以下事实:

1．毛泽东向全国进军的主要意图，就是力图把国民党军队消灭在中国大陆，防止其外逃，以避免养虎为患局面的出现。

2．跟其他战场情况不同，胡宗南和宋希濂根本不赞同蒋介石坚守大西南的战略，千方百计要实现撤往滇西的计划。所有这些努力，因为蒋介石的顽固拒绝，未能实施。

鉴于此等情况，整个西南战役的关键是，如何让胡、宋逃跑不成，最希望的就是，蒋介石“帮忙”，替解放军看住这两支部队，让他们动弹不得，乖乖地留在原地，等着被包围。

要离间蒋、胡，必须动摇蒋介石对胡宗南的信任，就必须抓住胡宗南在关键问题上对蒋介石不说实话的过硬把柄。而熊向晖一事，恰恰正是这样的把柄。

因为熊向晖曾经是胡宗南的秘书，却是共产党员。只要把熊向晖的真实身份如实地捅给蒋介石，就足以动摇蒋介石对胡宗南的信任。

问题在于：如何把熊向晖的真实身份捅给蒋介石，又不至于引起蒋介石的疑心？如果利用秘密渠道，军统既然能替胡宗南向蒋介石隐瞒熊向晖的真实身份，自然也能利用职权，阻止这类信息向蒋介石传递。如果公开宣扬，反而会打草惊蛇，引起蒋介石的怀疑。

而张治中、邵力子这些国民党前和谈代表，正是最理想的人选。

他们虽然已经“投共”，通过他们在国民党的故交旧友，向蒋介石递送一封信，仍然轻而易举。

因此，聪明绝顶的周恩来特设酒宴，表面上是向张治中等人公开熊向晖的共产党员的真实身份，实际上是对蒋介石采取的攻心策略。通过张治中告诉蒋介石：胡宗南西北大败的真正原因是，胡宗南的亲信熊向晖是中共地下党员。蒋介石发现胡宗南隐瞒了这么一个重大的事实，继而就会怀疑胡宗南的忠诚，也自然不会相信胡宗南“撤退滇西、进军缅甸”的计划。

生性多疑的蒋介石，果然非常“配合”周恩来的计划，成功地阻止了胡宗南撤兵滇西的战略，为解放军的合围争取了非常宝贵的时间。等被周恩来牵着鼻子耍了半天的蒋介石醒悟的时候，已经悔之晚矣。[20]

魅力感悟

周恩来作为高明的谋略大师，用故意暴露熊向晖身份的方式离间了蒋介石对胡宗南的信任度，继而达到阻止其进军滇西的计划。

在1949年11月6日，即胡宗南拒绝中共策反20多天后，周恩来特设酒宴，向张治中等国民党前和谈代表公开熊向晖的中共党员身份，周恩来的话语看似轻描淡写，实则攻势凌厉。周恩来并没有利用他一贯的滔滔雄辩，而是蜻蜓点水般地点破了熊向晖的真实身份，只是纠正了张治中说熊向晖是“起义”的不妥表达，用“归队”二字加以更正，就产生了犹如重型炸弹的巨大威力，不但达到了离间目的，还重挫了胡宗南的撤兵滇西的计划，可谓一箭双雕，四两拨千斤。

实践证明，周恩来之所以能够撑开口袋让蒋介石和胡宗南往里钻，就是因为周恩来不但摸清了胡宗南的底细，还品准了蒋介石的脉，因此攻心之术才能神奇般地奏效：从12月4日到12月16日，蒋介石连续4次拒绝了胡宗南放弃四川，通过西昌，进军滇西的请求。12月9日，蒋介石第三次拒绝胡宗南时，竟然当面要求其“自杀成仁”，显示出了蒋介石对昔日亲信、爱将的冷酷无情。

直到胡宗南集团外逃通路全部被切断、解放军关门打狗之势已经完全明朗，12月19日，蒋介石才猛然意识到自己早已铸成大错，醒悟后的蒋介石于是慌忙批准胡宗南第五次弃川的请求。

但此时，早已错过了最佳时机，胡宗南集团大势已去。

由此可见，西南战役的结局并非出于侥幸。从表面上看应该“谢天谢地”谢蒋介石，但实际上，真正应该感谢的是周恩来，正是周恩来的攻心战术，才让蒋介石集团吃了一个惊天的哑巴亏。

借助自身优势
——匠心独具，周恩来在中苏交往上的政治博弈

中华人民共和国成立之初，由于中国“一边倒”外交政策的确定以及中苏同盟的建立，中国和苏联都一直不曾触及边界问题，两国边境地区的天空始终晴朗少云。50年代末60年代初，中苏之间裂痕不断扩大，边界冲突不断升级。随着中苏两党两国关系的恶化，以勃列日涅夫为首的苏联霸权主义者在企图逼迫中国党就范不成的情况下，大量增兵中苏边境，并不断对中国进行武装挑衅，制造流血事件。一场微妙的“外交战”就这样在国际舞台上展开了。冲锋陷阵的周恩来和身居幕后的毛泽东，则扮演了这场“外交战”的中方主角。

1969年3月，苏联出动大批坦克、装甲车和武装部队，入侵中国领土珍宝岛。中国边防军在忍无可忍的情况下被迫自卫还击，武装冲突后的中苏关系也瞬间跌入冰点。

与此同时，大国之间的矛盾也更加错综复杂。坐山观虎斗的美国看到了中苏矛盾有可以利用的可能；而苏联则由于发动珍宝岛之战，把自己陷入了内外交困的境地中，它更怕美国利用中苏矛盾来对付自己……

7月以后，中、美、苏“大三角”关系出现了神奇微妙的变化。

7月间，尼克松访问亚洲和欧洲的一些国家，他多次向中国大抛媚眼：美国准备开始同北京交往，反对苏联建立“亚洲安全体系”；如果让中国继续处于“孤立”状态，亚洲就不能“向前进”。在罗马尼亚访问时，他甚至称：不应孤立中国，美国愿意同苏联和中国都建立友好关系。

7月21日，美国国务院郑重宣布：放宽对中国的贸易和到中国旅行的限制。

7月26日，西哈努克致函周恩来，并转来美国参议院民主党领袖曼斯菲尔德要求来华见周恩来，就中美关系问题进行接触的来信。

7月28日，美国国务卿罗杰斯也放出话来：希望同中国恢复外交对话，建立正常国家关系。

面对国际形势的瞬间变化，中南海里的毛泽东和周恩来，极大地关注着美国对华政策的这些新的动向。于是，一项改变中、美、苏三国关系格局的外交决策，在他们中间酝酿开来。

美国向中国频频暗送秋波，也引起了苏联方面的恐慌，苏联认为美国这是趁火打劫。

到了金秋的9月，北京的大街小巷，正在以它喜气洋洋的面貌迎接共和国成立20周年。而与中华人民共和国南边山水相邻的越南民主共和国也正在庆祝她独立24周年。9月2日，正在越南国庆日的这天，越南人民的领袖胡志明主席却不幸去世。胡志明去世，引起了中、苏、美三国在外交上的一连串反应。

9月4日上午，以周恩来为团长、叶剑英为副团长的中共代表团前往河内吊丧。

与此同时，北边的苏共中央，也决定派出以党内第二号人物柯西金为首的代表团赴河内吊丧。

中共中央考虑，在中苏两国关系极端恶化的状况下，周恩来不宜在河内与苏共领导人碰面。于是，9月4日当晚，周恩来与叶剑英到河内的医院瞻仰完胡志明的遗容后，便飞回了北京。

周恩来此举，自然成为国际新闻，第二天就引起了国际舆论尤其是美国舆论的关注。美联社在9月5日的电讯中做了种种解读："美国一个不愿透露姓名、地位不低的官员对周恩来避免与柯西金打交道离开河内，感到非常高兴。周恩来避免会晤柯西金，不表明中苏冲突有任何新变化，而表明冲突糟到什么程度，说明整个中苏问题已经达到没有任何伸缩的余地……"

周恩来则有意回避这一事件和国际舆论之间的反应，反而给苏联方面造成了巨大的压力。苏联毕竟不愿意让"美帝国主义"利用中苏矛盾。

9月10日，周恩来接到了一封发自中国驻河内大使馆的急电，上面说：柯西金想在回莫斯科途中路过北京时，与周恩来总理会晤。

几经波折并报毛泽东同意后，9月11日上午，周恩来在首都机场贵宾室与苏联部长会议主席柯西金进行了历史性的会晤。

下午3点，柯西金的专机在跑道上停稳，神情严峻的周恩来带领随行人员迎了上去。

舱门拉开，柯西金出现在舱门前的舷梯上，他身材细长，着一身浅灰色的西装、稀疏的头发在微风里拂动。站在面前的周恩来首先伸出了友好之手。他灰褐色的眼眸，陡然泛出熠熠的闪光，笼罩在脸庞上的疲惫倦容不翼而飞。

事实上，在9月10日这天，在河内扑空的柯西金，急欲同周恩来总理会晤，便在临回国前，通过中国驻越南大使馆发出电报，要求在回莫斯科的途中路过北京，并同周恩来总理会晤。

但电报发出后，柯西金心烦意乱地在河内等了一天，却没有得到答复的消息。柯西金几近失望了，在专机临起飞前，他将回国飞行停留的路线告诉了中国大使馆，从河内经印度、阿富汗、中亚细亚到莫斯科。他期待着奇迹的出现。

飞机向北，进入了苏联境内。当飞机在中亚细亚的杜尚别停留时，心灰意冷的柯西金却突然收到了来自中国的电报：同意与周恩来在北京会晤。

柯西金在杜尚别过了一夜，这是忧喜参半的一夜。

同意去北京会谈，这便是一种和解的姿态，一种诚意的表示，固然可喜。

中国会不会派出级别较低的官员同自己会晤，借此贬辱自己呢？

由于一个月前铁里克提事件的发生，中国领导人的愤怒是可想而知的。

不管怎么样，柯西金仍然期待着前往北京，企图借此修复已经破裂的中苏关系。

面对中苏一触即发的核大战，柯西金深感焦虑不安。

他认为格列奇科“采用外科手术式”的核打击的想法是一种丧失理智的疯狂的意念。大量的放射性尘埃会随着高空气流四处飘散，不仅会杀死千百万中国人，而且会威胁到远东的苏联公民以及中国接壤的其他国家人民。何况几颗核弹难以从根本上毁灭像中国这样幅员辽阔，人口众多的国家。一旦中国被逼上绝路，铤而走险，倾其所有的核弹统统扔到苏联头上的话，这种灾难是苏联也无法承受的。

柯西金的种种和平建议虽然在政治局多次会议上遭到否决和奚落。他却甘愿再冒一次风险，做一次和平的使者。

周恩来、柯西金一行走进机场的一个会客厅。

柯西金说：“周恩来总理，我们已经有4年半没有见面了，我非常想念您，也急切地想同您就有关事情进行同志式的坦诚交流。”

周恩来神色严峻地说：“柯西金主席，您一而再、再而三地要同我会晤，我要坚持不同您见面，就有点输理了。可是事情搞到这个样子，我不知道我们还能谈些什么。”

柯西金辩解着说：“我们两国之间的边境是发生了一些不愉快的事情。但我认为，这是由于误会和缺乏克制所造成的……”

周恩来虽然气愤，声音却很平静。“什么是误会？谁缺乏克制？3月珍宝岛事件和上个月的铁里克提事件，是你们出动了飞机、坦克、装甲车，侵入我国边境进行武装挑衅，我们误会了吗？你们在武装挑衅中开枪开炮，打死打伤我边防军民数十人。我们还缺乏克制吗？是不是把主权都让出去，才算解除了误会不缺乏克制了呢？”

周恩来这番义正词严的话，令柯西金有些手足无措，他暗暗自责：此行本不是来斗口舌的，何必再为那些事情辩解呢？于是，他便转移了话题。

“总理阁下，今天同您会晤，主要是为了消除敌意，缓解边绕紧张的战争局势的。”

周恩来冷峻地说："边界的紧张局势是怎么造成的？谁要发动战争？你应该清楚。你们在我们边界陈兵百万，几乎天天挑起边境纠纷，边界的局势怎么会不紧张？去年你们派20多个坦克师入侵了捷克斯洛伐克，现在又要打我们的主意，我们该如何消除敌意呢？"

柯西金强词夺理地说："你们也在边界不断增兵，而且让400余万青少年到边界紧张地区定居，这对我们边界是一个巨大的威胁啊！"

周恩来淡淡一笑："他们都是些中学生，还是些孩子，只不过到艰苦的地方进行锻炼，如果这也算构成威胁的话，你们的两万辆坦克、几万门大炮，还有进入一级战备的核导弹，一齐对向我们，谁的威胁更现实些呢？"

柯西金发现这种唇枪舌剑的交战实在难以应付，干脆坦诚地说："我这次来，知道不可能通过一次会晤，就企望改变我们的分歧。但避免战争，是我的目的。我认为，这是符合两国人民的共同利益的。"

周恩来沉思了一下，语气有些缓和，但依然软中带硬，说："主席阁下，您为避免战争所做的努力，我表示赞赏。我想重复一遍我们的立场：中苏两国边界有些地段没有划定，有争议的地区应该通过外交途径谈判解决。在未达成协议前，双方应该努力维持边界现状，在任何情况下，不得动用武器向对方射击。中国绝不会首先挑起战争，但我们并不害怕战争。不管是小打、大打、打核大战，如果有人想欺负我们，我们会坚决奉陪到底的。"

柯西金则婉转地说："我想，不再动用武器向对方射击，不首先挑起战争，我们保证能够做到，只是上次边界谈判时，贵国的一些先决条件使我们很难堪，比如要我们必须承认沙俄与满清政府签订的几个条约是不平等条约，然后再进行谈判。如果我们承认是不平等的，还有什么脸面再谈下去呢？"

周恩来也寸步不让地说："沙俄的侵略扩张政策当然与你们现任政府无关，但你们却继承了沙俄非法掠夺的土地。在这个事实面前，你们连当年的条约的不平等性质都要否认吗？苏维埃建立之初，列宁曾明确表示把沙俄非法侵占的领土归还我国，为此还同当时的中国国民政府进行过多次会谈。只是由于历史的原因，会谈不得已中止了。现在重开谈判，你们非但不准备归还这些领土，连条约不平等的性质都不肯承认，你们还有丝毫的诚意吗？”

柯西金沉默了。

“只是，勃列日涅夫能同意吗？安德烈·格列奇科能同意吗？”一想到格列奇科那张傲慢、狂妄的脸，柯西金就有一种恶心呕吐的感觉。

周恩来说：“约5年前，毛泽东同志对你说过，理论和原则问题的争论可以吵一万年。但这是理论的争论。对这些争论，你们可以有你们的见解，我们可以有我们的见解。这些争论不应当影响我们两国的国家关系。因为不同意见的争论，不要说现在，就是到了共产主义社会，也会存在，一万年以后，也会有矛盾，有斗争。中苏两国的问题，只要我们心平气和地来处理，总是可以找到解决办法的嘛！5年前我送你到北京机场途中也说过嘛！”

柯西金说：“中苏之间积累的问题很多，要一个一个讨论的话，可以讨论3个月。”

周恩来说：“目前看，我认为边界问题是现在问题的中心。”

柯西金点头表示赞同。这正是苏联领导人陷进去以后又想急于摆脱出来的困境。

周恩来趁热打铁：“在边界冲突问题上，中国是被动的。打开地图就会知道，今年发生冲突的地方都是争议地区。你们总说我们要打仗，我们现在自己国内的事还搞不过来，为什么还要打仗呢？我国领土广大，足够我们去开发，我们没有任何军队驻在国外，我们也不会侵略别人。可是，你们调了很多兵力到远东。你们说我们想打核大战，我们的核武器达到了什么水平，你们是清楚的。”

意思表达清楚后，周恩来诚恳地提出：一、中苏之间的理论和原则问题争论不应影响两国的国家关系，不应妨碍两国国家关系的正常化；二、中苏边界问题是目前中苏两国关系的中心问题，双方可以通过谈判最终找到解决问题的办法。

他进一步说：当务之急，是在谈判解决问题以前首先采取临时措施，使双方武装力量在争议地区脱离接触，避免武装冲突，维持边界现状。双方首先就此签订一个协议，进而恢复解决边界问题的谈判。

他提出了在边界问题解决之前双方应共同采取的几项临时措施：一、维持边界现状，二、避免武装冲突，三、在有争议地区双方武装力量脱离接触。

柯西金提议，临时措施中还加上一条：双方边防部门有事可预先联系。

周恩来说：“临时措施解决了，边境的紧张状态就会变成缓和状态了。”

柯西金同意周恩来的意见，说：“周恩来同志，缓和边界紧张局势是我们由衷的真诚的愿望，我们愿意也一定能够做到。”

经讨论，双方商定于近期各派代表团举行中苏边界问题谈判。双方还讨论了有关保持和发展两国贸易、恢复互派大使等问题。

其实，这次会谈的结局，早在毛泽东与周恩来的预料之中。苏联方面想同中国缓和一下关系，借中国压制美国。

苏联在摸中国的底，中国也在摸苏联的底。

在机场，周恩来友好地请柯西金吃了一顿饭。

通过机场会晤后，中苏边界谈判开始在周恩来亲自指导下进行运作。9月18日，周恩来致信柯西金，建议按照机场会晤中所提的临时措施开始中苏边界问题的谈判。并说：“这些临时措施，如能得到你来信确认，即作为中苏两国政府之间的协议，立即生效，并付诸实施。”“我相信，如果这个协议能够达成，将有助于两国边境局势的和缓和中苏边界谈判的举行。”

自周恩来与柯西金机场会晤以后，中苏边界的紧张局势相对缓和下来。不久，中苏边界问题的谈判在北京恢复。[21]

魅力感悟

这次著名的机场会谈，就中苏双方谈判解决边界问题达成了谅解。正如周恩来所说：尽管我们有许多重大的问题没有解决，但是有了个良好的开端，这次坦率会谈，对双方都是有益的。

第三节 技巧：抓住“攻”与“守”的时机

谈判中的“攻”实际上就是如何设法让对方接受自己的意见或争取自己的利益，因此，“攻”首先要有理，要有对方难以反驳的理由和入情入理的分析，才有可能使对方不得不接受你的条件，切忌咄咄逼人的语势、居高临下的指责和反唇相讥的嘲讽。“守”实际上就是否定对方的无理要求，把损失降到最低，这首先要做到原则方面决不能退让。在原则方面“守得固”，保证自己的根本利益不受损害。攻和守不是目的，相反，为了达到谈判目的，攻和守往往互相转换，灵活运用。周恩来正是深谙谈判的攻守之道，才达到了好的效果。

攻与守务必灵活
——斩钉截铁，周恩来驳斥赫鲁晓夫

1956年2月25日，在苏联共产党第二十次代表大会的最后一天，赫鲁晓夫在会上作了《关于个人崇拜及其后果》的秘密报告。在这个报告中，赫鲁晓夫把以前口口声声称为“父亲”、“慈父”的斯大林指责为“暴君”、“刽子手”、“独裁者”和“破坏社会主义法制者”，使整个世界震惊，给国际共产主义运动带来严重破坏，于是不得不请求中国帮助他收拾残局。

1956年可谓是多事之年，东西方都发生了一些重大的事件，其中最具有影响的就是在波兰和匈牙利发生的群众走上街头抗议当局的骚乱。并在

外来势力的煽惑下演变成反苏、反国内政府的事件。赫鲁晓夫一不做，二不休，命令坦克开进华沙和布达佩斯，企图用高压政策平息事变。赫鲁晓夫的声誉和地位无论在东欧社会主义国家，还是在苏联共产党内部都面临危机。波匈事件还在发展，赫鲁晓夫终于发现他的话不灵了，于是不得不请求中国帮助他收拾残局。1956年11月，赫鲁晓夫委托苏联驻华大使尤金向中国提出：要请周恩来访问苏联。毛泽东为维护社会主义阵营的团结，便让正在国外访问的周恩来中断访问，返回北京，准备赴苏。

波匈事件，特别是匈牙利事件的发生，对中国共产党的领导层，特别是作为领袖人物毛泽东的触动是很深的。毛泽东对周恩来说："苏联领导人是被物质利益迷了眼，对付他们的最好办法就是狠狠地教训他们一顿。"

1957年1月7日，莫斯科白雪皑皑，冷风飕飕。周恩来肩负重任来到莫斯科。周恩来走下飞机，赫鲁晓夫一个箭步冲上去，同周恩来握手、拥抱，以最高规格请周恩来下榻于克里姆林宫沙皇居住过的宫殿内。

在一次小型宴会上，赫鲁晓夫侧身悄悄地对周恩来说："我请刘晓大使转告你们党中央，你们的《再论无产阶级专政的历史经验》我们在《真理报》已全文刊登，还将印发50万册单行本。"

周恩来深知赫鲁晓夫反对斯大林，结果是搬起石头砸了自己的脚，日子很不好过。他不愿看到国际共产主义运动和社会主义阵营受到削弱，并未因为赫鲁晓夫的刻意讨好而放弃原则，他下定决心要和赫鲁晓夫"抬杠子"。会谈中，周恩来首先批评了赫鲁晓夫在处理斯大林问题上的错误，阐明了中共对斯大林的态度。他指出："斯大林是犯有错误，但他并不总是犯错误。斯大林一生为苏联的社会主义事业、为国际共产主义运动作出了不可磨灭的贡献。评价斯大林要有历史唯物主义的态度和观点，不能抛开具体历史背景孤立地评价一个人。斯大林一生的功过，我们认为是三七开，功绩是主要的。不能全盘否定斯大林。"此时的赫鲁晓夫已经尝到自己全盘否定斯大林的苦果，他随声附和说："斯大林虽然犯了错误，但他还是一个伟大的马克思主义者。"

1957年1月8日，周恩来离开莫斯科前往阿富汗访问，赫鲁晓夫、米高扬、布尔加宁等送行。在去机场的路上，周恩来督劝赫鲁晓夫要拿起批评和自我批评的武器。他说："斯大林的部分错误，你们也有责任嘛！你说肃反扩大化了，你们每一级都有三人小组，赫鲁晓夫同志你那时是乌克兰第一书记，你管这个事嘛！你怎么能只责备斯大林，而不作自我批评呢？为什么当时你们对斯大林肃反扩大化不提出意见呢？可见你们当时也是觉得斯大林是对的，你们自己做得也对。现在你们觉得错了，应该首先批评自己，不要只批评死人，这就公道了嘛！"

心直口快的米高扬说："如果当时我们反对斯大林，除非把斯大林捉起来。"

赫鲁晓夫打断米高扬的话："你胡说，我们当时要是反对斯大林，是我们被捉起来，不是你捉了他。"

周恩来说："我们犯了错误可以自我批评，经过自我批评，还是一样可以得到大家谅解，在工作中学习锻炼。你们为什么不可以呢？都是马列主义的政党嘛！"

可是，赫鲁晓夫却怎么也听不进去，他倚老卖老地辩解说："你们那个党可以自我批评，我要是这样搞就垮台了。我年龄大了，快70岁了，还有几年呀！还容许我作自我批评吗？"

周恩来不再说什么了。他意识到，对于不择手段的赫鲁晓夫来说，他的批评不说是对牛弹琴，至少也是收效甚微。

赫鲁晓夫明确表示，希望周恩来协助他们对波匈和其他社会主义国家做些工作。于是，周恩来于1月11日访问了华沙，接着于1月16日访问了匈牙利，在很大程度上消除了匈牙利人对苏联大国沙文主义的敌视态度。

周恩来回到莫斯科，向苏联领导人通报了访问波、匈的情况。根据毛泽东的指示，诚恳地对赫鲁晓夫进行批评："维护兄弟党的团结，兄弟国家的关系，加强以苏联为首的社会主义阵营的团结，是我们义不容辞的义务和责任。在这个问题上不能有大国沙文主义，特别是各国、各党内部的事应由他们自己处理。有意见可以商量，不能搞外部压力，干涉兄弟国家内政。赫鲁晓夫同志，我们认为波兰事件是人民内部矛盾，波兰完全有能力自己解决。我们不赞成派苏联军队进驻波兰。你在波兰问题上处理得不太好。任何强加于人的东西都是行不通的。波匈事件是沉痛的教训，其主要原因就是苏联的大国沙文主义激起的。”

赫鲁晓夫一听这话顿时涨红了脸，说：“周恩来对我们的批评教训，我们不能接受。”他蓦地站了起来，粗鲁地指责一些东欧兄弟国家领导人，说他们要了苏联的金子，还要骂苏联，同西方勾勾搭搭，是“狗屎”、“坏蛋”、“像驴一样”。

周恩来当即严肃地予以反驳：“赫鲁晓夫同志，对兄弟党的领导人不能这样。有什么话当面讲，不能在背后随便怀疑别人，这不利于兄弟国家的团结。”

此时赫鲁晓夫性格中的劣根性全部暴露出来。他瞪大眼睛对周恩来说：“你不能这样跟我说话，无论如何，我出身工人阶级，而你却是资产阶级出身。”

周恩来巧妙地回敬了赫鲁晓夫一句：“是的，赫鲁晓夫同志，你出身工人阶级，我出身资产阶级。但是，你我都有共同的地方，我们都背叛了自己的阶级。”

赫鲁晓夫听了十分尴尬。他把话题一转影射中国也有大国沙文主义：“据说，在越南、老挝，有很多中国人？”

周恩来微笑道：“不少，连国王的祖父都是中国血统的，访华的代表团也有几个是中国血统的，所以，我们强调反对大国沙文主义，使他们安心。五项原则加上一条反对大国沙文主义。我们对各兄弟党、兄弟国家是平等的，没有把自己的东西强加给别人。”

赫鲁晓夫听到这里，一时语塞。

1958年9月，赫鲁晓夫在他的度假地克里米亚的雅尔塔突然召见中国驻苏大使刘晓。赫鲁晓夫对刘晓说：“美国插手台湾海峡，使台湾海峡局势骤然紧张，苏联政府不能坐视不管，应当帮助中国应付这一紧张局势。美蒋的优势主要是在海空方面，我们认为应在空军方面加强这一地区的力量，以便对美国的海军起到威慑作用。”刘晓静静地听着，脸上没有任何反应。赫鲁晓夫兜了一阵圈子，然后切入实质性内容：“如果中国政府认为需要而提出要求的话，苏联可派一批带有导弹的图−16轰炸机到中国去，并配备苏联的飞行员，可借用中国的领海、领空，给侵略者以致命的打击。”赫鲁晓夫要刘晓把这一建议转告给中国政府。

刘晓深感事关重大，连忙将赫鲁晓夫的建议电告毛泽东和周恩来。

周恩来接到刘晓的电报后，对赫鲁晓夫的贼心不死深为震怒。但随后周恩来便平静下来寻思对策。他想，赫鲁晓夫的建议虽然涉及中国主权，可是图−16型轰炸机是苏联能对北大西洋公约组织各成员国的重要军事目标进行战略轰炸的高音速中程轰炸机。其战术性能在世界上是比较先进的。这种轰炸机的最大飞行速度每小时可达920公里，能载9000公斤的炸弹在空中连续飞行7小时零20分。中国方面这几年也一直想搞自己的图−16轰炸机，并向苏联提出过技术援助的要求。但苏联方面迟迟不给予实质性的技术资料，因此进展很缓慢。这次赫鲁晓夫提出要帮助中国对付美蒋海军虽然只是一个堂而皇之的借口，但何不就势将他一军，要他提供一些图−16轰炸机的技术资料呢？

主意已定，周恩来立即派人给赫鲁晓夫回了一个电报：我们非常感谢你的好意……但我们觉得，目前整个斗争的形势还不宜于这样做。因为我们目前并没有使用轰炸机出海作战的意图。同时，美国也在尽力约束蒋介石的空军，不许他们轰炸大陆。这样，就使图−16轰炸机没有作战的机会。相反，由于苏联空军在中国的突然出现，可能会使情况复杂起来。为了有效地加强我国空军的作战力量，根据你的建议，我们准备提前进行图−16轰炸机的试制生产，希望贵国能提供技术资料和样机，并派技术专家来华援助。

一个棘手的外交难题，经周恩来这么一处理，中国反由被动变成了主动。[22]

魅力感悟

赫鲁晓夫上台后，在国际上一向张扬跋扈，结果造成了苏维埃内部各国的混乱。周恩来首先批评的就是他对于斯大林的全盘否定，重新树立了斯大林“马克思主义者”的形象，把赫鲁晓夫的嘴脸与马克思主义分割开来。

接着，周恩来借波匈事件批评了赫鲁晓夫的大国沙文主义，赫鲁晓夫拿出身的不同来攻击周恩来不是无产阶级，周恩来用“背叛”的共同点反驳了对方的伪逻辑。

在赫鲁晓夫看来，越南、老挝有很多中国人，就影射中国也有大国沙文主义，周恩来用对沙文主义和平等相处的区别好好给赫鲁晓夫上了一课。

后来，赫鲁晓夫想以保护中国台湾为借口向台湾海峡派出军事力量，周恩来巧借对方的“好意”敲了对方一竹杠，赫鲁晓夫终于再一次栽在自己的虚伪和愚蠢织成的网中。

就事论事，不做人身攻击

——明硬暗软，周恩来批评柳亚子

毛泽东曾作诗批评柳亚子先生“牢骚太盛防肠断，风物长宜放眼量”，此诗流传甚广。然而，实际上最早对柳亚子“牢骚太盛”进行批评的是周恩来。新中国成立前夕，柳亚子受邀到京，由于对颐和园的新生活感到些许陌生，对为他服务的战士管理员也不能完全适应，竟然意外地动手打了管理员，而且对新政府针对自己的政治安排更是颇多不满。此事很快被报到周恩来那里，周恩来觉得柳亚子恐怕不是一时气愤，立即带了一桌酒席来到颐和园，在听鹂馆宴请柳亚子，表现出了少有的不客气的一面。

1948年9月，中共中央决定：安排民主人士的代表人物及国民党南京政府的和谈代表来解放区，准备于1949年内召开政治协商会议，就成立中华人民共和国临时中央政府一事进行更广泛的政治磋商。

柳亚子等一大批社会民主人士及国民党和谈代表邵力子等均受到邀请，来北京共同商讨建国大业。毛泽东、周恩来等中共高层，也按计划并分别会见这些民主人士，交换意见。1949年4月7日晚上，周恩来在听鹂馆宴请国民党南京政府的和谈代表邵力子。一开始下榻在六国饭店，后来又为国民党和谈代表腾位而改住在颐和园的柳亚子，听说周恩来到颐和园没有去看他，以为毛主席、周恩来忘了他，就非常生气，牢骚颇多。他说：“毛主席和周恩来再不理我，我就跳昆明湖或吊死在益寿堂。”

在颐和园负责接待的负责人高富有，得知柳亚子的这一情况后，就立即将柳亚子的言论向上级作了汇报。周恩来对柳亚子的这些情况早就有所了解，只是因为那几天特别忙：一方面在筹备召开新政协，一方面和南京国民党政府代表团和谈，还要协助毛主席指挥军队作战，经常废寝忘食，没有时间与柳亚子谈话。

周恩来便给高富有打了电话，要他照顾好柳亚子先生的生活，不要惹他生气，并特别嘱咐要注意柳亚子先生安全。尽管队员小心谨慎，怕他生气，但不愉快的事情还是再次发生了。周恩来之所以这样安排高富有，就是因为他知道，脾气有些怪异的柳亚子先生，在下榻地点改变和与国民党谈判代表谈判上均颇有微词，再加上颐和园服务质量不如六国饭店、门卫审查严格以及中央保卫会议被挡驾等几件事上，让柳亚子大动肝火。就在周恩来到颐和园宴请邵力子以后不久，柳亚子先生提出，要吃炒青扁豆角和顶花带刺的鲜嫩黄瓜。管理员便到东宫门外、青龙桥、西苑、海淀等菜市场跑了一圈，但都没有这两种菜。他一琢磨，才知道这类菜六七月份才能上市，现在才4月，为时尚早，买不着也不为过，回去再给柳亚子先生解释解释。柳亚子本来就有气，一看到管理员空着手回来，没有买回他想要吃的那两种菜，气就上来了。询问间，管理员刚要向他解释，一句话还没有说完，柳亚子先生就打了管理员一个耳光，并说："你没有尽到职责，还讲什么客观理由！"当李克农部长向周恩来汇报之后，周恩来说："我要抽时间去见他，我要批评他。"1949年4月22日上午，周恩来电话通知高富有说："我要和邓颖超同志请柳亚子先生夫妇到颐和园听鹂馆吃饭，你和颐和园管理处的另一位同志作陪。"在预定的吃饭时间之前，周恩来和邓颖超就到达了听鹂馆，周恩来让高富有把柳亚子先生到颐和园以后发牢骚的话及打骂门卫、哨兵、管理员的详细情况说了一遍，显然这是进一步核实情况。

随后，周恩来对高富有说："我没有时间陪他们吃饭，这里有邓大姐同你们一起陪他们，我要批评他，饭后你们一定要陪他们夫妇到寓所，保证安全，不要让他们发生任何事情。"吃饭的时间到了，柳亚子先生和夫人郑佩宜女士按时到达了听鹂馆，宾主握手寒暄之后入席，周恩来站起来举杯祝酒，在觥筹交错相互碰杯之际，周恩来说："为柳先生和柳夫人的健康干杯！"

干杯后，大家在开始举筷品尝菜时，周恩来讲话了。他说："我们来到北平已经20多天了，由于忙，没有及时来拜访和请教先生，请柳先生谅解。最近听说柳先生情绪不大好，我感到很不安，今天特来拜访先生。"

随后，周恩来又简单介绍了一下与南京政府谈判破裂，我30万大军已渡过长江以及时局发展的情况。紧接着周恩来很直率地说起了柳先生与门卫、哨兵、管理员之间发生的几件不愉快的事情。说："我们的同志刚进城，很多事情还不懂，没有把事情办好，惹柳先生生气了；不过这几件事，柳先生你做得也过分了。我们的朱总司令，可谓影响大、职位高，可是他从来没有打过任何一个战士，没有动过战士一指头。打人在我们人民军队中是不容许的，中国人民解放军取得胜利的原因之一，就在于军队内部的民主制度，党的领导和人民群众的支持。领导人对身边的工作人员、门卫、警卫战士应当和气。他们做错了事情，可以指出来，可以批评教育，动手打人就不对了。"

柳亚子先生听着，只是点头，没有说话，看上去他在反思。周恩来接着说："门卫就是为了门里的人的安全才设的嘛！如果门卫对不认识的人，不查证件、不闻不问，谁都可以随便出入，那设门卫还有什么用？门卫对不认识的生人阻挡询问，这是他们的职责。如果他们不管，就是失职。我也遇到过门卫阻挡、不让进门的事，前几天在北京饭店就遇到过，不单我遇到过，陈毅同志、彭真同志、邓子恢同志都遇到过，其他民主人士朋友也遇到过。希望柳先生对门卫、哨兵的工作能够理解。"

柳亚子先生再次连连点头。这时，周恩来慢慢坐下，心平气和地说："至于柳先生说的要'投湖''上吊'，那就更不对了。我们刚刚进城，百废待兴，许多工作等待我们去完成，我们希望有更多的民主人士朋友来参与建立新中国、建设新中国的伟大事业。因为柳先生年岁大、身体不好，有些事情没有麻烦您，柳先生可能有些误会。不参加新政协筹备工作的，不一定在政府里就不安排重要职位，参加新政协筹备工作的，也不可能都是中央人民政府委员。希望柳先生把眼光放远一些。多多保重身体，今后有的是重要工作要您去做。"这时柳亚子先生的表情轻松多了。说罢，周恩来微笑着站起来伸出右手说："柳先生、郑女士，我还有急事，先走一步，有邓颖超、高富有同志陪你们，希望你们吃好，喝好，多多保重。"说完就与柳先生夫妇一一握手告辞，匆匆离席。高富有紧随周恩来走出听鹂馆门外时，周恩来再次对高富有说："柳先生的生活，你们一定要照顾好，这里不是陕北，也不是西柏坡，有的食品蔬菜，西郊市场买不到，可到城里东单菜市场买菜，到东安市场买水果。如果这些地方也买不到，可到北京饭店，你们便衣队的副指导员沈平同志不是还兼北京饭店的总经理吗？让他想办法嘛！总之，柳先生的生活水平，不要低于住北京饭店民主人士的生活水平。"高富有遵照周恩来的嘱托，后来派人去东单菜市场和东安市场，果然买到了柳先生要的蔬菜和水果。柳亚子先生满意了。

1949年10月1日，中华人民共和国成立，柳亚子被选为中央人民政府委员。周恩来总理让柳亚子先生先搬进北京饭店，生活安全乃由沈平和在北京饭店的队员负责，并说，柳亚子先生的住址以后中央另作安排。

魅力感悟

柳亚子作为民主人士，在艺术界颇有声望，只是在他的身上除了具有知识分子的清高外，还有些风流雅士的桀骜不驯，可以说是一位典型的性情中人，办什么事情往往不拘小节，往往会按自己的性情行事，因而与门卫、服务员等发生了一系列不应有的冲突。周恩来在洞悉了柳亚子先生的情况后，对其进行了推心置腹的交流，虽然采取了一些旁敲侧击，但均属就事论事、点到为止，没有居高临下盛气凌人，更没有借题发挥严厉呵斥，而是做到了客观和公正，既不能对柳亚子先生的性子默认不管，又没有上纲上线。首先，他在处理问题之前，再三核对落实，搞清事实的真相后，才有的放矢地进行规劝，使柳亚子先生深刻地认识到了自己的莽撞与任性，因而对周恩来的含蓄批评频频点首。

当然，让柳亚子信服的是，周恩来在了解事实真相后，先做自我检讨，然后说明了党和军队的纪律，并用朱德总司令为榜样，指出了柳亚子诸多不足。

接着，周恩来解释了门卫查进出者证件的必要性，又用别人也遇到同样问题来告诉柳亚子这件事并不是针对他一个人。最后，周恩来解释了对柳亚子的工作安排，让他明白党和中央并没有忘记他。经过耐心的解释，柳亚子终于放下了心中的顾虑。

周恩来和柳亚子也有着普通人的情感，普通人的喜怒。他们之间那点隐约的“疙瘩”，并不有损于这两位名人大家的交往。

第四节 权衡：不辩胜万辩

老子说，善者不辩，辩者不善。有时候特别能辩驳的人，往往就是想把责任推出去的人。为避嫌而多费口舌，往往越辩越黑，坦荡无惧地面对，黑白自有分晓。从周恩来身上可以看到，不辩不是忍气吞声，而是建立在对对方信任的基础上，内心不虚，无需多辩；不辩不是拙于口舌，无言以辩，而是成竹在胸，利用对方的算计中自己的下怀。

辩论又有辩和论的区别。周恩来为了团结一切抗日力量，解除误会，这时主要以说服为目的，就不能纯粹以辩胜之，而是申明大义，以论胜之。

辩与不辩的区分

——坦荡服人心，顺水妙推舟

高明的辩论大师都懂得，在辩论场合，未必一定要慷慨陈词或滔滔雄辩，沉默或者转移话题，或许可以起到神来之笔的效果，周恩来就经常利用这种非常高明的辩论技巧，让对方无懈可击，以“不辩胜万辩”，或者以巧辩胜雄辩。

借力打力，以不辩胜万辩

有一次，周恩来代表中共与国民党政府进行谈判。一开始，双方还舌枪唇剑、互有往来，可是后来，由于真理在我，使国民党代表步步退却。

在我方的义正词严面前，国民党代表虽使出浑身解数，但仍然招致一败涂地，最后只落得理屈词穷、张口结舌的地步。他们心里又清楚，若正面交锋，根本不是铁嘴周恩来的对手，于是他们紧急召开“诸葛亮碰头会”，经过一番密谋商讨，突然有人“眉头一皱计上心来”，提议干脆用胡搅蛮缠、以攻为守的搅场方式寻找对策、另行突破，当下这些无计可施的人都如同抓住了救命的稻草，连称妙计。

于是，他们便重整旗鼓，互动几句话后，就隆重推出自认很好的倒打一耙：“算喽算喽，跟你们共产党说话，简直就是对牛弹琴！”

“对牛弹琴”，原意是说对着牛弹琴，牛是既不懂琴音的高雅美趣，又不懂弹者的良苦用心。也比喻说话者不看对象，白费口舌。可是现在国民党代表在这样的场合对共产党的代表使用这个成语，明显地带有侮辱性，说共产党代表既不讲道理，又不懂道理。

对方不但不接受，反而说同我方谈判是“对牛弹琴”！

在是非分明、胜败已出的情况下，周恩来自然清楚这是国民党谈判代表玩弄的强词夺理的小伎俩，若凭借周恩来的口才将其“对牛弹琴”的话驳倒简直易如反掌，但周恩来同时也认为，与其再周旋下去已毫无意义，干脆停止辩论。

但国民党“对牛弹琴”的话一出，正派人士无不义愤填膺：怎么能在这样的场合说出如此流氓的话来呢？都期待着周恩来的滔滔雄辩。而反派人士也得意洋洋：看你共产党怎么接招！

只见周恩来胸有成竹，不慌不忙地站了起来，大声说道：“对！”

所有在场的人都不禁一愣：他怎么会说“对”呢？可紧接着又听到这个共产党首席代表一字一顿地说：“牛—弹—琴！”

话音一落，全场雷动！是啊，“对牛弹琴”已经是够可笑的了，那“牛弹琴”——大牛蹄子踏到琴键上，发出的又该是什么样的声音？又会变成什么样的曲调呢？

所有在场的人都被周恩来的机敏睿智和幽默风趣所折服了，就连那个抢先对共产党发难的国民党代表，也不禁咧嘴笑起来。

这里，周恩来没有采用攻势凌厉的雄辩口才，只是在抛出的一个成语中加了一个标点，这个“对牛弹琴”就具有了完全相反的新意！就变成了对“牛弹琴”这3个字的充分肯定，这使众人始料不及，其实这个逗号的威力，绝不亚于一千磅的深水炸弹！

情真意切，灵堂吊唁肺腑之言入人心

1937年2月2日清晨，东北军主战的“少壮派”枪杀了主和的王以哲军长，恐怖气氛笼罩着西安城，甚至有人嫁祸于中共代表团。这天下午，周恩来率领中共代表团全体成员前往粉巷吊唁王以哲。

这时，王家忙着准备丧事。一个军官瞧见周恩来，便到巷里送信。

“报……报告，中共代表团来了！”

“什么？”有人以为自己的耳朵听错了。

“周先生来了！”

“啊？……”

哭声戛然而止。静了片刻，有人问：“他来干什么？”

一言提醒了王以哲的表弟，这位青年军官轻信谣言，认定中共参与了刺杀的阴谋，从早晨起就叫嚷着要找中共报仇雪恨，只是叫人劝住了。现在“仇人”上门来，他岂肯错过这个机会？“嗖”地拔出手枪，大喊一声，快步奔出屋去。

“给我站住！”在这千钧一发的时刻，后堂内传出一声严厉的呼喊。

那个军官居然被镇住了，众人回头看时，只见两个姑娘扶着一位头发凌乱、泪痕满面的人，她是王以哲的妻子。

“有礼不打上门客！……人家是头一批来吊唁的人，我绝不允许在我家里发生无理的事情。”

她说着泪水又如雨线般地落下来。那个军官不服气地插好枪，退到后面去了。也就在这时，以周恩来为首的中央代表团，怀着沉重的心情缓步走进灵堂，献上祭品，向王以哲的遗像深深地鞠了3个躬。

吊唁完毕后，周恩来对王以哲的夫人，沉痛地说："夫人，王将军不幸被害，我代表我们党和红军，表示沉痛的哀悼！王将军是东北军的元老功臣，也是我们忠实的朋友。他是最早沟通我们和张将军的将领，参加了我党和张将军的延安会谈，在西安事变前后他起了重要的作用，这种友情我们党是永远不会忘记的；他的功劳，中国人民也是永远不会忘记的。他为维护和谈成果而被害，这不仅是东北军的损失，也是全国老百姓的损失！那些不顾大局杀害王将军的人，不但应受到东北军广大将士的谴责，而且应该受到全国老百姓的谴责！夫人，希望您保重身体，和东北军兄弟，和我们一起为实现收复东北而努力！"

周恩来的脸色，由于极度的悲伤而变得惨白了，他的一番肺腑之言，感动了在场的每个人。大家一个个含着热泪，泣不成声。王夫人激动地说："周先生，你们是以哲真正的朋友啊！"(23)

魅力感悟

周恩来一向以大义服人。自古以来所谓辩者，只是下乘，做得不好便是陷入诡辩术的境地，没有立论基础，再好的辩者也只是一个说客而已。

国民党谈判代表陷入谈判困境时，突然抛出"对牛弹琴"这一根本不靠谱的胡搅蛮缠时，周恩来审时度势，立刻踩了谈判的急刹车，利用对方抛来的词语，将计就计，巧妙地回敬了对方："对！牛弹琴！"在这里，周恩来没有扬口舌雄辩之才，只是把对方抛来的这个成语巧妙地进行了结构上的调整，就变成了一个内涵丰富的"对！牛弹琴！"，就迫使对方陷入更加无地自容的窘境，此处无声胜有声。

面对众人的误会，周恩来并没有辩解，而是做了一个朋友，一个和王以哲同样爱国者应该做的事。清者自清，不辩自白，不仅消除了众人的疑惑，还让众人明白完成死者的遗愿才是对死者最好的祭奠。

一论胜百辩
——一理能贯通，一论能释疑

争辩，往往是为了争取自己的利益，摆脱自己的嫌疑。周恩来为了党和民族的利益常常据理力争，当仁不让，但面对那些由于一时不明局势，冲动行事的人，就必须有凛然不可亵渎的姿态，不惧怕危险的勇气，绝不隐瞒的真诚和循循善诱的耐心。周恩来常常能换位思考，从别人的立场和角度出发，寓辩于论，寓论于辩，一语惊醒梦中人，让对方转过弯来。

在西安事变时，周恩来赴了一回鸿门宴。这是一位彪悍的青年军官请周恩来去王曲赴会。

周恩来微笑地接过他递上的请帖，站在一旁的李克农不住地递眼色，示意谢绝。周恩来却欣然地说道："非常感谢你的邀请，届时我一定前往。"

青年军官一走，李克农顾不得送客，迭声埋怨道："恩来，你，你怎么能轻易答应呢？"

"有人敬意，须当领之。"周恩来笑吟吟地说。

"什么敬意呀！我看是不怀好意！"李克农担心地说，"王曲军官训练团尽是些血气方刚的青年，鲁莽草率，这伙人什么事干不出来？"

"不要这么看嘛！"周恩来摇摇头说，"青年血气方刚，是激于爱国之心。国难当头，蒋介石不抵抗，丧权辱国。他们才恨不得生啖蒋介石的肉哩！现在，咱们主张不杀，他们思想一时转不过弯来，难道不该做做工作吗？他们来请，不正是好机会？"

"可是太危险了，万一……"

"平时骑马坐车不免三分险，何况这是干革命！"周恩来说，"不过情况还不至于那么严重吧？别说了，准备一下就出发。"

李克农见周恩来态度很坚决，自己根本阻挡不住，搓手想稳妥的办法，突然说："这事最好和杨主任联系一下。"

"不用联系了，我来了。"杨虎城将军急如风火地奔进来，"周先生，这是一次'鸿门宴'呀！您绝不能去！那一窝子，我知底，鲁莽暴躁，一个个手里都有家伙呐！万一有个闪失，那就……"

周恩来请他坐下，说："不要紧的。青年人的脾气，我了解……"

"这回不像当年的'黄埔'。"

"他们是爱国的。"

杨虎城见周恩来主意定了，知道再劝也没用，便说："你一定执意要去，那我杨某人给您当个项伯……"

"不，不！"周恩来连连摇手谢绝说，"我一个人去，是说服；倘若你陪我去，那就成了……"他反掌示意下压的样子。

杨虎城忧心忡忡地指着脑袋说："哎呀，这恐怕……10月28日老蒋曾到那里去训话，那次要不是他带卫士多，脑袋恐怕早就搬了家！"

李克农趁机也插话说："关云长单刀赴会，还带一个周仓和八九个关山大汉呢！恩来，我带一队战士随你一块去吧？"

周恩来拍拍他的肩膀，诙谐地说："我既不是当今的委员长，也不是三国时候的关老爷。因此嘛，一不麻烦你这勇将周仓了，二嘛……"他回头对杨虎城带笑地说，"主任的情意，我也心领了。"

30里路，一会便到。当周恩来单身走下车时，王曲军官学校大道旁，挤满了全副武装的军官，摆出吵架寻事的架势。这较二千多年前的鸿门宴，真是有过之而无不及！

周恩来从容自若地穿过这愤怒的甬道，脸上带笑容，毫不介意。一些本想拦道取闹的军官，被这雍容大度威慑住了。周恩来站在礼堂台子中间，礼貌地问候罢，随和地说："我今天来贵校，是要听听各位意见的，希望大家不要拘束。'天下兴亡、匹夫有责'，何况我们是爱国军人！"

礼堂里鸦雀无声，半晌才有人问："蒋介石丧权辱国，罪大恶极，为什么不杀？"

周恩来没有立即回答，为让大家把话说出来，他抓紧机会说：“这个问题提得好！”

决口打开了，青年军官七嘴八舌地喊叫：“不杀他，捉他干什么？”“不杀蒋介石，后患无穷！”“不杀不足以平民愤！”

周恩来仔细听着，直到他们把话几乎说尽时，才大声说：“要杀他有什么困难？一句话就行了！”

出乎意料的回答，一下子把全场的人怔住了，嗡嗡嗡的礼堂顿时没一点声音。

但是，周恩来没有继续讲杀不杀的问题，话锋一转，开始讲西安事变以后国内外的政治军事形势了。

他环视了一下说：“杀了一个蒋介石，就会出来一个何介石、李介石。这个何介石呀，他一上台，就会公开与日本人勾结在一起，来攻打西安，内战就会继续，中国就会灭亡。如果不杀呢？现在蒋介石在我们手里，我们可以逼他抗日。前一晌何应钦不是派飞机轰炸西安么？我们逼蒋介石写了个条子，这几天不是安宁了吗？蒋介石多少还有个用处，所以还是不杀的好！”

就这样，周恩来把深刻的道理和难解的问题用通俗的话讲得清清楚楚。广大青年军官心头的疑团，都解开了。

但十个指头不一般齐。那位送请帖的青年军官站出来，问道：“你们共产党一向是主张反蒋抗日的，为什么现在变了！”

“你的意思是说，我们跟蒋介石打了十年仗，势不两立，为什么不趁机报仇，处置了他，是吗？”周恩来俯俯身子，温和地问道。

“对！对！就是这意思。”

“好，我来回答你的问题。”周恩来抑制激动的感情，深沉地说，“我们红军有位将军，说起来，你们大家都很熟悉，他叫徐海东。他全家36口人呐，除了他，35人全叫蒋介石杀害了。很惨啊！他的这个仇是够深的了吧？可是，这次他还主张不杀蒋介石，为什么呢？因为他是共产党员，对共产党员来讲，民族和国家的利益高于一切。”

这是多么宽广的胸怀啊！全场的军人都被周恩来所讲的例子感动了，随之爆发了一阵热烈的掌声。

那位青年军官再也控制不住自己的感情了。他踉踉跄跄走到周恩来跟前，行了一个军礼，说道：“周代表，你们共产党不念旧仇，以国家民族为重，兄弟打心眼里佩服了！”

周恩来亲切地说：“听你的口音是东北人？我在东北住过几年，也算老乡了。”然后他对大家说，“咱们唱支歌好不好？”“好！”

“请周代表给我们指挥！”

周恩来用那浑厚的男中音起了头，便挥手打起拍子来，礼堂里响起了：

“我的家，在东北松花江上，那里有森林煤矿，还有那，满山遍野的大豆高粱。……”

大家唱得越来越悲愤激越。当唱到“爹娘啊！爹娘啊！哪年哪月，才能够回到我那可爱的家乡”时，歌声变成一片哭声……

周恩来沉默了片刻，提起声音说：“诸位，为什么我们唱到这里就唱不下去了呢？从‘九一八’事变到如今已有5年了，5年来我们年年唱，年年流浪！不但东北没有收复，华北也丢了。现在张学良、杨虎城两将军发动了西安事变，把蒋介石抓起来。这下抗日有希望了！如果我们把他杀掉，那将是什么局面呢？就会引起大规模的内战，自己人打自己人，日本就会乘虚而入，中国就要灭亡啊！到那时，我们更不能回到自己的家乡，见到那些衰老的爹娘了！”

军官们的心里彻底明亮了，由衷地高呼起“赞成中共的主张！”“拥护张、杨的决定！”等口号来，借以表明自己的志向和行动。[24]

魅力感悟

西安事变是一个复杂的过程，很多人都从各自的角度去解释，因此彼此的误会千头万结。面对乱麻一样的局势，不可能一一地去解，弄不好还会越解越乱。这个时候只有一个办法，那就是站在比别人高的高度分析是非，让人们明白敌我。

敌人又分为大敌和小敌，仇恨又分为大仇和小仇。在日本帝国主义面前，鬼子是大敌，蒋介石是小敌；在民族危亡面前，侵略之仇是大仇，蒋介石之仇是小仇。

周恩来用徐海东的例子让人们明白了不杀蒋介石的理由，因为民族利益高于一切。同时周恩来借此指出中华民族之所以被外族侵辱，本质上是因为各派势力不团结，如果再这么内斗下去，不仅报不了仇，还会连家也回不了，连国也保不住。

注释：

[18]孙晓，陈志斌.《喜马拉雅山的雪》. 北岳文艺出版社. 1991年

[19]陈扬勇.《重拳出击：周恩来在9·13事件之后》. 重庆出版社. 2008年02月

[20]刘继兴.《民国大腕》. 中国友谊出版社

[21]杨宗丽，明伟.《周恩来26年总理风云》. 辽宁人民出版社. 2007年1月

[22]胡长明.《大智周恩来》. 中共党史出版社. 2008年09月

[23]曹应旺.《周恩来的智慧》.中共中央党校出版社. 1994年2月

[24]艺侠.《周恩来的公共关系艺术》. 上海文艺出版社. 2006年

第三章

Chapter 03

激荡人心
——周恩来的演讲功力

周恩来是公认的一流的外交家、宣传家和演讲家。周恩来长于演讲，据说他上学时就经常对着镜子，当着同学的面苦苦练习，从内容到主题，从声调到节奏，从仪容到姿态，反复斟酌推敲，广泛征求别人的意见以找到自信。他还下苦功锻炼即兴演讲的能力，不打稿，不准备，得到题目后立即发言。渐渐地，他做到了思维敏捷，反应迅速，未经准备也能出口成章。

战争时期他的演讲振奋人心，使无数青年投入到爱国救亡的历史洪流中；内战时期，他的讲话让人们认清了反动派的真面目，团结了广大民主爱国人士；新中国成立后他的各种讲话为各个领域的工作指明了方向；在世界舞台上的发言让人明白了中国的立场，为解决各种矛盾纠纷提供了建议。这些无不体现着他深深的爱国热情、深谋远虑的远见和运筹帷幄的智慧。

第一节　思想：主题鲜明观点明确

主题和观点是演讲的灵魂，它决定演讲思想的强弱，没有明确的主题和鲜明的观点，即使讲得天花乱坠，也会让人不知所云，不解其意。在赴印尼出席万隆会议时，周恩来审时度势，认真分析了当时的国际形势，为中国代表团制定了战略总方针，提出了著名的“外交五原则”；在日内瓦印度支那三国越南、老挝和柬埔寨和平的问题上，坚决主张有关国家必须共同保证彻底实现恢复印度支那和平的各项协议，周恩来发表的讲话鞭辟入里，一针见血，对美国侵略集团策动组织所谓“东南亚防御集团”来破坏日内瓦协议的阴谋给予了坚决的反击。

主题是演讲的灵魂
——高屋建瓴，万隆首倡外交五原则

1955年，亚非29个从殖民主义压迫下新独立的国家和地区在印度尼西亚万隆举行会议，讨论国际形势和有关亚非国家共同利害关系问题。在万隆会议召开之际，一些国家正在对中国进行围堵，并扶持台湾当局制造紧张局势，企图将新中国扼杀在摇篮之中。当时在29个国家中只有6个国家和中国确立了外交关系。为了打破外交封锁，中国领导人审时度势，果断派出以周恩来总理为团长的代表团，赶赴印尼参加万隆会议。可是国际反动势力和台湾当局相勾结，阴谋暗害出席亚非会议的中国代表团和周恩来总理，制造了震惊中外的“克什米尔公主号”空难事件，使第一批参会中国代表和随行采访的中外记者共11人全部遇难。当反动势力正在举杯欢庆

时，周恩来却如期出现在会场，并且以卓越的外交才能在万隆会议上先后挫败伊拉克和锡兰斯里兰卡对中国的挑衅，并帮助解决了中立国和不结盟国家较劲的外交困局，并结合会场外的主动出击，将会议从崩溃的边缘拉了回来，成就了万隆会议，树立了和平共处、求同存异的“万隆精神”。更为重要的是，这一外交举动有效地赢得了亚非国家的同情与支持，打破了中国所处的外交僵局。

4月19日，根据会议发展情况，周恩来临时决定将原来的发言改用书面散发，另外针对帝国主义对新中国的造谣中伤，在下午的全体会议上做了一个补充发言。这就是极其著名的万隆演讲。演讲内容如下：

主席，各位代表：

我的主要发言现在印发给大家了。在听到了许多代表团团长的一些发言之后，我愿补充说几句话。

中国代表团是来求团结而不是来吵架的。我们共产党人从不讳言我们相信共产主义和认为社会主义制度是好的。但是，在这个会议上用不着来宣传个人的思想意识和各国的政治制度，虽然这种不同在我们中间显然是存在的。

中国代表团是来求同而不是来立异的。在我们中间有无求同的基础呢？有的。那就是亚非绝大多数国家和人民自近代以来都曾经受过，并且现在仍在受着殖民主义所造成的灾难和痛苦。这是我们大家都承认的。从解除殖民主义痛苦和灾难找共同基础，我们就很容易互相了解和尊重、互相同情和支持，而不是互相疑虑和恐惧、互相排斥和对立。这就是为什么我们同意五国总理茂物会议所宣布的关于亚非会议的四项目的，而不另提建议。

本来，对于美国一手造成的台湾地区的紧张局势，我们很可以在这里提出如同苏联所提出的召开国际会议谋求解决的议案，请求会议加以讨论。中国人民解放自己领土台湾和沿海岛屿的要求是正义的，这完全是内政和行使自己的主权，并得到许多国家的支持。我们也很可以提议会议讨论承认和恢复中华人民共和国在联合国的合法地位问题。去年，科伦坡五国总理会议，还有亚非其他国家，都曾经支持中华人民共和国在联合国的地位。而且，中国在联合国所受的不公正待遇，也可以在这里提出批评。但是，我们并没有这样做。因为这样一来，就很容易使我们的会议陷入对这些问题的争论而得不到解决。

我们的会议应该求同而存异。同时，会议应将这些共同愿望和要求肯定下来。这是我们中间的主要问题。我们并不要求各人放弃自己的见解，因为这是实际存在的反映。但是不应该使它妨碍我们在主要问题上达成共同的协议。我们还应在共同的基础上来互相了解和重视彼此的不同见解。

现在，我首先谈不同的思想意识和社会制度问题。我们应该承认，在亚非国家中是存在有不同的思想意识和社会制度的，但这并不妨碍我们求同和团结。第二次世界大战后，亚非两洲兴起了许多独立国家，一类是共产党领导的国家，一类是民族主义者领导的国家。前一类国家并不多。但是某些人所不喜欢的，就是六万万中国人民选择了中国共产党领导的、属于社会主义体系的政治制度，而不再为帝国主义所统治了。后一类国家很多，像印度、缅甸、印度尼西亚和亚非许多国家都是。我们这两类国家都是从殖民主义的统治下独立起来的，并且还在为完全独立而奋斗。我们有什么理由不可以互相了解和尊重、互相同情和支持呢？五项原则完全可以成为在我们中间建立友好合作和亲善睦邻关系的基础。我们亚非国家，中国也在内，不论在经济上或文化上都很落后。我们亚非会议既然不要排斥任何人，为什么我们自己反倒不能互相了解、不能友好合作呢？

次之，我要谈有无宗教信仰自由的问题。宗教信仰自由是近代国家所共同承认的原则。我们共产党人是无神论者，但是我们尊重有宗教信仰的人。我们希望有宗教信仰的人也应该尊重无宗教信仰的人。中国是有宗教信仰自由的国家，这不仅有700万共产党员，并且还有以千万计的回教徒和佛教徒，以百万计的基督教徒和天主教徒。中国代表团中就有虔诚的伊斯兰教的阿訇。这些情况并不妨碍中国内部的团结，为什么在亚非国家的大家庭中不能将有宗教信仰的和没有宗教信仰的人团结在一起呢？挑起宗教纷争的时代应该过去了，因为从挑起那种纷争中得到利益的并不是我们中间的人。

第三，我要谈所谓颠覆活动的问题。中国人民为反对殖民主义所进行的斗争超过100年。中国共产党领导的民族、民主的革命斗争也经历了近30年的艰难困苦的过程，才终于达到了成功。中国人民在帝国主义、封建主义和蒋介石统治下所受的苦难是数也数不尽的，最后才选择了这个国家制度和现在的政府。中国革命是依靠中国人民的动力取得胜利的。绝不是从外输入的，这一点连不喜欢中国革命胜利的人也不能否认。中国古话说："己所不欲，勿施于人。"我们反对外来干涉，为什么我们会去干涉别人的内政呢？有人说，中国在国外有1000多万华侨，可能利用他的双重国籍来进行颠覆活动。但是，华侨的双重国籍问题是旧中国遗留下来的，蒋介石至今还在利用极少数的华侨进行对所在国的破坏活动，新中国的人民政府却准备与有关各国政府解决华侨的双重国籍问题。又有人说，在中国境内有傣族自治区威胁了别人。中国境内有几十种少数民族共4000多万人，其中傣族和相同系统的壮族将近千万人。他们既然存在，我们就必须给他们自治权利。好像缅甸有掸族自治邦一样，在中国境内各个少数民族都有他们的自治区。中国少数民族在中国境内实行自治权利，如何能说威胁邻邦呢？我们现在准备在坚守五项原则的基础上与亚非各国，乃至世界各国，首先是我们的邻邦，建立正常关系。现在的问题不是我们去颠覆别人的政府，倒是有人在中国的周围建立进行颠覆中国政府的据点。比如在缅甸边境就存在着蒋介石集体的残余武装分子，对中缅两国进行破坏。因为中缅友好，我们一直尊重缅甸的主权，信任缅甸政府去解决这个问题。

中国人民选择和拥护自己的政府，中国有宗教信仰自由，中国决无颠覆邻邦政府的意图。相反的，中国正在受着美国政府所进行颠覆活动的害处。大家如果不信，可亲自或派人到中国去看。我们是容许不知真相的人怀疑的。中国俗语说："百闻不如一见。"我们欢迎所有到会的各国代表到中国去参观，你们什么时候去都可以。我们没有后幕，倒是别人要在我们之间施放烟幕。

16万万亚非人民期待着我们的会议成功。全世界原意和平的国家和人民期待着我们的会议能为扩大和平区域和建立集体和平有所贡献。让我们亚非国家团结起来，为亚非会议的成功努力吧！"[25]

魅力感悟

在著名的万隆演讲中，周恩来以其杰出外交家的风度，在发言中申辩不离原则，驳斥不失礼仪，娓娓而谈不失严谨，阐明了我国的外交路线和政策，呼吁亚非各国"求同存异"，团结起来共同进行反帝反殖斗争。这篇演讲充分展现出周恩来出色的外交才能，面对会议上出现的有人打着反共的旗号向中国挑衅的情况，周恩来坚定沉着，意识到这是帝国主义者的阴谋，随机应变，以补充发言的形式上台演讲，迎头痛击帝国主义者的阴谋，阐明"求同存异"的方针，促进了亚非国家间的团结，对会议的成功起了重要的作用。整篇演讲有很强的针对性，措词妥帖，柔中见刚，态度明朗，开诚布公，获得了与会代表热烈的欢迎和赞扬。

周恩来演说的第一句话"中国代表团是来求团结而不是来吵架的"，掷地有声，使先前紧张的会场气氛一下子松弛了下来，也打破了美国妄图让万隆会议演变为一场意识形态大战的阴谋。

周恩来巧妙的语言既申述了中国的立场，又给与会者留下了一种自我克制、通情达理的印象。最为重要的是，周恩来发言中一贯的中心思想——求同存异，实际上为与会国提供了互相合作的基本准则，而这也是后来被称为"万隆精神"的主干。

观点为演讲的原动力
——力挫群雄，日内瓦舌战“十六国”

1954年4月，旨在为解决朝鲜问题和恢复印度支那和平问题的国际会议在日内瓦举行。不久前还在朝鲜战场上短兵相接仍处于敌对状态的中美两国代表同时来到日内瓦。中国政府总理兼外交部长周恩来参加会议，与以杜勒斯为代表的“十六国”，在日内瓦展开了一场没有硝烟的激战。周恩来通过台前幕后有理、有利、有节的斗争，不但打击了美国霸权主义的嚣张气焰，也大大提高了中国的国际威望。

滔滔雄辩，舌战“十六国”的背景分析

一开始朝、中、苏三方代表在会上，同以美国为首的西方反共势力进行了艰苦卓绝的斗争。可以说，美国人是带着对中国的敌视来到日内瓦的。参加会议的20个成员国，美国与中苏双方力量的对比为16比4。杜勒斯认为稳操胜券，他首先选与周恩来一比高低，所以故意将自己的发言由27日改为28日，与周恩来在同一天发言。可是周恩来的发言却很快打乱了美国的既定部署。首先周恩来针对杜勒斯为美军永久性驻扎朝鲜的辩护，一针见血地阐明了自己的观点。周恩来虽然也拿着讲话稿，但针对杜勒斯强词夺理的发言内容，临时作了一些调整，义正词严地揭露了美国的真实意图，周恩来的讲话，赢得了许多国家代表的称赞和好评。就连杜勒斯对周恩来无懈可击的讲话也感到十分不安和恼火，他在向美国国内电告会议情况时称：“周恩来的发言在措辞和内容上都是标准的中共式的新闻宣传，但与会各国都相信周的蛊惑宣传，使我比以前更清楚地感到了这么一种可能，即美国对印度支那的任何公开干涉，都将导致中国对亚洲事务的公开干涉，真使人头痛！”

后来在英国外相艾登主持的对朝鲜问题的讨论时，周恩来发言表示完全支持朝鲜代表南日提出的关于保证朝鲜和平状态的6项新建议，并提议

与会的19国发表关于不威胁朝鲜和平的共同宣言。这一下子打乱了美国的阵脚，会场内一时大乱，西方代表面面相觑，艾登连忙宣布暂时休会。美国紧急召集16国代表开了40分钟的秘密会议，统一思想，磋商对策。

此时，周恩来意识到会议已经到了即将破裂的关键时刻，但“十六国”并不是铁板一块，还可以作最后一次争取，即使达不成协议，至少可以争取人心，这对诞生不久的中华人民共和国来说十分重要。因而周恩来站起来再次发言，他以高超的智慧和娴熟的外交斗争才能，使美国二战后在国际上第一次陷入狼狈不堪的境地，大大提高了新中国的国际威望。周恩来话音刚落，苏联外长莫洛托夫便站了起来，大声说道：“妙极了，只有周恩来能挽狂澜于既倒！”就连一些美国的仆从国代表也纷纷点头表示赞同周恩来的发言。可这时接替美国代表杜勒斯的史密斯却如坐针毡，进退两难：若表示同意，将违反美国政府命令；欲表示反对，美国将陷入完全孤立的境地。在众目睽睽之下，史密斯不得不站起来，强作镇定地说：“在未曾请示我国政府的情况，我只能拒绝这项建议。”而周恩来则乘胜追击，以缓慢和沉稳的语气进行第四次发言。

尽管因美国的无理阻挠和破坏，加之其同盟国的敢怒不敢言，最后历时51天的日内瓦会议在没有达成任何关于解决朝鲜问题的协议下宣告结束，但周恩来在此次会议上入情入理、深刻尖锐、机敏聪慧的发言，不但展示了他的智慧、风度和超人的外交艺术才华，而且也赢得了与会代表的尊敬。艾登这位堪称一流的外交家称赞周恩来道：“当今世界，解决任何重大国际问题，都不能离开中国和周恩来。”他还告诫他的西方盟友：“你们早晚都会清楚，周恩来是个不平凡的人。”

激荡人心，名垂千古的演讲

1954年5月12日，周恩来在日内瓦会议上关于印度支那问题发言，进一步阐明中国政府立场，也让世界再次为他的风采所折服。

主席、各位代表先生：

日内瓦会议已经进入了关于恢复印度支那和平问题的讨论。摆在我们面前的重大任务就是要在承认印度支那人民的民族权利的基础上，停止敌对行为，恢复印度支那的和平。怎样才算承认印度支那人民的民族权利呢？那就是必须承认越南、高棉和寮国人民有充分权利获得他们各自的民族独立、国家统一和民主自由，并在他们各自的祖国的土地上过和平生活。

当我们在这里讨论印度支那问题的时候，战火仍然在印度支那的土地上燃烧着。这一场继续八年的战争严重地破坏了印度支那人民的和平生活，同时也给法国人民带来了重大的灾害。现在，由于美国政府的加紧干涉，这个战争有更加扩大的危险，以致日益威胁着亚洲及世界的和平.

中华人民共和国对于目前正在它的邻邦进行的战争和战争扩大的危险，不能不加以密切的注意。中国人民认为：朝鲜战争停止了，现在，印度支那战争同样应该停止。

大家知道：印度支那九十年来的历史，正如亚洲许多国家的历史一样，是充满了反对殖民统治的长期斗争的历史。

自从九十年前法国侵入印度支那、建立殖民统治以后，印度支那人民就不断地进行反抗斗争。后来，在日本侵略者进攻印度支那的时候．法国殖民政府没有抵抗，保大皇室同日本帝国主义合作，当时领导印度支那人民同各盟国军队并肩作战的，就只有以越南人民领袖胡志明为首的越南独立同盟以及高棉和寮国的爱国者的组织。

英勇的印度支那人民经过艰苦的斗争，终于在一九四五年从日本帝国主义的占领下获得了解放。越南人民建立了越南民主共和国。高棉和寮国人民也都先后成立了各自的抗战政府。然而，法国殖民主义者却不甘心于印度支那的丧失，重新侵入印度支那，并采取了大规模的军事行动。这样，印度支那的战争就全面爆发，并一直继续到现在。

由此可见，印度支那战争是法国殖民主义者挑起的一个企图重新奴役印度支那人民的殖民战争，而印度支那人民所进行的抵抗，则是一个反对殖民主义侵略、保卫民族独立的正义战争。

对于这个战争，印度总理尼赫鲁先生本年四月二十四日在印度国会中曾说过："印度支那冲突就其起源和基本性质来说，乃是反殖民主义的反抗运动，以及用传统的镇压及分而治之的方法来对付这一反抗的企图。"

但是，法国代表团团长皮杜尔先生在本会议的发言中，却把法国政府在印度支那战争中的责任推得干干净净，这显然是在歪曲历史事实。

由于这个殖民战争的不得人心，法国殖民主义者不但没有获得他们预期的结果，反而步步陷入窘境。美国政府就利用这种情况，加强对印度支那战争的干涉，以图逐步代替法国在印度支那的地位。但是，印度支那人民的力量，在反对法国殖民主义侵略和美国干涉的民族解放斗争中，却日益巩固和壮大起来。印度支那战争八年的历史证明：为了自己祖国的独立和自由而斗争的人民是不可征服的。忽视或者低估印度支那人民的力量，不承认越南民主共和国、高棉抗战政府和寮国抗战政府的存在的事实，是注定要失败的。

印度支那人民是爱好和平的。从战争开始以来，越南民主共和国屡次向法国政府提出经过协商途径和平解决印度支那问题的建议。但是，法国统治集团中的主战派却不肯放弃重新征服印度支那人民的腐朽的殖民政策。他们不肯停止这个被法国人民斥为"肮脏战争"的印度支那战争，或者故意提出为对方所不能接受的条件来阻碍停止这个战争。

毫无疑问，法国广大人民是希望停止印度支那战争的。他们日益清楚地认识到了这一殖民战争的继续，使法国的民族利益和国际地位受到了严重的损害。许多有远见的法国政治人物，也都认识到了这一殖民战争的毫无前途，因而主张在印度支那停止战争，恢复和平。许多法国人都在问：既然在朝鲜能够停战，为什么在印度支那不能够停战呢？美国人自己既然在朝鲜接受停战，为什么又不容许法国人在印度支那接受停战呢？

问题的关键就在于：美国干涉者害怕和平。他们在朝鲜被迫停战后力图继续保持和加强国际的紧张局势，因此，美国干涉者就对印度支那战争采取了进一步干涉和扩大的政策，而法国统治集团中的主战派也一直追随着美国的这种政策。

人所周知：早在一九四七年美国就策划越南保大皇室的复辟运动。一九五〇年，美国政府在发动侵略朝鲜战争和侵占我国台湾的同时，加强了对法国在印度支那战争的军事援助，企图直接参加这一战争。在朝鲜停战实现后，美国不但进一步从各方面渗入印度支那，而且公开地派遣它的空军人员前赴印度支那直接参加作战。目前法国在印度支那进行战争的全部经费，已有百分九七十左右系由美国担负。美国干涉者并不讳言他们企图接替法国在印度支那进行的殖民战争。他们正在拉拢印度支那的三个所谓国民政府，要直接训练所谓国民军队。这种政策，既侵犯了印度支那人民的独立和自由，而且也是在排挤法国，以便最后将印度支那变为美国自己的殖民地。

不难看出：美国干涉者扩大印度支那战争的目的决不限于夺取印度支那，它还企图以印度支那为基地来对整个东南亚进行侵略。在日内瓦会议召开之前不久，美国国务卿竟公开号召对印度支那采取“联合行动”，并策动组织东南亚和西太平洋的军事集团。虽然美国这种威胁亚洲和平的政策已经遭受到全世界爱好和平的人民首先是亚洲人民的反对，但是，仅在几天以前，美国政府还在宣称关于组织东南亚军事集团的商谈正在活跃地进行着，并且说，这样的一个组织正在形成中。这就表明，当日内瓦会议正在讨论恢复印度支那和平的时候，美国还在积极活动，拉拢其他国家参加它所策划的军事冒险。

美国为了组织军事集团和扩大战争，照例要制造许多借口，照例要把它说成是为了“巩固美国的国防安全”和“保卫自由世界”。大家知道，美国并不是一个亚洲国家，它的安全也没有遭受任何亚洲国家的威胁，更没有受到争取独立和自由的印度支那人民的威胁。然而，美国政府却一直策划在远东、东南亚、中东和近东建立一系列的所谓防御集团。这些区域中的任何一国都在远离美国国境数千海里以外。显然，美国的国防安全同这些区域并无关系。这就说明，这些所谓防御集团的组织，并不是为了防御，也不是为了所谓保卫自由，而是为了在亚洲扩大殖民战争，建立新的殖民帝国，以奴役亚洲人民，并强迫他们为了美国少数人的垄断资本集团的利益而互相残杀；同时，这也不是为了保护它的西方盟友的利益，相反地，却是为了排挤几个古老了的竞争对手以便取而代之。不用说，美国在亚洲组织侵略集团的活动是与美国准备世界战争、建立世界霸权的目的分不开的。

为了掩盖扩大殖民战争和建立殖民帝国的野心，美国统治集团中的某些人士最近不断制造所谓中华人民共和国干涉印度支那战争的奇谈，借此来对亚洲人民进行欺骗。这种所谓中华人民共和国干涉印度支那战争的诽谤，不过是他们想掩盖美国对印度支那战争的干涉和企图在亚洲各族人民中制造分裂的烟幕弹罢了。

还必须指出，美国这种在亚洲组织侵略集团的活动，与维护亚洲的集体安全毫无共同之点。事实上，它的这些活动是背着亚洲人民和许多亚洲国家进行的。在亚洲组织一些国家反对另一些国家的对立集团，只能制造和加深亚洲的不安和分裂。这种计划的实质，是为了在亚洲进行“分而治之”的阴谋，以便把殖民主义的枷锁强加在亚洲人民的头上。当然，这是从未得到而且也不会得到亚洲人民和许多亚洲国家的同意的。

维护亚洲的持久和平和集体安全，需要亚洲国家共同努力。我在四月二十八日讨论朝鲜问题的发言中曾经说过：“亚洲国家彼此之间应该进行协商，以互相承担相应的义务的方法，共同努力维护亚洲的和平和安全。”

中华人民共和国政府认为：亚洲国家应该互相尊重各国的独立和主权，而不互相干涉内政；应该以和平协商方法解决各国之间的争端，而不使用武力和威胁；应该在平等互利的基础上建立和发展各国之间的正常的经济和文化关系，而不容许歧视和限制。只有这样，才能使亚洲国家避免新的殖民主义者利用亚洲人打亚洲人的空前灾难而获得和平和安全。

中国人民和印度支那人民向来具有深厚的友谊。最近一百年来，由于同样遭受殖民主义的侵略，中国人民和印度支那人民在各自进行的民族解放运动中互相同情，这是理所当然的。中华人民共和国成立后，越南民主共和国同中华人民共和国之间就建立了正式的外交关系。同时，两国政府又根据平等互利的原则建立了正常的经济关系和文化关系。这种友好关系正在发展着。中越两国政府的共同的愿望就是互相尊重独立主权，互不干涉内政和保卫亚洲及世界的和平。

为了保卫亚洲及世界的和平，中国人民极其希望印度支那的战争能够早日停止，印度支那的和平生活能够早日恢复。

不仅中国人民如此，亚洲各国人民同样支持印度支那问题的和平解决。要求印度支那停战的呼声从印度、印度尼西亚、缅甸和巴基斯坦等国不断传来。最近在科伦坡召开的五个亚洲国家的总理会议，同样也对恢复印度支那的和平表示了关心。

欧洲和其他各洲人民要求印度支那停战的愿望并不下于亚洲人民。就在美国的政治家中，也并非人人赞成在印度支那及东南亚进行军事冒险。

在这里，应该特别提到苏维埃社会主义共和国联盟的和平政策。苏联政府和人民一贯坚持印度支那问题必须和平解决，并在国际会议上，始终维护着印度支那人民的民族权利。

主席先生，印度支那人民为了民族解放的神圣事业，已经奋斗了将近一个世纪之久。为了增进我们这次会议对于越南人民及整个印度支那人民的愿望的了解，我想请大家读一读一九四五年九月二日越南民主共和国的独立宣言。也许出乎某些先生意料之外，越南独立宣言是引用一七七六年美国独立宣言中“一切人们生来就是平等的，他们应有这些天赋的不可剥夺的权利，那就是生存、自由和追求幸福的权利”这些词句来开始的。接着，越南独立宣言又引用了一七九一年法国民权宣言说：“天赋人类自由和平等的权利，人们就时时都可以享受自由和平等的权利。”然后，越南独立宣言就这样说：“一个八十多年来敢于反抗法国人的奴隶统治的民族，一个数年来敢于站在盟国一边共同去反抗法西斯的民族，这个民族一定要取得自由，这个民族一定要获得独立！”各位先生，难道越南人民这个要求是过分的吗？我想，曾经在一七七六年和一七九一年发表过这两个伟大宣言的国家的政府，应该承认印度支那人民同美国和法国的人民一样，是必须完全享受独立、自由和平等的权利的。中华人民共和国代表团希望会议以最严肃的态度来考虑越南民主共和国代表团首席代表范文同先生代表越南人民所提出的关于恢复印度支那和平，实现越南、高棉、寮国的民族独立、国家统一和民主自由的声明和建议。我们认为，越南民主共和国代表团的声明和建议真正表现出了印度支那人民为和平、独立、统一、民主而斗争的意志和他们的合理要求。这些建议，在中国代表团看来，已经为和平解决印度支那问题开辟了道路。

但是，法国代表团团长皮杜尔先生在五月八日的发言中，却仍然采取了殖民统治者的态度，继续无视法国政府曾经承认过的越南民主共和国的存在以及它的政府获得越南广大人民拥护的实际情况。他并拒绝高棉抗战政府和寮国抗战政府的代表参加会议，他撇开了恢复印度支那和平的政治基础，而以战胜者自居，提出了停止敌对行为的片面条件，来要求印度支那人民接受。这是不现实的、不合理的，也是不符合于根据平等权利进行协商的原则的。

主席先生，我们大家既然坐在一起来审查和研究恢复印度支那和平的办法，那么，就应按照目前印度支那及亚洲的实际情况，在承认印度支那人民的民族权利的基础上来寻求对于有关双方都是光荣的、公平的、合理的条件，并采取有效措施，以便在印度支那能够早日实现停战和恢复和平。如果与会各国代表都具有恢复印度支那和平的真正愿望，我相信，会议达成协议的可能性是存在的。

中华人民共和国代表团完全支持越南民主共和国代表团首席代表范文同先生的声明和建议，并认为，他的建议可以成为本会议讨论在印度支那停止战争和恢复和平问题并通过适当决议的基础。

这些建议，我们认为，是符合于印度支那人民谋求和平、独立、统

一、民主的愿望，符合于法国人民及世界其他各国人民的和平利益的。[26]

魅力感悟

在历时3个月的漫长的日内瓦会议中，中国在解决朝鲜问题和恢复印度支那和平这两个主要议题上，都体现出了大国的作用。美国《商业周刊》的评论称，美国企图把中国“无限期排斥在世界外交舞台之外”的幻想已被日内瓦会议所粉碎。有些报刊称：“已有不少人将周恩来喻为印度支那会议的挽救者，他已赢得了外交舞台第一流人物的地位。”

这是新中国第一次以五大国的身份参加大型国际会议，也是周恩来首次登上国际政治舞台。无论是新中国的形象还是每一个代表团成员的形象，都显得极为重要。首次到国际舞台上去唱戏，大家扮演什么样的角色？出发前，周恩来向代表团成员做了仔细的叮嘱：“尽管我们过去在国内谈判有经验，跟美国吵架有经验，但是，那时我们进行谈判的范围小，有什么就说什么。中国是一个大国，到日内瓦是参加一个正式的国际会议，我们是登国际舞台了，因此要唱文戏，文戏中有武戏，但总归是一个正规戏、舞台戏。有几个兄弟国家参加，要配合，要有板有眼，都要合拍。又是第一次唱，所以还要本着学习的精神。”

在整个发言中，周恩来首先说明作为中国的立场，为什么要考虑印度支那战争问题。接着为印度支那战争的性质做了阐述，指出法国人民和印度支那人民是向往和平的，以及战争继续下去对法国是有危害的。

这场战争为什么不能结束呢？这个问题是大家最关心的。有了前面的铺垫，周恩来尖锐地指出，这一切都是美国干涉者害怕和平，接着论述了美国在东南亚进一步的野心。

接着，周恩来表明了中国政府的立场，这种立场是符合多数国家长远利益的，并由此提出了解决问题的可能性和方法。有始有终，显示了中国的大国风范。[27]

第二节　控场：避免冷场，不以势压人

周恩来在革命时期的演讲常常是激动人心的，这完全来自于他自身的激情，当他把这种激情感染到每个人时，演讲现场的气氛就达到最活跃的时刻，也是演讲者与听众感情交流最融洽的时刻，是演讲的高潮所在，他在演讲中能做到高潮迭起，便自然控制了整个现场的气氛。新中国成立后，面对种种问题，周恩来经常要开座谈会，这时候的目的是为了针对各种观点达成共识，这时他从来不强制灌输自己的观点，而是引导并尊重别人。

调动听众的激情
——武汉大学演讲，会场情绪达到高潮

1937年，日本帝国主义为了实现独占中国的野心，继“九一八”后又发动“七七”事变，展开了全面的侵华战争。1937年12月，祖国的天空，乌云密布，万里神州，满目疮痍。周恩来同志在武汉大学进行了一次演讲，演讲的题目是《现阶段青年运动的性质和任务》，鼓舞师生们参与抗战的决心和夺取胜利的信心，引导进步学生奔赴革命圣地延安，陆续走向敌后和广大农村，积极地投入伟大的抗日战争。内容如下：

今日青年运动的性质

根据今天抗战的形势，我们来说一说目前青年的环境。

今天，无疑是个变动的战斗的历史上从未有过的大时代。敌人要我们每个人、每个人的子子孙孙都做亡国奴。我们要求生路，便只有抗战，便

只有坚持抗战到底。这时代是战斗的。这时代不能与过去“五四”、“五卅”、一九二五年大革命时代相比。过去是对内的局部的政治斗争，这一次却是对外的全面的反法西斯侵略的抗战。现在是整个被压迫、被屠杀、被奸淫、被侵略的中华民族的人民起来反抗的时候，所以现在的形势全变了。在国家环境整个的变动下，青年在这时代里所占的地位是最困难而又最重要的。如今我们青年再不能如过去那样地学习，找工作，结婚……再也不能依照平常的生活程序过日子了。战争了，我们再不能安心求学了。文化中心的京、沪、平、津、粤、汉，已去其四；后方的学校，也多半停了课；成千成万的青年人无家可归，无学可求，尤其是东北的青年朋友，一再地漂泊流浪，一再地尝受人世间的惨痛。一支名叫《松花江上》的歌曲，真使伤心的人断肠。然而我们应该骄傲，应该自豪。我们这一代青年应该庆幸恰好生活在这样大的动乱的时代里。我们要在这时代里学习得充实起来，锻炼得强健起来。

我们青年不仅仅有今天，而且还有远大的未来。他不仅管自己的一生，而且还要管及他的子孙，他的后代。今天的青年不仅要问，怎样争取抗战最后的胜利；而且要问，在抗战的胜利取得后，怎样改造中国，使它成为一个自由的、民主的、共和的国家。

因此，我们想，在积极方面，这是一个最好的时期。它可以把我们这一辈的青年锻炼得更伟大，前程更远。这机会在平常是很难找到的。

今日青年运动的任务

我们中国的青年，不仅要在救亡的事业中复兴民族，而且要担负起将来建国的责任。救国，建国，我想“任重道远”这四个字，加在中国青年的身上是非常恰当的。

我们今天应该努力的方向是什么？我贡献给诸位青年朋友的有四个：

第一，到军队里去——这是在今天挽救民族危亡的最有效的方法。建立生力军，充实我们的旧队伍，责任都在我们青年朋友的肩上。我想，一个人不能自卫，便不能做人，国家也是这样。所以我们最好受正规的军事训练，随时到直接杀敌的战场上去。

第二，到战地服务去——战地的民众缺乏组织，到处在流浪着，彷徨着。要起来自卫，要起来斗争，却没有人领导。我们得去把他们组织起来，武装起来，领导着他们去打游击战，去配合正规军的行动，去封锁消息，坚壁清野，破坏敌人必经的交通线……至少也得做到军民合作，使汉奸活动不易。

第三，到乡村中去——我们虽然失去了许多地方，但后方还有广大的城乡。今天的后方民众，有许多还不知道抗日是什么一回事。我们要继续作战，继续加强军队的战斗力，必须动员起广大的群众到军队中来。我们要改良过去那种不合理的动员方式。有作为的青年们，因此必须有组织地、直接地下乡动员群众，使农村壮丁勇敢地、自动地到前线去。在工作的时候，我们得注意优待抗日军人家属的问题。最好能够做到有钱的出钱，有力的出力，让乡下有钱而不愿当兵的人切实负责赡养抗日军人的家属，使他们没有后顾之忧。这样，我相信会造成政府与人民的合作，减去许多摩擦的。再者，我们还可以进行许多人民自卫的工作，准备将来配合政府军的抗战。

第四，到被敌人占领了的地方去——我们再不能让华东、华南像东北四省一样，给敌人安安稳稳地拿去了。我们要艰苦地在那残暴的统治之下锻炼我们自己，秘密地把我们的救国组织发展起来，把我们被压迫的同胞暗地里武装起来，准备迎接我们正规军的反攻，与我们的正规军取得里应外合。

我们的青年朋友们分散到群众中去，分散到全国各个角落里去，那我们的力量是无比的！

工作和学习是分不开的。如今我们只有在不断学习中，我们的工作才能够顺利地展开。我相信，只要我们肯，在任何地方都可以学习的。我们要各找一个适合于自己的地方，去发扬我们自己的长处，去学习，去工作。

这并不是说我们得抛弃以往的学习，而是根据以往的那点根基，去发扬光大，去使理论适合于实际，去把知识活用。

中国的青年运动有着最光荣的传统。今天，我们青年面对着民族解放的斗争，我们的使命是伟大的。

我们去工作，我们要克服任何的困难，我们要解除任何的疑团，我们是勇敢的，沉毅的，艰苦的，深刻的……我们是抗战的支柱。

我们的前程是光明的，远大的。

青年朋友们，努力去争取抗战的最后的胜利，努力去争取独立的自由的幸福的新中国的来临！[28]

魅力感悟

伟大的马克思主义者和无产阶级革命家周恩来在他半个多世纪的革命生涯中，一贯地热爱青年，关心青年，积极地领导中国青年运动。几十年来，广大的中国青年都把周恩来看做自己的知心人和引路人。这篇演讲就是周恩来在抗日战争初期论述青年运动的重要讲话。

1937年7月卢沟桥事变后，全国性的抗日战争爆发了。在中华民族的危急关头，由于中国共产党的进一步推动和在全国人民的压力下，蒋介石终于承认了共产党的合法地位和第二次国共合作，抗日民族统一战线正式建成。但是，在统一战线内部仍然存在着固有的阶级矛盾，因而导致了抗日战争从一开始就存在着国共两党的两条抗战指导路线的对立。蒋介石实行片面抗战路线和单纯防御方针，中国共产党主张放手发动群众，壮大人民力量，实行民主，改善民生的全面抗战路线，即人民战争路线。

在这篇演讲中，周恩来首先分析了时代的现状以及青年在时代里所占的地位，指出了青年奋斗的方向和前途。字字与当时青年们所处的环境相扣，引起人们的共鸣。

接着，周恩来又为青年们指明了方向，让人们明白做什么是最有意义的，同时宣传了共产党的政策和方针，让人们看到了希望。

不强制灌输自己的观点
——在文艺工作座谈会和故事片创作会议上的讲话

从1957年“反右”扩大化开始的“左”的错误急剧膨胀，使国家正常的民主生活遭到破坏，1959年错误发动的“反右倾”运动，使情况更加严重，对文艺事业产生了消极的影响。1961年，周恩来针对上述情况，发表了这篇讲话。下面是讲话的“引言”部分：

现在有一种不好的风气，就是民主作风不够。我们本来要求解放思想，破除迷信，敢想敢说敢做。现在却有好多人不敢想、不敢说、不敢做。想，总还是想的，主要是不敢说不敢做，少了两个“敢”字。为什么会这样呢？毛主席一九五八年在南宁会议上就提出敢想敢说敢做，八大二次会议更正式提出，敢想敢说敢做要同求实精神结合，建立在科学预见之上。但是，事实上不是人人都能做到的。想得、说得、做得偏了一些是难免的，这并不要紧，只要允许批评自由，就可以得到纠正。只许一人言，不许众人言，岂不成了“一言堂”么？“一言堂”从何而来？是和领导有关的，所以，我们要造成一种民主风气。我首先声明，今天我的讲话允许大家思考、讨论、批判、否定、肯定。“一言堂”，说出一句话来就是百分之百正确，天下没有这种事情。人们不仅在犯错误的时候要讲出不正确的话，即使在正确的时候也会有些话讲得不恰当，过火一些，这就要允许批评。一个人不要给自己打保票。奉劝作家同志，你们也不要企图一挥而就。伟大的政治家、艺术家对自己作品的修改工作都是非常严肃的。毛主席经常说，马克思、列宁的著作，都是精心修改的。毛主席自己也是这样，他写的东西很多是几易其稿的。所以，我们要造成一种风气，我们所发表的意见，都允许大家讨论、商榷。

我在一九五九年关于文艺工作两条腿走路方针的谈话，从今天水平来看，也不一定都是对的，里面也会有过头或不足的地方。使我难过的是，讲了以后得不到反应，打入“冷宫”，这就叫人不免有点情绪了。这次你们要求谈一次，我就谈一谈。心有所感，言之为快。但不可能什么都讲对了，有些问题是可以商榷、批判的，主要是引起同志们的共同讨论。我们要造成民主风气，要改变文艺界的作风，首先要改变干部的作风；改变干部的作风首先要改变领导干部的作风；改变领导干部的作风首先从我们几个人改起。我们常常同文艺界朋友接触，如果我们发表的意见不允许怀疑、商量，那还有什么研究、商讨呢？我们的讲话又不是党正式批准的。即使是党已经研究通过的东西，也允许提意见。中央工作会议正式通过的东西都允许讨论，允许提意见，加以修改，为什么我个人的意见就不能讨论修改呢？我们要造成风气，大家都是站在社会主义立场上探讨问题，为了把文艺工作搞好，把文艺政策执行好。在这些方面各有所见，为什么不能讨论呢？我今天的讲话，你们做了记录带回去，希望你们谈谈，把意见寄来。但是如果你们寄来的意见都是“完全同意”、“完全拥护”、“指示正确”之类，我就不看。这并不是说你们讲假话，而是因为看了没意思。如果你们有不同的见解，有提出商量的问题，就写信寄来。

民主作风必须从我们这些人做起，要允许批评，允许发表不同的意见。像我今天的讲话，只有两天时间考虑，是不成熟的。当然，讲话里有些是关于党的方针政策、关于阶级斗争的问题，但不少是根据你们所反映的问题做准备的。如果把这次讲话比作人形，那就只是一个胎儿，甚至是不足月的胎儿，能不能长大成人，现在还不知道。你们提出意见来，就可以使我在下一个场合讲得好一些。我们要学习毛主席。毛主席对每一个问题总要反复讲多次，我们常常听他反复讲一个问题，而每次都有新的发展。他希望我们提出意见，吸收我们的意见进行修改。毛主席这种坚持真理、修正错误的作风是很值得我们学习的。我们学习毛主席，就要学习他的这种作风。在我们的工作中要允许别人提出不同意见，才能树立好风气。总之，要根据不同的情况，允许有不同的意见，这才是社会主义的自由，才有心情舒畅，实现毛主席所说的又有集中又有民主，又有纪律又有自由，又有统一意志，又有个人心情舒畅、生动活泼，那样一种政治局面。我希望经过这次会议能够造成这样一种空气，收到这样一种效果。

三年来，我们本来要求解放思想，敢想敢说敢做，结果反而束缚思想。其实人家也还在想，只是不敢说不敢做。人又不是石头，哪有不思想的道理。现在我们要使人们把所想的都说出来做出来。几年来有一种做法：别人的话说出来，就给套框子、抓辫子、挖根子、戴帽子、打棍子。首先是有个框子，非要人家这样说这样做不可，不合的就不行。有了一个主观的框子就据以去抓辫子，一切从他的主观主义、片面性、形而上学出发，也不经过调查，他主观上以为“右倾”，就断定是“右倾”。对《达吉和她的父亲》，认为是“温情主义”，先立下这个框子，问题就来了，就要反对作者的小资产阶级温情主义。感谢上海的同志，你们建议我看《达吉和她的父亲》，我看了，小说和电影都看了，这是一个好作品。可是有一个框子定在那里，小说上写到汉族老人找到女儿要回女儿，有人便说这是“人性论”。赵丹同志和黄宗英同志看电影时流了泪，我昨天看电影也几乎流泪，但没有流下来。为什么没有流下来呢？因为导演的手法使你想哭而哭不出来，把你的感情限制住了。例如女儿要离开彝族老汉时，我们激动得要哭，而银幕上的人却别转身子，用手蒙住脸，不让观众看到她在流泪。思想上的束缚到了这种程度，我们要哭了，他却不让我们哭出来，无产阶级感情也不是这样的嘛！听说导演提心吊胆，直到有的同志说了好，他才放下心来。导演在那个地方不敢放开手。这不是批评王家乙同志，而是说这里有框子，“父女相会哭出来就是人性论”，于是导演的处理就不敢让他们哭。一切都套上“人性论”，不好。其实关于人性论的问题早在二十年前就解决了。毛主席《在延安文艺座谈会上的讲话》里就说，没有抽象的人性，在阶级社会里只有带着阶级性的人性。可是现在还有人在那里定框子，一个框子把什么都框住了，人家所说所做不合他的框子，就给戴帽子，“人性论”、“人类之爱”、“温情主义”等等都戴上去了。先是抓辫子，抓住辫子就从思想上政治上给戴帽子，从组织上打棍子，而这些都是从主观的框子出发的，是从定义出发的，那种定义又是错误的，并不合于马克思列宁主义。还有挖根子。一是联系历史。不论讲了几句什么话，都要联系历史检查，这叫人怎样办呢？二是联系家庭，挖出身的根子。我们认为动机与效果是统一的，不能不问效果而只从动机上去推测。追根子，联系历史是可以的，但主要应该看今天的表现；联系家庭出身、社会关系也是可以的，但主要应该看本人。历史和出身可以作连带的研究，因为我们从旧社会来，旧社会使我们身上带有旧的东西，有毛病，这必须承认，但不能随便联系，主要应根据今天的表现、本人的表现去判断。先定一个框子，拿框子去套，接着是抓辫子、挖根子、戴帽子、打棍子，那就不好了。

马克思主义是有框子的。我们并不一般地反对框子，我们有的是大框子。我们要改造整个社会，建设社会主义、共产主义，这个框子该有多大！我们还要改造自然，这又是多么大的框子！无产阶级世界观是最科学、最伟大的世界观，拿过去的种种世界观同它比较，都渺小得很。只有我们才能改造整个社会、整个世界，揭示未来。我们有的是最伟大的框子。把这个伟大的框子改变成为形而上学、主观主义的小框子，是错误的。我们也不一般地反对抓辫子，我们要抓大辫子，抓那种政治上反动的大辫子，那种“白发三千丈”的辫子。例如一九五七年对于资产阶级右派，他们猖狂进攻，反党反社会主义，“黑云压城城欲摧”，于是抓住辫子予以反击。对于根子也不是不要研究，上面已经分析过，应当对历史和出身作连带的研究，但主要还是看本人、看今天。戴帽子，如果确是右派，就要戴帽子，只是不可乱戴。现在的问题正是乱戴帽子，把一句话的错误、一种想法的错误，甚至把那种本来是允许的、可以百花齐放、百家争鸣的各种说法想法，也都看成毒草、邪道，那就不对了。打棍子就更加要慎重。即使他错了，只要他愿意改也还要允许他改，一时改不过来的还要等待，不能随便开除党籍，那是不慎重的做法。我们还是要“一看二帮”嘛！所以，我不是主张无产阶级可以不要框子，不抓辫子，不联系出身、历史，应该戴的帽子也不戴，应该执行处分的也不处分。我不是这个意思。我是说那种错误的、不适当的东西在现在成为一种风气，一来就“五子登科”，这种风气不好。现在要把这种风气反过来，但反过来并不能推翻那些大框子、大辫子之类的问题。比如出身、历史，就应当交代，使大家知道。大家帮助自己改正错误，错误的东西光靠个人在那里想，是不容易改掉的，要靠众人帮助。所以，那些大的原则还是应该坚持的。只有把那种坏的、不好的偏向去掉，正风才能建立起来，才能造成又有集中又有民主，又有纪律又有自由，又有统一意志，又有个人心情舒畅、生动活泼，那样一种政治局面。我希望这次会议能够收到这样的效果，首先从我们领导者改起，提倡这种正确的风气。(29)

魅力感悟

周恩来一向提倡民主，尤其是在不能用一个统一标准要求所有人的领域，他更提倡百家争鸣。在这次讲话中，首先，他针对文艺领导的“一言堂”现象，呼吁发扬艺术民主，指出现在民主作风不够和领导有关并以身作则。

接下来他对自己以前的观点作了分析，并鼓励大家对他的讲话提出自己的意见。

不仅从客观实际的真实情况出发，而且阐述了艺术民主、解放思想、物质生产与精神生产、阶级斗争与统一战线、为谁服务、文艺规律、遗产和创造，以及文艺领导等问题。周恩来的这个讲话，批评了当时文艺工作中的“左”的思想，阐明了党的文艺工作方针。

讲话中有对文艺工作者的批评，也有要求，但更多的是勉励。听他的讲话谁能不为自己的工作没有做好而感到真诚的内疚呢？谁能不鼓起改正错误、克服缺点、努力前进的勇气呢？

第三节　气魄：演讲中的度量

古人云：话须通达方传远，语必关风始动人。演讲的度量与气魄就是演讲内容和表达形式相结合而显露出来的一种气度和神韵。它使演讲体现出震人耳目的浩荡气势和磁性力量，以此去打动听众，震撼听众的心灵。情真而意切，情感是艺术的灵魂，也是演讲气势动力的源泉，没有演讲者的真挚情感的流动、跳跃和燃烧，演讲气势就无从谈起。理足而气壮，演讲气势效应是一种力量的体现。其实质就是一种理性的力量，它源于深邃的思想和独到的见解。

坦然面对自身当前的不足
——周恩来总理在仰光大学的演说

1956年12月10～20日，应缅甸联邦政府的邀请，周恩来总理对缅甸进行了为期10天的访问。周总理这次访问缅甸的时间较长，他除了同吴努、吴巴瑞等领导人就中缅边界问题继续会谈外，还将访问的重点放在促进中缅两国边境人民的友好上。周总理和缅甸总理吴巴瑞在会谈中重申了两国关系将继续在和平共处原则的基础上发展。会谈后发表联合声明。12月18日，周恩来总理应邀在缅甸最高学府仰光大学发表了演说。

敬爱的校长吴巴瑞总理，敬爱的副校长先生，诸位教授先生，青年朋友们：

谢谢你们给我们这样热烈的欢迎。我以中国学生和中国青年的名义向你们致敬！

同朝气蓬勃、精神奋发的缅甸青年见面，使我感到特别兴奋，因为青年是国家的希望，看见缅甸的青年就是看到了缅甸的明天。

使我感到格外兴奋的是：我们现在是在著名的仰光大学同你们会见，我们十分尊敬你们的学校，因为它不但是缅甸的最高学府，而且是缅甸独立斗争的一个重要中心。这里产生了几乎整个一代的缅甸独立斗争的代表人物。昂山将军、吴努主席、吴巴瑞总理和其他许多政治活动的领导人物都是曾经在这里进行过他们争取民族独立的斗争的。一个国家能够有这样的一个大学是值得自豪的，一个青年能够在这样的一个大学里学习是值得羡慕的。

在像中国和缅甸这样的落后国家中，知识分子常常担负着特别重大的责任。如果说老一辈的仰光大学学生的历史使命是争取缅甸的独立，那么，在你们的身上就担负着保卫和巩固缅甸的独立并且把缅甸建设成为一个近代化的国家的责任。我们凭自己的经验知道，这是一个艰巨的任务，然而也是一个光荣的、伟大的任务。

我们亚洲和非洲的绝大多数国家，包括中国和缅甸在内，在经济上和文化上都还是较落后的国家。殖民主义者过去就是利用和加深了我们的这种落后才能欺负我们，压迫我们，侵略我们。为了反抗殖民主义的侵略和争取国家的独立，我们两国人民曾经进行了极其艰苦的斗争，付出了极其巨大的代价。现在，我们各自赢得了政治上的独立，但是我们却都还没有摆脱我们经济上和文化上的落后状态。从这一方面来说，我们的独立都还是不完全的，甚至是不巩固的。在我们还没有摆脱这种落后状态以前，我们就还不能说已经免除了重遭殖民主义侵略的危险。几个月以前，英法殖民主义者对埃及发动的武装侵略，应该认为是给我们提出的严重警告。

正是从这里出发，我们中国人民在完成了国家的解放以后，就把建设祖国，实现工业化作为我们全力以赴的目标。然而，要保卫和巩固民族独立，要实现国家工业化，没有一批对各种学术部门具有专长的知识分子是不可能的。而我们目前所面临的现状，却是很缺乏这样的知识分子。

拿我们中国的情况来说，我们是一个有六万万人口的国家，然而由于殖民主义阻碍了我们的教育事业的发展，在1949年中华人民共和国成立的时候，我们的高等学校一共只有十一万六千名学生。这种情况使我们这几年来不得不以极大的努力来发展教育事业，特别是高等教育事业。今年我们的高等学校已经有三十八万名学生。七年以来，我们培养了三十万以上的高等学校学生，这个数字超过了过去五十多年间中国所培养出来的全部高等学校学生。但是，我们的建设人才还是远远感到不足，像今年夏天毕业的大学生在人数上就不能满足各方面的需要，他们的学术水平也还是不能完全适应要求。我们今后还必须继续努力，来培养适应国家需要的知识分子。

我们很高兴听说，缅甸独立后仰光大学在全国各地的学生已经从一千余人增加到一万二千人。我们祝你们的学校不断发展，祝缅甸知识分子的队伍不断扩大，祝你们在学习中取得新的成就，将来在建设缅甸事业中作出无愧于你们的前辈同学的贡献。

中国和缅甸曾经共同倡议了和平共处的五项原则。维护世界和平和促进国际友好是我们的共同愿望。我们认为，不同社会制度的国家应该，而且完全可以和平共处。在这个崇高的事业中，我们也把很大的希望寄予我们两国的青年。我们两国有悠久的友谊而且是亲戚的国家。缅甸人民称中国人民为“胞波”（同胞）。因此，我们不但应该在我们这一代要发展友好的关系，而且应该在今后的世世代代中都永远保持愈来愈友好的关系。我们一定要做到这一点。

在过去的年代中，我们亚非国家已经吃尽了受殖民主义者分裂挑拨因而被压迫被奴役的苦头，我们无论如何不能再让这种悲惨的历史重演。我们也一定能够做到这一点。

就我们中国来说，我们已经建立了人民民主的制度，杜绝了少数人利用向外进行侵略战争来谋利的可能。我国的政府坚定不移地执行着促进各国间和平共处的政策。同时，我们也正在把维护和平的思想、国际主义的思想，五项原则的思想，教育我国的人民，特别是我国的青年人。最近在我国毛泽东主席的号召下，我们正在尽一切努力，要“坚决、彻底、干净、全部地消灭大国主义”，让我们的后代永远以平等的态度对待世界上所有大小国家。

毫无疑问，这也是我们的缅甸青年朋友所欢迎的。我们相信，经过我们双方共同的努力，它是完全可以实现的。

当然，在我们两国之间的关系中，目前还有若干历史上遗留下来的问题。我们已经在着手逐步解决这些问题。只要坚决按照五项原则办事，这些问题的解决不会遇到不可克服的困难。我们相信，在双方的共同努力之下，这些问题是可以得到解决的。

我们不但要解决我们两国关系中历史上遗留下来的问题，而且还要在五项原则的基础上积极地发展在经济上和文化上以及其他各方面的友好合作。

现在我们两国在贸易往来和经济合作方面已经有了相当的发展，今后还必须逐步加以扩大。这种平等互利不附带任何条件的合作是有利于我们两国经济的独立发展的。

今年年初缅甸在雷基召开的边民大会和两天以前中国在芒市举行的中缅两国边境人民联欢大会对于增进我们两国人民的友谊起了很大的作用。这样的联系我们应该不断地加强它。

我们两国在文化交流方面有了一些发展，还有许多工作有待我们去做。我们认为每一个国家，不论大小，都是有它自己的长处值得其他国家学习。我们亚洲国家过去曾经有过长期彼此学习的历史，现在我们更加应该互相学习。因为我们两国面临的许多问题是性质相似或者相同的，我们解决这些问题的经验值得我们互相学习和参考。这样的相互学习可以丰富我们各自的文化，也可以增进我们彼此间的了解，有助于我们两国的友好。

缅甸青年朋友们：我们两国之间的友好合作是有着重大意义的事业。亚非国家过去就是因为缺乏坚强的团结而在殖民主义各个击破的阴谋下沦为殖民地或者半殖民地。世界人民过去就是因为缺乏坚强的团结而一再遭到强加在他们身上的战争的惨祸。我们一定要在五项原则的基础上，永远地友好团结下去！只要我们能够做到这一点，殖民主义的任何进攻就都是可以被击败的。

我们现在是处在一切被压迫民族觉醒、反抗而且走向胜利的时代。

在我们亚洲和非洲地区，这种趋向尤其表现得明显。在第二次世界大战结束以后的十年间，从太平洋、印度洋到大西洋，已经拥有世界一半以上人口的一系列国家取得了独立，其中就有中国和缅甸。

自从1955年4月在万隆举行的第一次亚非会议以来，全世界反殖民主义斗争，发展到了新的高潮。埃及人民从殖民主义者手中夺回苏伊士运河的英勇行动，就是一个突出的标志。当然，殖民主义者还存在，也还有力量。他们企图以战争威胁我们，以挑拨离间的伎俩来分裂我们，削弱我们，以颠覆活动来破坏我们，但是他们都已经不像过去那样称心如意了。就像埃及的情况所表明的那样，由于全世界爱好和平和主张正义的力量，首先是亚非国家的政府和人民表示的同情和声援，英国、法国和它们的追随者以色列对埃及的公开武装侵略并没有达到目的，而且正在开始自食其恶果。同样，帝国主义者在社会主义阵营内部进行的颠覆活动，结果也不是如意的。占据人类绝大多数的、长期受殖民主义统治的人民，现在已经脱离了过去那种任人支配的地位而坚决要求掌握自己的命运。他们要求独立，要求和平，要求友好，要求进步，而且正在以无比的力量排除一切阻碍走向自己的目的，这就是我们的时代的不可抗拒的潮流。比起广大的人民来，殖民主义者不过是极小的少数，而且是极其孤立的。纵然，他们还可能有一时的猖獗，但是无论如何挽救不了自己注定要失败的命运的，就像天上的乌云无论如何挡不住太阳普照大地一样。不论有什么曲折，我们的世界一定要走向进步，而决不会走向反动。

缅甸的青年们，你们生长在这个时代是幸福的，我祝你们充分把握住我们时代的潮流，在你们的手里完成我们时代所追求的理想。

我祝你们努力学习，学好本领，同缅甸人民一起同心协力来建设你们的国家。

青年朋友们，未来是你们的，努力前进吧！[30]

魅力感悟

在这篇讲话中，周恩来极大地鼓舞了作为落后国家大学生的爱国热情，激发了他们为争取自己国家独立富强而努力的豪情壮志，让他们看到了前途，找到了希望。

难能可贵的是，他不是靠吹嘘煽动人们盲目的热情，而是诚诚恳恳地让同学们认识自己国家以及自己所代表的中国目前真正的现状，这个现状就是落后。正是因为落后，大家身上才肩负着使命，也正是因为落后，作为代表未来的新一代才有广阔的天地和作为。

周恩来同时还说明了造成目前自身落后的原因，其中最大的原因就是帝国主义的干涉和奴役，并且表明了要摆脱这一局面，最重要的就是落后国家要团结。随后周恩来让大家知道了各个国家在反殖民道路上取得的成绩和最后必将取得胜利的结果，让大家认清了方向，明白了敌我，促进了中缅两国的了解和团结。

底气十足的理性力量
——在延安欢迎会上的演说

延安整风是一次具有深远历史影响的运动。它清除了王明的“左”倾教条主义错误的影响，破除了把马克思主义教条化和把苏联经验、共产国际指示神圣化的教条主义。共产国际解散后，毛泽东连电催促一直常驻重庆负责与国民党谈判的周恩来火速返回延安，参加中国共产党内部高干的整风运动。1943年7月16日，周恩来回到了延安，8月2日，他在中共中央办公厅为他举行的欢迎会上发表演说。

同志们：

感谢大家的欢迎。我这三年在外，做的事实在太少了。可是在这三年中间，国际的国内的变化，我们党内的进步，却特别的多，特别的大，我们在外边也看得格外分明。

在国际方面，我们从法兰西投降后欧陆所遭受的法西斯浩劫起，看到希特勒德国对于苏联所进行的背信弃义的疯狂进攻，一而再，再而三；看到太平洋上日本强盗对于英美所进行的闪击；看到全世界除苏联外都有法西斯第五纵队的猖獗活动。同时，我们看到苏联红军和人民在斯大林领导之下奋起抵抗希特勒进攻的英勇战绩和生产热忱；从列宁格勒、莫斯科保卫战到斯大林格勒保卫战，从两年的冬季反攻到今年的夏季反攻，获得了举世称赞的辉煌战绩。我们也看到同盟国抵抗法西斯侵略的阵线的形成和进步：从罗斯福、丘吉尔大西洋宪章的公布到苏英同盟、苏美协定的缔结，到二十六国公约在华盛顿的签字；从英美盟军在北非的反攻和胜利直到西西里的登陆。我们又看到全世界反法西斯统治的斗争的兴起和扩大：从欧陆被侵占国中反法西斯游击战争的发展到德意国内反法西斯的罢工示威和游行的兴起；从法兰西民族解放委员会的合作到“自由德国”民族委员会的建立；从美国、印度共产党合法地位的恢复或被承认到日本共产党领袖冈野进同志的来延。三年来，同盟国反法西斯的解放战争是由危而安，转败为胜，由被动的作战转为主动的进攻。这种变化主要地倚靠于苏联红军和人民的两年抵抗和三次反攻，同时，也倚靠于英美同盟军在北非的胜利和在南太平洋的积极行动，倚靠于美国的巨大生产和盟国的战争动员，倚靠于中国抗战的坚持，尤其是敌后游击战争的发展。

现在，墨索里尼倒台了，意大利法西斯党解散了，世界法西斯统治在其最薄弱的一处开始崩溃了，世界法西斯主义正走向死亡。全世界反法西斯战争的胜利曙光已现，曾经猖獗一时的法西斯党徒及其第五纵队的死期是一天一天逼近了。不看见意大利法西斯党员的末路么？不看见德国第五纵队在意大利的抱头鼠窜么？这就是世界法西斯主义信徒的活榜样！这就是中国法西斯主义信徒的活榜样！

在国内方面，这三年来，我们依然是处在抗日战争的相持阶段中。三年来，有人以为苏德战争、太平洋战争既已先后发生，日寇今后不攻印必攻苏，决无余暇余力来打中国，于是便以消极抗战来暗示日寇不打中国，以积极反共来推动日寇移兵攻苏。可惜此计虽巧，日寇并不完全听话。日寇有日寇的国策。他虽赞成你消极抗战，毕竟你还未投降，而且武装也未解除，所以一有间隙，一有必要，他就要打到中国头上来了。他虽更赞成你积极反共，可是你尚未全面“剿共”，而且也无法“灭共”，所以日寇还得以其在华半数以上的兵力在敌兵进行“治安强化运动”，自己来“扫荡”八路军和新四军。

三年来，又有人以为太平洋战争既起，美英若不是很快地打败日寇，便要以大力来援助中国，如此，中国便可坐享其成。殊不知美英不能很快地战胜日寇，已为事实所证明。而美英援助中国，固为我们大家所切望，但他们生产不易，他们首先要援助那直接参战的部队和作战有效的地方，若作战迟疑、心怀二用的部队，必然会成为他们慎重考虑的对象。而且自从吴开先由宁奔渝，两方特务勾勾搭搭，直到昨日日寇广播竟公开地提出条件诱降，更不能不使同盟友邦有所顾虑。

三年来，还有人以为抗战只要能拖，就可拖到胜利。殊不知你要拖，敌人却不让你拖。敌人要在希特勒垮台以前，至迟要在太平洋决战以前，解决中国问题，这是很明显的，而这次公开诱降，主要的就是由于墨索里尼倒台所引起。不仅敌人不让你拖，就是国内情形也不会让你拖。许多军队不开到前线，不积极作战，士气能提高么？兵役制度不改善，军队待遇不提高，战斗力能加强么？财政经济政策不改变，官僚资本不打倒，贪污腐化不惩办，囤积居奇不肃清，财政经济的破产能避免么？人民自由不取得，人民生活不改善，劳动生产力不提高，官僚政治不肃清，排除异己的压迫政策不取消，抗战后方能够安定么？这些现象不改变或消灭，中国抗战的局面能拖到胜利么？我们的回答：要胜利，不是拖而是打！要胜利，不是消极的抗战而是积极的抗战！要胜利，不是国内的分裂而是国内的团结！要胜利，不是政治的压迫而是政治的民主！

三年来，更有人以为内政虽坏，只要特务统治加强，便可维持抗战局面到胜利。殊不知抗战是要争取民族解放、民主政治的胜利，绝不是为的法西斯化的特务制度的胜利。如果特务统治加强，那只是为日本法西斯军阀的统治开道路，绝不是为中国抗战的胜利开道路。

照这样，三年来，国民党当局中这些想法既都错了，那么，要争取中国抗战的胜利，还有没有办法呢？我们回答：有办法！办法就出在陕甘宁边区！办法就出在八路军、新四军和敌后抗日根据地！办法就出在中国人民的身上！办法就出在真正抗日的党派和军队中间！办法就在中国共产党，尤其是我们的毛泽东同志的手中！

谈到抗战，我们八路军、新四军在敌后，三年来没有外来枪弹的补充，没有外来粮服的供给，没有外来医药器材的接济，全凭人民和自力更生，终年打仗，支持着这抗日的战略根据地，吸引着半数以上的在华敌人。八路军、新四军有了这种抗战成绩，就连敌人也不得不承认这是最坚强最可怕的抗日力量。这种抗日力量，难道还不值得全国其他愿意抗日的军队照样学么？凡是要想进攻和取消这种抗日力量的人，难道还不是亲日的第五纵队么？

谈到民主，三年来，我们党在边区抗日根据地，宣布施政纲领，实行人民普选的“三三制”，实行保护人权财权政权的民主法令，实行减租减息、交租交息和合理负担的农村政策，实行十小时工作制，适当地改善工人生活和提高劳动生产率的劳动政策，实行志愿兵制和民兵制度，实行正确的财政经济政策和文化教育政策，并允许任何外人在尊重主权、遵守法令的原则下，在边区参加抗日工作，进行实业、文化和宗教的活动，由此做到各根据地的自给自足直到丰衣足食的地步。这种边区，这种抗日根据地，难道还不值得全国真正愿意实行孙中山先生的三民主义和民主政治的地方照样学么？凡是要想进攻和取消这种边区、这种根据地的人，难道还不是反民主、反三民主义的法西斯么？所以凡是真正抗日的党派和军队，凡是爱国的同胞，必定会不满意于现在国民党当局中对抗战的摇摆政策，对内政的错误政策，尤其是又抗战又反共的两面政策；必定会愿意同八路军、新四军做朋友结同盟，从边区根据地采取民主政治的经验，尤其会愿意同中国共产党结成真正的统一战线。

所以这三年中，在全中国人民面前，在全世界同盟国家面前，我们国中究竟哪个是抗战积极的军队，哪个是抗战消极的军队？哪里是民主政治的区域，哪里是反民主政治的区域？大家心里明白。而且不仅在心里，国内外的舆论，也已经表现出来了。

说到这里，我们就必须提到我们党在这三年来的伟大进步。我们党在这三年做了比过去二十年还要伟大、还有更多成就的工作。对全国说，我们党两度制止了内战的危机（皖南事变和这次进攻边区的阴谋的揭露），坚持了敌后最艰苦的游击战争，坚强了八路军、新四军的领导及各抗日根据地的撑持，因此稳定了沦陷区人民的抗日情绪和意志，维系了大后方对抗战前途的信心和希望。对国际说，我们党不仅预见三年来的国际事变而指出世界法西斯主义必趋死亡民主国家必然胜利的前途，并且也使同盟国家认识了中共领导的八路军、新四军及其抗日根据地，才是真正反攻大陆日寇心脏的力量和基地。对全党全军全边区说，我们党领导的整风运动，收获了从来没有的思想上改造的成绩；精兵简政，收获了力量上巩固的成绩；统一领导，收获了政治上一致的成绩；拥政爱民，收获了党政军民联成一体的成绩；发展生产，树立了真正自力更生的楷模；最后，审查干部，使我们党达到了空前的巩固和团结。这一切成绩，是怎样得到的呢？是全党依靠人民的力量得到的！是全党团结在中央领导之下得到的！尤其有决定意义的，是全党团结在毛泽东同志领导之下得到的！

有了毛泽东同志的领导和指示，在这三年来许多紧急时机、许多重要关键上，保证了我们党丝毫没有迷失了方向，没有走错了道路。

没有比这三年来事变的发展再明白的了。过去一切反对过、怀疑过毛泽东同志领导或其意见的人，现在彻头彻尾地证明其为错误了。

我们党二十二年的历史证明：毛泽东同志的意见，是贯串着整个党的历史时期，发展成为一条马列主义中国化，也就是中国共产主义的路线！

毛泽东同志的方向，就是中国共产党的方向！

毛泽东同志的路线，就是中国的布尔什维克的路线！

同志们，我们有了这样的党，不应该骄傲么？我们有了这样的领袖，不应该骄傲么？但是国内有些反共分子，竟敢无耻高叫取消中国共产党，解放中国共产党，难道他们还不是日寇汉奸的第五纵队么？他们早不提迟不提，偏偏在现在公开提出。他们故意说共产国际解散了，共产主义便不适用于中国，中国共产党便失掉靠山，中国共产党内部便要分裂了。他们这种鬼话，有人相信么？

共产主义是不适用于中国么？马列主义的普遍真理可以适用于全人类，可以改造全世界，为什么中国会独独除外？反共分子所以要这样胡说，就是因为他们最怕我们用马列主义的照妖镜，在中国人民面前，照出他们第五纵队的原形。反共分子所以要这样胡说，就是因为他们最怕我们用马列主义的世界观，在中国人民面前，解释中国政治经济社会诸现象，指出中国革命的真正道理。我们敢正告反共分子：共产主义不但适用于中国，而且它经过我们党的领袖毛泽东同志的运用和发展，已经和中国民族的解放运动、中国人民的实际利益结合起来，而成为在中国土地上生根的共产主义了。谁要想来摇撼它，谁就会自趋死亡。

中国共产党是失掉了靠山么？不错，中国共产党的产生及其发展，是得到了共产国际不少的指导和帮助的，但是中国共产党的靠山却不是共产国际，而是中国的人民。中国共产党是从中国劳动人民中生长起来的，它是存在在中国人民中间。我们党是群众的党，在今天，已有了八十万的党员，五十万的军队，并与近万万的群众在实际的战争的生活中血肉相连起来了。中国民族需要他，中国的人民需要他，谁能取消他、解散他？我们敢正告反共分子：中国共产党不仅不会取消，而且要永久地存在下去！在世界法西斯主义走向死亡的道路上，应该取消、应该解散的倒不是中国共产党，而是那些法西斯化的中国特务组织。

中国共产党的内部是要分裂么？反共分子一年到头日以继夜地梦想我们党会像他们一样，分成许多派系，于是遂制造许多谰言蜚语，想来中伤我们。殊不知我们党的组织是统一的，是基于主义的信仰、阶级的觉悟和革命的锻炼的，并有自觉的纪律来巩固他，决不同于国民党可以派别分歧，毫不统一。不错，我们党内曾经有过不少的错误，有过不少犯错误的分子，但是我们党正是在反对和克服这些错误的斗争中成长起来，党的思想才趋于一致，党的组织才趋于巩固。犯错误而肯改的人，自然会与党的正确路线复归一致。屡犯而不肯改的人，自然会被党所唾弃。陈独秀、张国焘还不是中共的创始者么？但当他们怙恶不悛，为党所开除的时候，他们何尝能分裂党，反而使党更加巩固了。这三年，我们全党的团结，在毛泽东同志领导下，经过整风学习到干部审查，已达到空前巩固的程度。我们敢正告反共分子：中国共产党不仅不会因为你们的造谣中伤而分裂，反而会因为你们的阴谋破坏而更加警觉，更加团结，更加巩固起来！我们想，抗战愈艰难，革命愈向前发展，分裂的倒不会是中国共产党，而会别有所在，并且这种例子，历史已不止一次重复了。

共产国际解散，有一事却须要特别说明，即是中国共产党将要更负责地更独立地解决中国革命问题。

我们是坚持抗战到底的。我们认为只有用自己的力量才能将日寇赶出中国去！消极的抗战，两面的政策，必致半途而废，有招致投降妥协的危险。并且只有积极的抗战，才配争取外援，才能协同盟国取得战争的胜利。

我们是坚持国内团结的。我们仍然准备与国民党继续进行协商，共同消灭内战的危机，解决已经存在的问题。但这种协商必须是真诚的平等的互让的，而不应一面谈判一面摩擦，一面信使往还一面调兵遣将，一面讲团结一面又要取消解散我们。若国民党有人将国共合作看作国共合一，以为非逼不能就范，这就是内战的动机，绝非团结的道理。

我们是坚持民主进步的。我们仍然希望国民党当局改变内政的错误政策，真正实行孙中山先生的三民主义。我们也愿意在民主政治的基础上，与其他各抗日党派各抗日力量进行合作，以坚持抗战，以推动进步。

这就是我们党的方针！

同志们！我现在回来了。我要为这个方针，在毛泽东同志的领导下，继续努力，奋斗到底！[31]

魅力感悟

周恩来回到延安后的首次公众讲话，就最先提出“毛泽东的方向就是中国共产党的正确方向”，周恩来说的是一个事实，8年的抗战经历，就证明了周恩来的话是多么正确！

在说到中共3年来的成就时，周恩来充分肯定了中国共产党的作用。这为后来批驳国外反共势力做了铺垫，用铁的事实让居心叵测者的谬论不攻自破。

接下来论述了共产国际和中国共产党的关系，指出共产国际的理论要想适应中国就必须在中国的土地上生根发芽，中国共产党并没有脱离共产国际。

面对党内分裂的谣言，周恩来以蔑视的态度和不可改变的事实把造谣者的阴险用心压了下去。

第四节　精湛：有是有非，有血有肉

演讲不是纯粹的煽动，也不是没有依据的胡吹。抗战虽然胜利，蒋介石为了实现其独裁统治再次挑起了内战。在这种情况下，谁真谁假，谁是谁非，谁好谁坏，只有通过对比才能让人看明白，看清楚。朝鲜战争爆发，以美国为首的资本主义国家对朝鲜的武装干涉，使朝鲜战争的性质发生了根本性的变化，朝鲜战争因此由内战变成国际性的局部冲突，并涉及周边地区，中国的安全受到严重威胁，周恩来作了《抗美援朝，保卫和平》的报告，详细分析了朝鲜局势，着重阐明朝鲜战局发展情况，透彻阐述了抗美援朝、保卫和平的必要性。

利用对比分是非
——在延安各界举行的“双十二”纪念会上的讲演

1936年12月12日爆发的西安事变，在中国近现代史上无疑是一个具有深远意义的历史事件。西安事变促成了国共第二次合作，建立了抗日统一战线，极大地鼓舞了中国人民的抗日热情。抗战胜利后，和平谈判破裂，中国又由抗战转入内战，周恩来在1946年12月12日延安各界举行的“双十二”纪念会上发表演讲，揭露了蒋介石内战、独裁、卖国的嘴脸。

诸位先生，诸位同志：

“双十二”事变过了整整十年了，中国从内战转入抗战，现在又不幸地回到内战，这是值得大家研究的一段历史教训！不管现在又回到内战中，中国总经历了八年的抗日战争阶段：日本法西斯被打倒了，抗日的人民军队强大起来了，一万万四千万人口的地区，在中国共产党领导之下得到了真正解放，在那里，人民实行民主，农民获得土地，而全中国人民在这种鼓舞之下，便认识了一个强大的帝国主义是可以被打倒的。这就是“双十二”事变的历史收获。“双十二”事变本身的意义，是在它成为当时停止内战、发动抗战的一个历史上的转变关键。“九一八”事变以后，人民已日渐不满于国民党当局的对日不抵抗政策，尤其在中国共产党领导人民武装北上抗日与号召全国建立抗日民族统一战线之后，全国人民要求停止内战、实行抗日的呼声更因之日益广泛，并影响到当时的“剿共”军队，首先影响到在内战前线的东北军与十七路军。经过“一二·九”学生运动、全国救亡运动、七君子之狱，尤其是中国人民红军完成二万五千里长征转向东渡黄河抗日，全国抗日高潮必然要走向抗战。大势所趋，人心所向，这已无可阻止。唯独蒋介石先生别具心肠，硬要在日寇进攻绥东之际，拒绝东北军请缨抗日，强迫张学良、杨虎城两将军继续进行内战。但他这种倒行逆施，不仅未能达到目的，反而激起了西安事变，而他自己也因此一逼，才勉强抗日。历史应该公断，西安事变是蒋介石自己逼成的，蒋先生抗战是张、杨两将军顺应人民公意逼成的；张、杨两将军从此就获得人民的谅解与拥护，不是偶然的。现在抗战已经胜利一年多了，然而张、杨两将军却被蒋介石先生幽囚了十年。这段公案，人民会起来给以正当裁判，也只有人民才会真正坚持释放张、杨，那些担保张、杨无事的大人先生和太太们却早已忘恩负义，食言而肥。在纪念“双十二”十周年的今天，我们要求立即释放张、杨两将军，他们是有大功于抗战事业的。

蒋介石的抗战既是被逼的勉强的，所以在抗战的全部过程中，都存在着两条路线的斗争：一条是抗战、团结、民主的路线；一条是妥协、分裂、独裁的路线。前者为中共所坚持，得到人民的拥护；而后者则为蒋介石所坚持，得到敌伪与反动分子的喝彩。中共及人民是主张积极抗战、坚持胜利的；而蒋介石在抗战初期则联合德意，企图妥协，在抗战后期则勾结敌伪，消极抗战。中共及人民是主张团结一切抗日力量，以便击败日寇的，而蒋介石则分裂抗日阵线，利用抗战不断地削弱乃至消灭非嫡系军队，首先是东北军和十七路军。对中共领导的抗日军队更不惜实行内战。中共及人民是主张实行民主，以便能动员人民的一切力量坚持抗战的，而蒋介石则厉行独裁，压迫人民，使抗战陷于无力。在这种情形下，要不是中共在敌后努力，人民在全国坚持，中国的抗战早已被蒋介石断送了。所以日寇一经投降，蒋介石便利用日俘，收编伪军，进行更大规模的反共反人民的内战。今年一月在全国人民渴望和平、民主声中，蒋介石又曾被逼地勉强地接受过停战协定与政协决议，但不久便被他所指使的南京二月“整军会议”与重庆三月“二中全会”或明或暗地推翻了。等到东北大打与关内大打，更证明他接受政协决议与停战协定决非心甘情愿。内战发展到最近，五个月侵占我解放区这样多的地方，现在又在开着一党包办的非法的分裂的“国大”，蒋介石的一切欺骗作用都被他自己揭穿无遗了。

就这一年多的情况看来，蒋介石与中国人民之间依然继续着西安事变以前及西安事变以后的两条路线的斗争。抗战胜利后，中共及人民是主张依照政协路线实现和平民主与独立，坚决拥护一月停战令，主张政协决议的依序实施，反对美帝国主义干涉中国内政，要求撤退驻华美军，停止援蒋内战。而蒋介石则不惜破坏政协路线，坚决走上内战、独裁与卖国的道路。他企图以武力消灭解放区，以“宪法”形式使他的独裁合法化，以亡国的“中美商约”出卖民族利益，换取美帝国主义更多的援助来进行内战，但他这种企图，一定会如十年前进行内战时一样遭遇到悲惨的失败。现在的大势所趋，人心所向，是和平、民主与独立。美帝国主义独霸世界、奴役人民的企图，将引导自己到众叛亲离。蒋介石独霸中国、奴役人民的企图，亦将引导自己到众叛亲离。蒋介石想追随美帝国主义之后寻找出路，结果必走到悬崖绝壁。只有政协的路线才是康庄大道。人民的世纪已经降临。中国的民主新高潮不可避免地要到来。解放区人民自卫战争的坚持和胜利，反动统治区爱国民主运动的发展，各国人民的进步，将促进这一新高潮的到来。历史的发展会警告反动统治者：内战、独裁、卖国的道路是不是要走到底？

就在目前，蒋介石还高谈“政治解决”，然而，多数人已经知道这是骗局，或者叫做“和平攻势”。为辨别这一“政治解决”的真伪，我们只要求他立刻解散正在开会的一党包办的非法的分裂的“国大”，承认恢复一月停战令所规定的双方军队的位置，国共谈判便可重开。蒋介石如果肯这样做，那才有回到政协路线上的可能。不然，中国人民就会看得更清楚：对于蒋介石，“武力消灭解放区”才是他的目的，“政治解决”不过是他的欺骗口号而已。我们相信：经过西安事变以来的十年经验教训，中国人民是再不会上当的了。[32]

魅力感悟

演讲在周恩来看来是政治斗争的重要形式，虽不见硝烟弥漫，但唇枪舌剑有时能当百万雄兵。

周恩来先阐述了世界反法西斯斗争的胜利，通过法西斯最终一定灭亡的事实让人们看到中国法西斯的代表者蒋介石将面临的必然结果。

在演讲中，周恩来详细分析了抗战时期，国共两党的两条路线，以及两条路线的对错和结果，进而论述内战是蒋介石一贯政策的延续，揭露了蒋介石的真面目，指出和平是大势所趋，人心所向，蒋介石的倒行逆施是行不通的。

在这里，周恩来运用了强烈的对比，从抗战时双方对待日本的态度，到胜利后双方对待和平的态度，对比之下，表明各自的立场和观点，谁对谁错，一目了然。

用逻辑说明利害
——周恩来在抗美援朝前的动员报告

1950年10月24日，也就是志愿军雄赳赳跨过鸭绿江的前一天，毛泽东亲自主持召开全国政协一届十八次常委会议，协商讨论抗美援朝问题。周恩来作了《抗美援朝，保卫和平》的报告，透彻地阐述了抗美援朝的必要性。

朝鲜反侵略战争胜利地开始，大家看到了朝鲜人民的英勇，同时也看到了美帝国主义的残暴。

七月半以后，美帝国主义向南撤退，迅速地把军力集结在朝鲜半岛南方大邱地区，意图引诱朝鲜人民军向其进攻。年轻的朝鲜人民军是勇往直前的，要一直把美国兵赶下海去。当时的形势已表现出战争将长期化。

朝鲜民主主义人民共和国是一个新的国家，朝鲜人民军是一支年轻的部队，他们战斗非常英勇，真使我们感动。敌人依仗暂时的强大，有意制造阴谋。现在朝鲜是困难的，但他们英勇地坚持着，在南方打游击，在北方抵抗，斗争仍在继续，只要坚持下去，就可以生长出新的力量来打败敌人。朝鲜地方较小，所依靠的基础是九百万人口，以这样的力量，抵抗这么强大的敌人，下了长期抵抗的决心，是难能可贵的，我们应当赞佩。

朝鲜问题是一个国际问题，它同国际上的其他问题是不可分割的，朝鲜人民的长期抵抗，将更增加问题的国际性。同时，朝鲜要胜利，也必须得到国际的援助。尤其是在困难的时候，更需要国际的援助。我们应该发扬革命的道义。只有朝鲜胜利了，和平阵营才不会被打开一个缺口。如果朝鲜这个缺口被打开，则其他方面要相继被打开。东方阵线门户洞开，敌人打进我们的大门来了，怎么还能谈建设？

中朝是唇齿之邦，唇亡则齿寒。朝鲜如果被美帝国主义压倒，我国东北就无法安定。我国的重工业半数在东北，东北的工业半数在南部，都在敌人轰炸威胁的范围之内。从八月二十七日到昨天这两个月间，美帝国主义的飞机已侵入我国十二次。最近不仅在鸭绿江，而且已飞到宽甸来示威、侦察、扫射和轰炸。如果美帝打到鸭绿江边，我们怎么能安定生产？

我们国家的建设需要有三年五年时间先恢复生产，我们也正在进行恢复工作。最近拟定了一九五一年的经济计划，总想减少军费，增加经济建设费和文教费，把军费由今年占预算的百分之四十三减为明年占预算的百分之三十，以全部概算的百分之七十投入经济建设、文教事业等，并考虑改善公教人员的生活，收购农民的余粮，发展日用品的生产。但敌人不让我们这样做。不久以前华莱士给毛主席一封信，他说，愿中国造拖拉机，不要将造拖拉机的力量造了坦克车。实际是敌人不许我们建设，逼得我们不能造拖拉机。

假如我们采取消极防御的办法，那是不行的。消极防御也要花许多钱，例如改装一个飞机场就要一亿斤小米，东北修八个，关内修三个，就要十多亿斤小米，飞机场外还有许多设施，所费甚大。再有工厂搬家，许多工业无法按计划生产下去。军事上，除装备之外，还有兵力问题，鸭绿江一千多里的防线，需要多少部队！而且年复一年，不知它哪一天打进来。这样下去怎么能安心生产建设？况且敌人如果将朝鲜侵占了，也不会就此罢手。所以，从朝鲜在东方的地位和前途的展望来说，我们不能不援助；从唇齿相依的关系来说，我们也不能不援助。这是敌人把火烧到了我们的大门口，并非我们惹火烧身。

一个月前，就是说美军在仁川登陆以前，我们曾经考虑过，美帝打到三八线后是否会停止，而后转为外交的谈判。在敌人占领汉城以后，尼赫鲁曾经对我们说，三外长会议已经说好，不过三八线，如要过三八线也要提到联合国来决定。但我们得到的情报是，他们要稳住中国，过三八线，过了以后，再搞中国。我们看穿了骗局，所以在九月三十日声明：对美帝侵略朝鲜我们不能置之不理。十月一日、二日的消息是美军已过三八线，南朝鲜军则在三八线以北深入很远。我们曾找印度驻华大使指出，以上情况与尼赫鲁所说不同，我们对朝鲜问题不能不管，要他通过尼赫鲁转告贝文。过了几天，敌人的推进并不停止。不久，贝文通过尼赫鲁向我表示，过了三八线到距鸭绿江四十英里时即可停止。当时敌人已进到平壤。目前，敌人又由平壤北进。这显然是对我们第二次欺骗。如此下去，我们如坐视不救，敌人必然继续前进，咄咄逼人，直到鸭绿江边，然后再做第二步文章。

所以我们要理，要管。但如何理？如何管？要有进一步的决策。过去我们是管过理过的，例如向联合国控诉等。现在这样已经不够了，应有新的决策。美帝国主义的政策是一步步地制造并扩大战争。如果我们予以打击和斗争，它可能缩回去，否则它必然照计划继续推进。

美帝国主义在东方实行麦克阿瑟的政策，利用日本的基地，继承日本军国主义的衣钵，沿袭着甲午战争以来的历史，走吞并中国必先占领东北，占领东北必先占领朝鲜的老路。不过日本帝国主义是用四十多年的时间逐步进行的，而美帝国主义则要在四五年内来完成。

历史的教训是：对于日本帝国主义的侵略，我国一派主抗，一派主让，让到七七事变，如果没有中国共产党和中国人民的抵抗，还抗不起来。甲午之战也是抗，不过那是在统治者中的抵抗，由腐败的朝廷领导，没有人民的支持，结果失败了。如果是人民的国家，就不会如此。

现在对美帝如果不抵抗，一着输了，就会处处陷于被动，敌人将得寸进尺。反之，如果给以打击，让它在朝鲜陷入泥坑，敌人就无法再进攻中国，甚至会影响它派兵到西欧的计划。这样，敌人内部的矛盾也会发生。总之，如果我们让，只会缓和敌人内部的矛盾；管，则会促使敌人内部矛盾加深。只有管，才能使敌我力量的对比发生变化。不过，我们过去的管法现在已经无效，只有拿出力量来管，才能起作用。

朝鲜问题对于我们来说，不单是朝鲜问题，连带的是台湾问题。美帝国主义与我为敌，它的国防线放到了台湾海峡，嘴里还说不侵略不干涉。它侵略朝鲜，我们出兵去管，从我国安全来看，从和平阵营的安全来看，我们是有理的，它是无理的。

美帝国主义用武力压迫别国人民，我们要使它压不下来，给它以挫折，让它知难而退，然后可以解决问题。我们是有节制的，假如敌人知难而退，就可以在联合国内或联合国外谈判解决问题，因为我们是要和平不要战争的。必须由朝鲜人民自己解决自己的问题，外国军队必须退出朝鲜。如果解决得好，美帝国主义受到挫折，也可以改变台湾海峡的形势和东方的形势。我们力争这种可能，使国内外人民一致起来，动员起来。

还有另一种可能，敌人愈打愈眼红，打入大陆，战争扩大。敌人孤注一掷的可能性是存在的，因为美帝有疯狂的一派，我们应该做这方面的准备。我们并不愿意战争扩大，它要扩大，也没有办法。我们这一代如果遇着第三次世界大战，为了我们的子孙，只好承担下来，让子孙永享和平。不过我们绝不挑起世界大战。我们应力争前一种前途，力争和平。但也准备应付后一种可能，应付世界大战。

既然要拿出力量来管，那么我们的力量如何？

我们的陆军是能够解决问题的，但是空军海军不足，因为我们在去年春天才开始建空军和海军。那么是否要等到我们力量强大时再抵抗呢？不行。那样敌人就会把朝鲜压了下去，气焰会更加高涨，敌我力量对比会相距更远。所以我们必须全面地发展地考虑问题，到斗争中去增强自己，在狂风暴雨中锻炼自己。革命的力量有时看起来是劣势，在斗争过程中却会变为优势。当然，这需要一定的时间，要付出一定的代价。另外，我国大陆防卫的力量也要顾到。敌人可能来轰炸，或者用蒋介石的空军来轰炸，或登陆袭扰，我们应增强防卫力量。政治上，我们有同盟国家、友好国家的支援，力争和平。方式上，我们采取志愿军的形式，无须宣战。宣传上，我们应该广泛宣传抗美援朝，保卫和平。同时，我们在国内要镇压敌特的捣乱，巩固广大人民内部的团结，经济建设不能停止，重工业要有重点地恢复，水利、铁道、纺织这几方面的建设要不动摇地进行，并且要照顾到人民生活的改善。[33]

魅力感悟

1950年6月25日朝鲜内战爆发后，美帝国主义发动侵朝战争，同时派军队侵略我国领土台湾。9月25日又打着联合国军的旗号，派兵在朝鲜仁川登陆，随后越过“三八线”大举北犯，并轰炸中国东北边境。

为了援助朝鲜人民的抗美救国战争、保卫刚刚诞生的新中国，中国政府决定派志愿军开赴朝鲜，抗击美国侵略军。为此，周恩来于1950年10月24日作了这篇报告，详细阐述了抗美援朝的重要性和迫切性。报告指出，朝鲜问题是一个国际问题。朝鲜要胜利，也必须得到国际的援助。中朝是唇齿之邦，唇亡则齿寒。朝鲜如果被美帝压倒，我国东北就无法安定。美帝在东方实行麦克阿瑟的政策，沿袭着甲午战争以来的历史，走吞并中国必先占领东北，占领东北必先占领朝鲜的老路。所以，从朝鲜在东方的地位和前途的展望来说，从中朝唇齿相依的关系来说，我们不能不援助。这是敌人把火烧到了我们的大门口，并非我们惹火烧身。如果我们给美帝以挫折，让它知难而退，就可以在联合国内或联合国外谈判解决问题。如果敌人孤注一掷，愈打愈红眼，打入大陆，使战争扩大，或引起第三次世界大战，我们也只好承担下来。

注释：

[25]周恩来在万隆亚非会议上的演说

[26]周恩来在日内瓦会议上关于印度支那问题的发言. 中国网. 2011年04月15日

[27]杨宗丽，明伟.《周恩来26年总理风云》. 辽宁人民出版社. 2007年1月

[28]刊载于武汉.《战时青年》. 1938年第1期

[29]周恩来.《周恩来选集》下卷. 人民出版社. 1997年7月

[30]人民日报. 1956年12月第二版

[31]刊载于1943年08月06日. 延安《解放日报》

[32]刊载于1946年12月13日. 延安《解放日报》

[33]中共中央文献编辑委员会编. 《周恩来选集》. 人民出版社. 1997年7月

第四章

Chapter 04

总揽全局

——周恩来的谈判境界

作为社会中的一员，尤其是政治家，谈判是一门必修的功课，因为谈判无处不在，所有政治博弈的背后，都存在谈判的可能性，也是一场规避冲突、化解恩怨的智慧较量，这些看似讨价还价的嘴上功夫，其复杂程度远远高于战场上的枪林弹雨。一代伟人周恩来，身经百战，在谈判场上的完美表现，折射出了大政治家的智慧风范。

实质上，谈判就是相关当事方就共同关注的问题互相磋商，交换意见，寻求解决的途径和达成的目标。而总揽全局，则是谈判中的最高境界，也就是说谈判者要有战略思考，要分清主要矛盾和次要矛盾，要具有前瞻意识，不能因为一时的得失而和历史契机失之交臂。因此，高明的谈判者，总能在惨烈的政治博弈中登高望远、雄视天下。

第一节　清晰：思路明确的原则

周恩来，作为雄才大略的政治家，长期的社会实践活动，使他逐渐成为谈判场上的顶尖高手。他目标清晰、思路明确、洞察秋毫，能够在错综复杂的政治情势下，游刃有余地掌控谈判的进程和坚守的原则，而且在准确的时段里做到据理力争，沉着应战。当然，周恩来之所以能够做到进退有据、收放自如，除了他坚守思路明确的原则外，其敏捷的才思和出色的口才也是不可或缺的因素。

高瞻远瞩，顾全大局

——光明磊落，周恩来以民族利益至上斡旋西安兵谏

周恩来作为伟大的政治家、军事家、外交家，无论是在硝烟弥漫的战场上，还是在错综复杂的人际关系协调上，无论是针锋相对的谈判桌上，还是斡旋在国际舞台上，都展现出了他高瞻远瞩、统揽全局的非凡气质。西安事变的圆满解决再次折射出他高超的政治智慧。按理说，曾经的老上司，如今的政治对手蒋介石——这个曾悬赏高价要购买他人头的人，却由于历史的风云际会，恰恰落在他的手里。可是周恩来并没有从狭隘的复仇心理出发，而是从民族大义、国家前途着眼，经过艰难的政治谈判，终于促成了抗日统一战线，将灾难沉重的中华民族从死亡线上拉了回来。

1936年12月12日，张学良、杨虎城为了逼蒋抗日，扣留了时任国民政府军事委员会委员长和西北剿匪总司令的蒋中正，史称“西安事变”。

当时西安局势复杂，各方虎视眈眈，剑拔弩张。东北军、西北军将士主张杀蒋以揭竿起义，抗日救国；而南京政府也出现了对立的两派，宋氏兄妹、孔祥熙在英美支持下力主和平解决西安事变，而何应钦等亲日派在日本支持下主张武力解决。何应钦企图借救蒋名义，派飞机轰炸西安，意欲炸死蒋介石取而代之。张、杨在此危机关头，向中共中央发出邀请，希望共产党给予援手、共商国是。

中共中央立即作出回应，并派出了以周恩来为团长，包括博古、叶剑英等人的中共代表团，前往西安参加谈判。同时，决定通电全国，表明我党和平解决“西安事变”的立场。

为了确保“西安事变”向有利于抗日方面发展，中共中央还命令红军主力进驻延安地区，并准备开往关中一带，以便与张学良、杨虎城一起，粉碎亲日派的武装挑衅，以促进西安事变的圆满解决。

周恩来到达西安后，针对当前的局势立即对张学良作了高屋建瓴的分析，他说：“西安事变，是件震动世界的大事。张将军出以公心，发动西安事变，我们完全理解。但蒋介石，既不同于十月革命前的俄国沙皇尼古拉二世，也不同于滑铁卢战役后的法国皇帝拿破仑一世。这次捉蒋，对他的实力影响不大，与上述二例不能相比。当前，在全国救亡运动和我党抗日民族统一战线政策的推动下，他手下的官兵已有所觉悟，抗日思想逐渐增大。从大局着想，对蒋介石的处置都应采取极其慎重的态度。但目前西安存在两种前途，一种会使中国变好，一种会使中国变坏！如果能够说服蒋介石停止内战，一致抗日，就会使中国免于被日寇灭亡，有一个好的前途。而如果要是宣布他的罪状，交付人民公审，反而会引起更大规模的内战，不仅不能抗日，反而会给日寇造成进一步灭亡中国的便利条件，这就使中国的前途更坏。因此，现在说服蒋介石，使他放弃内战政策，走上一致抗日的道路，是最好的选择。”

张学良不由得从内心钦佩周恩来的高瞻远瞩，更为共产党不杀仇敌的大义所感动。他自己虽然也主张释蒋，但没有像周恩来考虑得如此周密。

他握住周恩来的双手，由衷地说：“共产党人胸怀博大，确是一心为国家，为了民族的未来。”

就这样周恩来凭借非凡的口才，对张、杨及东北军的内部说服工作初见成效。但这时从南京匆匆赶来西安的宋子文、宋美龄兄妹要与周恩来进行面谈，于是一场周恩来舌战宋美龄的大戏便上演了。

宋美龄一开始就流露出强烈情绪：“这次委员长蒙难，有人说是贵党背后一手策划的。”

周恩来看了一眼这位端着委员长夫人架子的宋美龄说：“水结冰，是因为天气寒冷；子弹出膛，是受了撞针的压迫。事情非常清楚，出现这种情况，完全是蒋先生自己逼出来的。如果蒋先生积极抗日，这种不愉快的事情还会发生吗？至于有人造谣，说是我党背后策划的，这完全是颠倒黑白的无稽之谈！”

宋美龄也因拿不出任何凭证来，心里自然怯了几分，于是话锋一转说：“尽管别人这么说，但我并不相信。”

周恩来豪放地说：“作为共产党人，我们是允许不明真相的人怀疑的。”说着又看了看宋子文。

宋子文有些紧张，不知如何回答。在他尴尬之际，宋美龄接过话茬：“但我觉得西安这样做未免太冒险了。南京有几十万装备优良的军队，难道都视而不见、充耳不闻？如果以卵击石，除了自取灭亡之外，还能有什么样的结果？”

对于此等威胁，周恩来笑了笑说：“关于这方面的情况，我知道的并不是很多，不过也并非全无所闻。据我所知，南京，一方面何应钦自任司令，兴师问罪；另一方面夫人你又大吵大闹，制止出兵。这些做法，究竟是谁真心救蒋先生呢？”

周恩来不紧不慢的回答，着实让宋美龄吃惊不小。紧接着，周恩来又对当时的形势作了深入的了解和分析，使宋美龄认识到周恩来是一个真的不容易对付的谈判对手，于是敦促蒋介石接受了周恩来的政治主张，并最终促成了西安事变的和平解决。

魅力感悟

西安事变之所以能够最终和平解决，促成了国共两党的合作，就是因周恩来以其丰富的政治经验和卓越的谈判艺术置身浊流，运筹帷幄，力挽狂澜，显示了其超人冠绝的雄辩口才和严谨完美的外交才能。

应当说，西安事变这一突发性事件，蒋介石没有想到，周恩来也没有想到。一夜之间，蒋介石从最高元首成了阶下囚，并落到了他曾不惜重金悬赏缉拿的周恩来的手中。对于这位昔日欲置自己于死地的老校长，周恩来既没有向蒋介石漫天要价，更没有向蒋介石高举屠刀，而是平心静气地，用民族大义这个最高利益为目标，开展了一系列谈判。最后，释放了蒋介石，和平解决“西安事变”。但同时，周恩来又以四万万同胞的名义，向蒋介石开了一个具有伟大历史价值的筹码：结束内战，枪口对外！

客观地讲，周恩来和中共中央能放下国民党对中国共产党的数年恩怨，能够审视当时的实际社会情况，最终作出和平解决西安事变的决定，是常人想象不到的，在国共谈判过程中，周恩来的大局和大义思想也是令人折服的。

周恩来对于不同的谈判对手，采用了不同的谈判策略，对张学良等只讲明道理即可，而对宋美龄则需要一些技巧。周恩来在与宋美龄的谈判中，首先运用两句精练的比喻道出事变的个中原因给对方以严厉驳击；再运用假设、反问，变守为攻，置对方于尴尬境地；紧接着又连连进攻，使辩驳充满了逻辑上的内在张力和动势感，如狂飙疾进，似万钧雷霆，使得宋美龄只得仓促招架，穷于应付。最后周恩来得出“无稽之谈”的论断，从正面予以强有力的一击，到此戛然而止，气势颇为雄劲、恢弘，进一步加重了驳斥的力量。但周恩来并不是为了谈判而谈判，为了争取宋氏兄妹影响蒋介石共同抗日，因而在语言策略上做到了适可而止，给对方保留了面子。同时，周恩来还利用掌握的“蒋介石与何应钦之间矛盾纠葛”的情况，制定了相应对策，迂回出击，巧用围魏救赵、避实就虚之战术，出其不意，攻其不备，扼制其猛烈攻势，而使对方气势顿减，进攻失利，并最终按照周恩来意愿达成了协议，和平解决，从而使得中华民族结束了内战，迎来了民族崛起的契机。

由此可见，周恩来，这位高明的谈判大师，绝非一般凡人所比，除了美妙绝伦的谈判技巧，还有海纳百川的胸襟度量。

以理服人，事实胜于雄辩
——周恩来在重庆谈判中的高超艺术

周恩来是一位高明的谈判专家，他总能在错综复杂的局势下，根据谈判双方的实力对比和具体情况作出判断，并根据不可辩驳的事实制定出谈判方略。通过讨价还价和据理力争，尽可能争取更多的利益筹码。周恩来两次飞赴重庆，协助毛泽东的谈判就体现了这一特点。

“事实胜于雄辩”，在谈判桌上，谁若掌握更多的事实和信息，谁就会占据谈判的先机。周恩来深谙个中道理，在每次谈判前都会做认真的准备，为自己的谈判方案寻找充足的根据，并通过实地考察，了解实情，掌握大量的第一手材料，以翔实有力的客观事实，以雄辩的事实为依据，主张自己的立场和观点，争取利益最大化。

众所周知，1944年9月，即抗战胜利前夕，共产党公开提出废止国民党一党专政的政治主张，建议召开各党派会议，成立民主联合政府，以此逼迫国民党放弃一党专政，使自己在政治上占据了主动，这一主张立刻在国内外引起强烈反响，得到社会各界的积极响应。随后，美国政府作为调停者，也介入了国共和谈，美国总统特使赫尔利曾飞抵延安，与毛泽东直接谈判，达成了有关组建联合政府的五点草案。并以此为基础，就与蒋介石组建联合政府一事，周恩来两度飞往重庆进行谈判。

但蒋介石为了独享抗战胜利果实，并不接受中共与美国特使达成的协议草案。他固执地认为，党派会议就是分赃会议，联合政府就是推翻现政府。并以此为理由，提出三点反建议，重点内容就是要求中共无条件将所辖军队移交给国民政府军委会管辖，这样中共可派员参加军委会，这显然是要彻底瓦解解放区政权和人民军队。蒋介石与中共认知显然存在巨大差异。可此时的赫尔利，却在蒋介石的顽固坚持下，不仅抛弃了他在延安作出的承诺，而且还反过来为蒋介石游说。

赫尔利约见周恩来，直接表明态度，说："联合政府的提议，有些草率，目前条件下极不成熟，不过，中共若想参加政府，参加军事委员会，蒋委员长则可以考虑。我希望你们先参加进来，然后再一步一步地改组，你以为如何？"

周恩来闻听此言，知道赫尔利当初的观点已经摇摆，就旗帜鲜明地答道："联合政府是我党主席毛泽东在延安向赫尔利将军亲自提出来的，而且赫尔利将军，您当时也认为非常合理。至于参加政府及军事委员会之举，实在是体面的托词，明白人都知道，这显然是迷惑国际舆论的，换句话说，即便是能够做到，也不过是说客而已，根本没有任何实权，我们不愿意做这样的政治陪衬！要玩他们自己玩去！我们实在没有这样的雅兴！"

可赫尔利却仍然劝说："不要着急，只要你们'先插进一只脚来'，慢慢渗透，来日必定大有可为。哪能一口吃个胖子？再说，参加了总算有个名分，总比不参加强！"

周恩来看到赫尔利将军想诚心做蒋介石的说客，便以现身说法直接表明的自己的观点，他说："我们和蒋介石打了多年的交道，对于他的算盘我们了如指掌。关于参加政府问题，我们素有经验。我自'西安事变'以来，八年之中有近七年的时间是留在国民政府所在地。我做政治部副部长时，每星期有三次参加军事汇报，有意见也根本无法讨论，即便是好的主张，蒋委员长也不过只是口头上说好而已，根本谈不上落实。对于这样的推诿，实在有些疲倦了。”

这一无可辩驳的事实使赫尔利无言以对。

无独有偶，国民党代表、著名的法学博士王世杰也试图说服周恩来，曾力劝周恩来务必接受中共参加军委会的建议。周恩来就以退为进，问他：“如果共产党代表参加军委会，其实际职权怎么样呢？”

王世杰知道这是个不好回答的问题，但还是勉强答道：“现在军委会每周至少开会一次。可以借此表达你们的主张。”

周恩来笑了一下，反驳说：“众所周知，这是会报，根本不是开会。我们需要提醒王先生的是，会报可不是开会，这可是两个完全不同的概念。譬如冯玉祥、李济深就从没参加开会。”

王世杰这位资深的政治家，面对周恩来列举的铁一般的事实，也尴尬地陷入窘境，而不能自圆其说。

于是，在王世杰无话可讲时，周恩来以确凿的经验和事实表明了自己的态度：只有改组后的联合政府才是民主的，才真正符合各党派和人民的意愿，若其他党派只是派代表参加政府，也只能扮演说客和观察者的角色，绝对丝毫改变不了国民党专制独裁统治的本质。

正是周恩来的坚持，才迫使蒋介石方面最终作出了让步。达成了双十协定，使中共的合法身份得以确认，并赢得了民众的拥戴。[34]

魅力感悟

运用充足的事实，讲明自己的道理，以理服人，不强加于人，是周恩来一贯的谈判风格。

抗战胜利后，由于国共两党的共同敌人——日本帝国主义已经被逐出中国，国共之争也开始浮出水面，再次成为国内外关注的焦点，人们非常担心国共内战在中国重演。但此时的蒋介石仍未放弃消灭共产党及其领导的军队的政治企图，但蒋也对有可能爆发的内战进行了评估，对有可能会引发的全面内战也有顾忌：一是经过八年抗战，全国人民已经非常厌恶血腥的战争，普遍期待和平建设国家，包括民主党派甚至国民党内部也均有人反对战争；二是英、美、苏三国也都明确表示不赞成中国发生内战；三是国民党政府的精锐军队抗战期间大都退到中国西南和西北地区，要迅速开赴共产党控制区前线恐怕还需要些时日。经过权衡利弊，蒋介石在调兵遣将的同时，也不忘记发动和平攻势，旨在制造和平的假象。并于1945年8月14日、20日、23日连续3次电邀中共领袖毛泽东到重庆谈判。

针对蒋介石的建议，中共于8月23日在延安召开政治局扩大会议，认为即便是蒋介石以假和平为幌子，实行的缓兵之计，也要从容应对，因为和平毕竟符合整个中华民族的利益。中共认为，抗日战争阶段已经结束，当务之急是进行和平建设，应当力争一个和平建设时期，这样可以避免内战或使全面内战尽可能地推迟爆发。必须拿出一个谈判方案，经过协商，党内达成共识，并获得了来延安调停的美国总统特使赫尔利的认可，初步形成5项草案。于是，中共中央便派毛泽东、周恩来、王若飞为代表，赴重庆与国民党谈判。但实际具体的谈判工作则是以周恩来为主。

但没有想到，原本获得美国总统的特使赫尔利认可的谈判方案，却被蒋介石一句话就给推翻了，而且经过蒋介石的一番游说，赫尔利不但放弃了原来的主张，反而成为蒋介石游说周恩来的急先锋，推广所谓的加入军委会等霸王条款。这理所当然地遭到周恩来的强烈拒绝。针对赫尔利传达的蒋介石的近似"招安"式的谈判思维，周恩来没有正面回应，只是用现身说法，就将赫尔利驳得哑口无言。

周恩来一针见血地指出，在军队问题上，国民党是处心积虑地要取消共产党领导的人民军队，但共产党在长期的革命斗争中体认到，没有军队便没有一切。但为了争取和平，共产党愿意在谈判中作出最大的让步。中国共产党提出公平合理地整编全国军队，表示中共领导的军队可以大量消减。但国民党断然否定中共的提议，苛刻地要求“中共军队之组编，以12个师为最高限度”，甚至要求共产党招安，直接“交出军队”。中共方面则提出可相应改编为20个师，双方军队比例为1比7。经过共产党多次让步与力争，国民党方面才表示“可以考虑”。

但关于解放区问题：中共一开始就提出“承认解放区及一切收复区的民选政府”，但国民党方面则表示“承认解放区绝对行不通，将解放区斥之为‘封建割据’”。争论最激烈的军队和解放区问题一直悬而未决。

其实，周恩来清楚，蒋介石这次之所以在政治上作出一些关于开放民主自由的许诺，是在“政令军令统一”的名义下取消中共领导的解放区和军队。因此，蒋在表面上承认中共的地位，承认各民主党派的地位，承认和平团结的方针，并允诺召开政治协商会议，但对于解放区政权和中共军队的地位，却坚决不予承认。这些问题都成为谈判中争论的核心问题。曾使谈判一度陷于停顿，在一星期后才得以恢复，赫尔利在周恩来面前无功而返。周恩来以雄辩的事实维护了共产党的尊严和利益。

另一国民党的谈判高手王世杰，自持有律师的口才，试图游说周恩来，可周恩来只是根据自身的经历，略作列举，就让王世杰无力反驳。因为，昔日的事实已经印证了周恩来的论据。

由此可见，在谈判场上，一派儒雅的周恩来，时刻不忘民众的利益与对手进行谈判桌上交锋。但是，他的每一次谈判都立意高远，讲究方法，因此在谈判桌上他总能潇洒自如，诙谐幽默，总能够为人民争取到合理的利益，成为谈判的赢家。他尤其注重谈判的细节，在无需用滔滔雄辩的时候，他只是根据事态的进展，罗列一些必要的事实便起到了神奇的谈判效果。难怪有人发出“一个周恩来就打败了整个国民党”的感慨来，足见周恩来游刃有余的谈判艺术。也正是周恩来的坚持，才最终迫使蒋介石作了让步，并最终达成双十协定。双十协定是以国共两党协商方式产生的一个正式文件，它的发表，表明国民党承认了中共合法平等的地位。使中共在政治上取得了主动，在人民面前表现了和平的诚意，在国民党统治区和各民主党派中扩大了影响。同时还迫使国民党承认和平建国的基本方针。国民党若破坏协定，发动内战，就等于在全国乃至全世界面前输掉了公平和正义，也失去了人心。

第二节　策略：匠心独运，棋高一着

谈判是智慧的博弈和毅力的抗争，为了各自的利益考量和政治盘算，往往会打得不可开交。但如果各执一词、互不相让，就必将导致谈判破裂。作为谈判高手的周恩来，自然知道谈判的命门所在。常常在谈判出现僵局的状态下，运用高超的政治智慧，率先打破政治僵局，从而使一度停顿或者倒退的谈判出现柳暗花明的局面。并最终赢得谈判对手的尊重，同时也达到了自己的谈判目的。显然，周恩来是个匠心独运、棋高一着的谋略大师，尤其是其谈判中的全新思维，堪称谈判中的典范。

独辟蹊径，侧面突破
——周恩来在中法建交中的智慧

新中国建立后，由于冷战思维在作怪，西方国家一直对中国采取外交围堵的政策。使中国外交一度在困难中徘徊。可是，1964年1月27日，中国和法国建立了大使级外交关系，毫无疑问，这是中国和西方大国关系上的重大突破，沉重打击了美国敌视中国的政策，这在新中国外交史和当代国际关系史上，都是一件具有深远意义的大事。中法建交在当时国际上产生了轰动的效应，被西方媒体称之为“外交核爆炸”。实际上，中法建交是毛泽东主席和法国总统戴高乐以政治家的胆略作出的重大决策，而周恩来则是中法建交谈判的亲自参与者和直接领导人。因此，中法建交的成功，是周恩来的又一次外交杰作。

众所周知，戴高乐是西方大国政治领袖中的一位相当出色的政治家。当他凭着政治家的果断和理性，体认到与新中国建交的重要性后，就不顾美国的强烈反对，鼓起与中国建交的勇气，并开始通过各种关系与中国进行斡旋。

1963年10月，曾两度出任法国总理的法国社会党人埃德加·富尔，以总统戴高乐的特使身份，来到北京和中国领导人商谈两国关系问题。富尔到达北京的第二天，周恩来就高兴地接见了他，两人先后在北京、上海等地秘密会谈了6次，最后就中法建交的一些原则问题达成了实质性协议。

但中法建交，还存在一个瓶颈，就是台湾问题，这6次会谈的重点，基本都是围绕着解决这个难题而展开的。戴高乐的主观愿望是尽快和中国正式建交，但却不愿意率先公开断绝同台湾的一切外交关系。尽管富尔多次表白戴高乐并不支持制造“两个中国”，可是一旦涉及这个问题时，他却无法自圆其说，只是再三要求中国，让法国自己根据中法建交后所“自动形成的法律局面产生的后果”去处理与台湾之间的关系。

这一问题，显然是中国的核心利益，根本不存在第二种选择。为了化解这一矛盾，争取早日达成协议，周恩来就明确表示，中国反对“两个中国”的立场是坚定不移的，不会有任何的改变。在台湾问题解决之前，两国是不能建立外交关系和互换大使的。但是，周恩来在阐述原则立场时，总是耐心细致地和对方讨论一切细节，而逐渐把问题引向深入，探讨解决问题的可能性，把坚持原则和解决具体问题有机地结合起来，并通过讨论具体细节，来达到坚持原则的目的。同时，也严格要求自己既不空讲原则，也不满足对方的一般承诺，而是针对对方已经暴露出的思想和未暴露出来的倾向，来商谈原则，把问题讲清楚，以规避今后可能出现的麻烦。这样，就使原则具体化了，更有针对性，更具有说服力。

周恩来认为，坚持原则是为了使问题得到圆满的解决。因此，周恩来在会谈中总是力求做到：一、态度诚恳坦率；二、平等协商，不卑不亢；三、不强人所难，照顾对方实际困难；四、耐心解释，以理服人，循循善诱，层层深入。先充分肯定共同点，然后再提出不同点，力争“求同化异”，若“化异”不成，再“求同存异”。例如：在周恩来和富尔第二次的会谈中，两人经过讨论，意见接近后，归纳出三个问题：第一，中法双方都愿意建立外交关系并且互换大使；并在此基础上产生第二个问题，法国承认的是中华人民共和国；第三，不言而喻，台湾是中国不可分割的一部分领土。有了这样的基本共识，在第四次会谈时就基本上达成协议，周恩来归纳分析说：“实际上是双方把不同意见都排除了，达成一致；双方所要解决的问题都谈了，双方立场彼此都清楚了，没有保留了。”这就说明，周恩来在会谈中一直都在做“化异”的工作，而且做得非常成功。

在这一建交原则取得共识后，双方立即采取行动。

富尔根据戴高乐的指示精神，坚持与新中国无条件建交。他们认为和中国建交必须先和台湾断交，是设置的先决条件，但接受先决条件有损法国尊严。正如富尔多次强调的那样：当戴高乐将军采取承认中国的具有历史意义的步骤时，最好“不要强加使他不愉快或丢脸的条件”。

为此，谈判曾一度出现僵持局面。

后来，周恩来根据当时的国际环境特点，考虑到中法建交的重要意义，也考虑到当时法国与台湾的关系也确实较为冷淡，因其在较长时期维持在临时代办级水平的实际情况，同时也为了照顾戴高乐的一些实际困难，在法方一再表示不支持制造“两个中国”的坚定承诺下，对建交的方案采取了有别于其他资本主义国家的灵活措施，即在双方就法国承认中华人民共和国政府是代表全中国人民的唯一合法政府等三项原则达成内部默契的情况下，同意法国提出的中法先宣布建交，从而导致法国在事实上同台湾当局断交的情况。具体步骤是：法国先照会我国愿意建交并互换大使，我国复照同意，然后相约同时发表来往照会，宣布建交。但在照会的措辞上，我方又照顾了法方的意愿，没有坚持法方来照中必须写明中华人民共和国政府是代表中国人民的唯一合法政府，而由我方复照单独提出中华人民共和国政府作为代表中国人民的唯一合法政府，欢迎法方来照，并愿意建交，互换大使。

这三项默契最后达成的具体措辞是：一、法兰西共和国政府只承认中华人民共和国政府为代表中国人民的唯一合法政府，这就自动地包含着这个资格不再属于在台湾的所谓“中华民国”政府。二、法国支持中华人民共和国在联合国的合法权利和地位，不再支持所谓“中华民国”在联合国的代表权。三、中法建立外交关系后，在台湾的所谓“中华民国”政府撤回它驻在法国的“外交代表”及其机构的情况下，法国也相应地撤回它驻在台湾的外交代表及其机构。

应该说，中法的建交，没有坚持法国必须先主动宣布和台湾断交，而与它先建交的做法，这是没有先例的。中法双方虽然就建交的原则问题达成了协议，但是富尔终究不是法国政府的正式代表，在协议上的签字是非正式的。因此，双方商定由两国政府派出正式代表在瑞士就建交的具体问题继续商谈。

1963年12月12日，法国政府代表来我驻瑞士使馆和中方代表进行会谈。他说，不久前，富尔访华，同中国领导人谈了中法建交问题。法国认为，中法双方都有建交的共同愿望，建立正式外交关系的时机已经成熟。他们是从下列原则出发，即双方都不提任何先决条件，主要是研究公布这一决定的方式，愈简单愈好，或者双方发表建交的联合公报，或者各自发表内容相同的建交公报，并口述了一个公报内容大意。但当时，中方在瑞士的代表还未接到国内的任何指示，便告诉他要先报告中国政府后才能给以准确答复。

次日，外交部就给中方住瑞士的代表发来了经党中央批准的谈判方针，即：原则要坚定，方式可灵活，争取尽快达成协议，同时还附上了周恩来和富尔的谈话关于三项默契的内容。鉴于中法建交的重要性，中方住瑞士代表在研究了谈判中可能出现的几种情况及对策，并报外交部请示。可当时，周恩来已开始出访亚非及阿尔巴尼亚14国，正在阿尔及利亚访问。代总理邓小平就指示外交部通知中方驻瑞士代表去阿尔及利亚首都阿尔及尔，直接向周恩来汇报请示，于是中方驻瑞士代表立即飞抵阿尔及尔。

周恩来在百忙中听取了汇报。中方代表向周恩来重点汇报了法方提出的双方发表建交联合公报方式，这显然是企图以此来代替北京商定的互换照会方式。这样可以避免建交法方是主动的印象，也符合法国承认中国，而不先和蒋介石当局断交的做法。针对这一情况，周恩来做了详细指示。总的精神是坚持北京达成的三项内部默契。只要对方不否认北京三项内部默契，不支持搞“两个中国”，其他都好办。

其具体对策是：首先仍应提出北京达成的互换照会的方案，作为第一方案；如对方有困难可提第二方案，同意对方所提联合公报方案，但联合公报的内容必须有“中华人民共和国政府是代表全中国人民的唯一合法政府”这句话；如对方仍不能接受，再提第三方案，同意联合公报方式及其所拟措辞。但是中国政府将单独发表声明，说明中华人民共和国政府是作为代表全中国人民的唯一合法政府和法国政府谈判建交并互换大使的，同时重申台湾是中国的领土，反对制造“两个中国”。我国单独发表声明，他们无法反对。因为这是我们自己的事情，他们无权干涉。出于礼貌，也出于实际需要，谈判中预先提出来，以免今后引起不必要的麻烦。最后，经过磋商谈判，中方代表首先重申了北京会谈的情况及三项默契的内容，然后提出要按北京商定的互换照会方式进行具体操作。对方一再表示法方方案也是按照北京会谈精神提出的，绝无制造“两个中国”的意图，只是要求方式尽可能简单化。由于没有出现违背三项默契的情况，最后中方代表提出了第三方案。对方请示后作答。最后双方终于就建交方式和公报内容达成了协议。不久，就发表了联合公报：“中华人民共和国政府和法兰西共和国政府一致决定建立外交关系。两国政府为此商定三个月内任命大使。”

尽管这样的内容非常简单，但却震惊了整个西方世界。国际舆论为之哗然。

次日，中国外交部又奉命单独发表声明，阐明我国建交的原则立场。这种建交方式是独特而新颖的，是新中国和世界上其他各国建交中所没有的。[35]

魅力感悟

中法建交，可谓一波三折，好事多磨。之所以最终能够在重重困难中突破外交瓶颈，就是因为中国具有周恩来这样雄才大略和博大胸襟的政治家。周恩来代表中方以内部达成的三项默契的独特方式，巧妙地既坚持了中方一贯奉行的原则立场，又满足了法方照顾情绪的要求，从而突破了谈判僵局，铺平了建交道路，这毫无疑问，是新中国外交史上的一个伟大创举。这种打破新中国成立以来和外国建交惯例的决定，再次彰显了周恩来独辟蹊径、侧面突破的外交思维。

在美国冷战思维的形势下，中国的外交，遭到了以美国列强为首的西方大国的联合围堵。这极不利中国走向国际舞台，也与中国的大国地位不相符合。因此，寻求外交突破，是新中国外交的一项核心任务。具有高瞻远瞩的大政治家戴高乐，主动向中国抛出橄榄枝后，立刻引起了包括毛主席在内的中共高层领导的极大关注，最后确立了以周恩来为代表的高层谈判团。虽然，两国在建交上有着强烈的愿望，但却被一个很现实的问题所困扰，那就是攸关台湾的问题。中国一贯奉行的是以“中华人民共和国是唯一合法政府，台湾是中国的一部分”。双方对此虽然不存在分歧，但中国的前提是，和中华人民共和国建交之前，必须和台湾断交。这让奉行西方价值观的戴高乐相当尴尬，他认为那样做会让他很失颜面。因为法国是一个讲究情谊至上的国度，抛弃昔日的伙伴，会招致人们的非议。这个看似小小的问题，却是中国始终坚持的原则立场。如何才能突破这一外交困局，周恩来的确费了不少的心思。更重要的是，周恩来在中法建交问题上的视野超出了中法建交的本身，他是从当时整个国际局势的发展和国际斗争的需要来全盘考虑的。正是从国际斗争的战略高度来考虑中法建交这个具体问题，才在程序问题上作出了最大让步。这种在策略上的让步，正是服从了战略上的需要，从而最大地，也是最好地坚持了我国外交政策的原则。周恩来在外交谈判中显示的这种高超的斗争艺术，是他遵从我党一贯倡导的一切从实际出发、实事求是的思想路线的结果。周恩来不把原则当做教条，而是根据当时国际形势和国际斗争态势，灵活运用策略而又牢牢坚守原则界限，从而为我们树立了一个高度的原则坚定性和高度的策略灵活性正确结合的典范。

也正是中法关系的确立，才使西方铁板一块的神话宣告破产。难怪被西方媒体惊呼为“外交核爆炸”，而轰动了整个国际社会，堪称现代国际关系史上的精彩之笔，也是新中国外交史上的一大成就。

特别是中法建交公报的发表令法国最终成为世界上唯一可以与美国、苏联、中国同时对话的国家，对此，美国表示抗议，苏联保持低调，而英国人则显得有些尴尬，表示要改善中英半建交的现状，甚至在日本也出现了要求与中国建交的呼声，而刚果、坦桑尼亚等国家则在短短几个月后便与中国建交，意大利和奥地利则在同年与中国达成了互设贸易机构的协议，可以说，1964年的世界，有很多人都在思考着有关中国的问题，这不能不说是中法建交的连锁反应。正如周恩来所预料的那样，中法关系的开启的是中法乃至中欧关系发展的新篇章，它深刻地影响了国际政治和世界格局的发展，它为世界的和平与稳定作出了不朽的贡献，在现代国际关系史上写下了光辉灿烂的一页。历史足以证明，面对复杂多变的国际形势，两国只有超越意识形态的偏见，真正从战略高度，用长远眼光来处理双边关系中出现的问题与困难，照顾彼此重大关切，就会拥有广阔的发展前景，而进入继往开来的新阶段，而这一外交成就。显然是周恩来的得意之作，并产生了深远的历史影响。

用心理暗示，迫使对方就范
——周恩来让国民党无计可施的几次谈判

周恩来是一个大气磅礴、熟知进退的谈判高手，他总是在险象环生、风云突变的谈判格局中，掌握主动、控制局面。当自己处于绝对优势时，他不会错失良机，而是会毫不犹豫地率先发言，在气势上以凌厉快攻的手法压倒对方，并利用相对模糊的语言，旁敲侧击，暗示对方的弱点，使其清楚明了手中可玩的底牌并不多，且已处在穷途末路，而迫使对方就范。周恩来在与国民党的政治交锋中，就有效地使用了这种谈判技巧。

1949年1月21日，蒋介石宣布下野，退居溪口。1月22日，李宗仁出任代总统。1949年1月31日，北平和平解放，标志着中共已经迎来崭新时代。2月3日举行了盛大的解放军入城式，中国人民解放军列队进正阳门，自西向东通过东交民巷。继而颁布法令，宣布帝国主义国家的兵营等占地一律收回国有，其建筑全部征用。随着辽沈、淮海、平津三大战役的胜利，奠定了中国人民解放军在全国胜利的基础。

这时的中共和其所领导的军队已占绝对优势，但为了民族的利益，避免和国民党的军队进一步的武装冲突，就倡议与国民党再次进行和平谈判。事前，毛泽东、周恩来代表中共率先公布了包括“惩办战争罪犯”、“废除伪宪法”、“废除伪法统”、“依据民主原则改编一切反动军队”、“没收官僚资本”、“改革土地制度”、“废除卖国条约”、“召开没有反动分子参加的政治协商会议，成立民主联合政府，接收南京国民党反动政府及其所属各级政府的一切权利”等八项条件，要求对方完全承认，“不允许讨价还价”，否则便不与国民党进行谈判。而且，谈判不意味着国民党政府还有代表中国人民的资格，而仅仅是因为这个政府手里还有一部分反动的军事残余力量。

当时李宗仁代蒋介石行使总统职权，“求和”心切，表示愿意以八项条件作为和谈的基础，但其本意并不完全认同这八项条件，他主要是想给外界先造成一种和谈的画面，然后再在具体谈判中讨价还价。并于3月23日，递交了和平谈判代表名单。首席代表：张治中，代表：邵力子、章士钊、刘斐、李蒸、黄绍竑，秘书长：卢郁文，顾问：屈武、李俊龙、金山、刘仲华。3月26日，中共方面也提出了和平谈判代表名单。首席代表：周恩来，代表：林伯渠、林彪、叶剑英、李维汉、聂荣臻，秘书长：齐燕铭。

随后，国民党代表团分两批从南京飞抵北平。一下飞机，中共代表团秘书长齐燕铭、第四野战军参谋长刘亚楼、北平市政府秘书长薛子正等立即前来迎接。代表连同工作人员一起被接到六国饭店。晚间，举行宴会，招待南京政府代表团全体成员。

2日，双方代表进行个别交谈。周恩来和张治中谈，叶剑英和黄绍竑谈，林伯渠和章士钊谈，李维汉和邵力子谈，聂荣臻和李蒸谈，林彪和刘斐谈。

3日上午，周恩来在六国饭店单独接见黄启汉，黄是桂系立法委员，李宗仁的特派驻北平联络员。他是从1月23日起就多次来往于南京与北平之间的。会谈中周恩来严正指出：蒋介石不顾全国人民要求和平、民主、统一的愿望，不顾中国共产党为防止内战的真诚努力，悍然发动全面内战，给中国人民带来了重大损失和痛苦。现在经过辽沈、平津、淮海三大战役的较量，国民党军主力部队已被歼灭殆尽，可以说，内战基本结束，剩下的不过是打扫战场而已。但为了尽快地收拾残局，早日开始和平解放，改善人民生活，在毛主席提出的八项原则基础上进行和谈，我们还是欢迎的。但南京代表团，却想对这八项原则讨价还价，这是我们所不能容许的。本来，我们对蒋介石及其死党，就不存在任何幻想，倒是希望那些跟蒋介石走错的人，应该认清形势，猛醒回头了。

另外，周恩来还要黄启汉转告李宗仁、白崇禧等，人民解放军完全有力量在全国范围扫除和平的一切障碍。李、白不应该再对帝国主义抱有任何幻想，更不应该再对蒋介石留恋或恐惧，应该团结一切可能团结的力量，坚决向人民靠拢，也只有这样，才是唯一的光明的出路。

同时，周恩来还要黄转告李、白几点意见：（1）在和谈期间，人民解放军暂不渡江，但和谈后，谈成，解放军要渡江，谈不成，也要渡江；（2）白崇禧在武汉指挥的国民党军队，应先撤退到花园以南一线；（3）希望白在安徽让出安庆；（4）希望李宗仁在任何情况之下，都不要离开南京，能够争取更多的国民党政人员同留在南京更好。考虑到安全，他可以调桂系部队一个师进驻南京保护，万一受到国民党军队攻击，只要守住一天，解放军就可以到来支援了。周恩来语重心长，为李、白指明了方向。他的话，黄一一记在心头，周恩来对黄说，欢迎黄站到人民一边来。黄也当即向周恩来表达决心，不管李、白走什么道路，他自己则一定跟共产党、跟毛主席走。

3日下午6时，黄回到南京，立即向李宗仁汇报南京和谈代表到达北平的情况。黄详细把周恩来的话告诉了他。李聚精会神地听着，不时流露一丝微笑。最后，他对黄解释说，他最担心解放军继续前进，他要求中共不要过江。他主张划江而治，未来实行南北朝割据。很显然，李宗仁的主张是痴心妄想。因为周恩来早就谈了，和谈，谈不成要过长江，谈得成也要过长江统一中国。

4月1日至12日，双方代表反复商谈后，到4月13日晨，中共首席代表周恩来送来《国内和平协定草案》一份，并通知当晚9时开始正式会议，11时15分休会。

14日继续开会，南京政府和谈代表团被接到中南海，会谈《国内和平协定草案》。15日晚7时，中共代表团将《国内和平协定》修正案提交南京政府代表团，共8条24款。周恩来对协定文本作了说明，并约定晚9时继续会谈。在继续会谈中，周恩来就协定定稿中接受南京政府所提修改之点作了说明，强调在所提40多处修改意见中，已采纳了半数以上，现已是不可变动的定稿，在本月20日之前，如南京政府同意就签字，否则解放军就马上渡江。并表示希望李宗仁来北平参加签字仪式，使中国早日实现国内和平。南京政府代表团权衡利弊，表示同意接受《国内和平协定》（修正案），并表示次日（16日）即派黄绍竑、屈武携带协定文本，回南京复命。

李宗仁接到《国内和平协定》后，立即向蒋介石请示。蒋介石不看协议全文则已，一看便恼羞成怒。大骂“文白（张治中）无能，丧权辱国”，并在其4月17日的日记中写道：“共匪对政府代表所提修正条件二十四款，真是无条件的投降处分之条件。其前文叙述战争责任问题数条，更不堪言状矣。黄绍竑、邵力子等居然接受转让，是诚无耻之极者之所为，可痛！余主张一方面不提对案交共匪，一方面拒绝其条件。”

4月20日，李宗仁、何应钦服从蒋命，拒绝签字，至此，和谈宣告破裂。

和谈破裂后，国民党政府决定派飞机接他们的代表团回南京复命。但是，在中共方面诚意挽留下，以张治中为首的南京政府和谈代表团全体成员则决定留在北平。

4月21日晨，中国人民解放军强渡长江，发起渡江战役，很快解放了南京、杭州、武汉、上海，歼灭了国民党军43万余人。国民党政权也彻底灭亡。(36)

魅力感悟

1949年年初，中共政府所领导的人民军队，经过辽沈、淮海、平津三大战役的辉煌胜利，已经掌控了长江以北的所有地区。在声势上已经占据了绝对的上风。但为了解决未来的走向，避免一些不必要的流血冲突，就提出了和平解决中国未来问题的八项主张。

可此时已溃逃至长江以南的国民党，人心惶惶。而代替下野的蒋介石出任代总统的李宗仁，也感受到了形势的岌岌可危。也愿意就中共提出的八项和平主张的基础上举行谈判。但其真实目的是想以长江为天堑，划江而治。类似于中国古代的南北朝。这一不切实际的幻想，自然遭到了中共首席谈判代表周恩来的驳斥。周恩来再三声明中共之所以愿意与国民党就和平解决相关问题举行会谈，就是从民族大义出发，不想给无数生灵造成涂炭。如果凭借日益强大的人民军的实力，跨过长江指日可待。而且还会如“春风扫落叶”。所向披靡、势如破竹，以张治中为首的谈判代表。经过权衡利弊，最后答应了周恩来倡导的谈判思路。

应当说，国共双方由兵戎相见到北平谈判，是由多方面因素促成。首先有美国对国民党的干涉和压力，苏联对中共的影响。同时，国民党企图以谈判拖延时间，争得喘息之机。而中共为着要揭露国民党的和谈阴谋，早日结束战争。同时，国共双方力争实现各自确定的“联合政府”的目标等。在这一系列错综复杂的政治情势下，双方在调整了斗争策略之后才坐到了谈判桌前。

说实话，周恩来深知，中共已经凭借在军事上的巨大胜利，士气、民心均处在高昂阶段，占据了道义上的先机，而且还占据了天时地利。手中有足够的资本与国民党进行周旋和交锋。可已成为败军之将的国民党政权，还抱着隔江而治的图谋，显然与中共统一中国的目标相距甚远。就一针见血地指出，国民党唯一正确的道路是回到人民的身边，和顽固派划清界限。除此之外，别无选择，不管谈判成功与否，都不要低估人民军队跨过长江去的坚定决心。后来，以国民党首席谈判代表的张治中等人，经过仔细权衡，也认为周恩来的谈判条件，虽然十分苛刻，但确实无更好的选择。于是，便同意了周恩来始终坚持的谈判主张。但他们不敢擅自做主，便请示南京政府。可怕承担政治责任的国民政府，只好讨教蒋介石。蒋介石看到《国内和平协定》最后修正案后，大发雷霆。从中就可以看出，周恩来为中共争取到的最大利益，否则蒋介石不至于如此失态。这也恰恰印证了周恩来高明的谈判谋略。

所以说，1949年4月周恩来主导的北平谈判，是继1945年重庆谈判后国共两党的又一次重要会谈。原本刀戈相向、兵戎相见的国共双方最初都坚持作战到底，拒绝谈判。1948年11月8日，蒋介石还坚定地表示：“国民党戡乱剿匪方针早已确定，必须全力贯彻到底。”可是天算不如人算，随着国民党军队的节节溃败，谈判也成了选项之一。而这次谈判，也更加凸显了周恩来的高超的政治智慧和决断力。

由于蒋介石的阻挠，这个协议虽然没有最终签署，但蒋介石却为此付出了沉重的代价，成为溃逃大陆的落魄者。

第三节 底牌：掌握底线进退自如

周恩来作为世界上一流的谈判高手，深具缓疏有度、进退自如的能力。他在走到谈判桌之前，总是通过调查和研究、判断和分析，将对方的真正意图了解得一清二楚。并根据自身情况，组织相关材料和应对策略。始终掌控谈判进度，采取灵活机动的方式，攻得猛烈，让得痛快。一般情况下，谈判的筹码往往高于实际想达到的目的，这样在谈判的开局就可以起到压缩对方谈判空间的作用。当然，筹码一定要维持在合理的范围之内，较高的筹码需要有令人信服的理由支撑，增加其附加价值。因此，善于运用进退攻防的周恩来，在谈判中总能左右逢源、游刃有余。

抓住对方软肋，争取最大筹码
——周恩来在抗美援朝中与美国的外交角力

抗美援朝是新中国与世界上最强大的美国进行的一场全方位的较量。在这场较量中，周恩来以其敏锐的政治智慧和高超的外交艺术，开展了卓有成效的对美外交斗争，不仅打破了美帝国主义对新中国的外交围堵，捍卫了抗美援朝军事斗争的胜利，而且树立了新中国反对霸权主义的形象，提高了新中国的国际威望。同时，周恩来还通过抗美援朝中对美国的外交斗争，为中美关系的解冻、中美大使级谈判的进行、中美关系的正常化，奠定了基础。

1950年6月，朝鲜南北双方就国家统一问题发生冲突，并爆发了内战，可这场战争却被美国视为触动了其在远东地区的战略利益，对其称霸全球的战略和反共斗争极为不利，美国政府迅速作出了介入朝鲜战争的决策。6月27日，杜鲁门公开宣布武装干涉朝鲜内战，命令美国驻远东部队全力支持南朝鲜军队作战。同时还操纵和绑架了联合国安理会通过决议，要求联合国各会员国给南朝鲜政府以“必要的帮助”。与此同时，美国第七舰队则进驻台湾海峡，并派空军骚扰我东北边境地区，直接威胁到新中国的国家安全和政权稳定。

美国的武装干涉使朝鲜战争的性质发生了根本的改变。毛泽东和周恩来等中共领导人敏锐地意识到，以美国为首的“联合国军”的介入，使得朝鲜战争已不再是一场国内战争，它已成为非常严峻的国际事件。6月30日，周恩来一针见血地指出：“朝鲜打起来了，杜鲁门政府不仅入侵朝鲜，侵略台湾，而且还对进一步侵略亚洲作了精心全面的部署。他们把朝鲜问题同台湾问题和远东问题连结起来，显然是别有用心的。”

为了应对这一突发事件，8月26日，周恩来主持检查和讨论了东北边防军，并强调指出：“美帝国主义企图在朝鲜打开一个缺口，准备作为世界大战的东方基地。因此，朝鲜战争确实成为目前世界斗争的焦点。现在对于朝鲜，我们不仅看做是兄弟国家的问题，看做与我国东北相连接有利害关系的问题，还应看做是重要的国际斗争问题。这就给了我们新的课题——支援朝鲜人民，推迟解放台湾，采取积极态度，将东北边防军组织起来。”

在美国发出派兵干涉朝鲜战争声明的次日，周恩来就代表中国政府发表声明：“杜鲁门27日的声明和美国海军的行动，乃是对于中国领土的武装侵略，对于联合国宪章精神的彻底破坏。只要我们不受恫吓，坚决地动员广大人民参加反对战争制造者的斗争，这种侵略是完全可以击败的。”[37]

美国国务卿艾奇逊获悉周恩来的声明后，有些恐慌，他说：“中国政府的声明不只是一种实实在在的威胁，而且是他们打算出兵干涉的预兆。如果蒋介石的军队开进朝鲜打北朝鲜共军，毫无疑问，中共必将加倍地进行还击。那样一来，朝鲜战争马上就会扩大，局势的发展也必然难于控制，其结果不仅美国将要深深地陷进去，而且会把我们的盟友给吓跑。”

为挫败美帝国主义的侵略图谋，从1950年8月下旬起，周恩来多次致电美国国务卿艾奇逊、联合国安理会主席马立克和联合国秘书长赖伊，要求制裁美国空军侵入我国领空的挑衅和残暴行为，赔偿一切损失，并要求美国政府自台湾及其他属于中国的领土上完全撤出它的武装侵略部队，制止美国侵略军扩大侵略的行为，并从速撤退美国侵朝军队，以免事态扩大。

可是，狂妄自大的美国政府并未理会中国政府的正义声音。9月15日，美国军队在仁川登陆成功。29日，美军侵抵“三八线”。朝鲜战场的形势瞬间发生急剧变化。

针对美国如此疯狂的侵略行径，9月30日，周恩来郑重指出：“中国人民热爱和平，但是为了保卫和平，从不也永不害怕反抗侵略战争。中国人民密切关心着朝鲜被美国侵略后的形势，中国人民绝不能容忍外国的侵略，也不能听任帝国主义者对自己的邻人肆意侵略而置之不理。”并在10月3日，周恩来紧急约见印度驻华大使潘尼迦，请印度政府向美国政府转达中国对朝鲜战争的立场：“美国军队正企图越过‘三八线’，扩大战争。美国军队果真如此做的话，我们不能坐视不顾，我们要管，我们主张和平解决，使朝鲜事件地方化。”并强调指出我们这样做的目的是，“不使美军的侵略行动扩大成为世界性的事件”。

但令人遗憾的是，周恩来代表中国政府发出的严正声明和警告并没有引起美国政府的重视，自恃拥有装备精良的麦克阿瑟认为这不过是“虚声恫吓”和“外交上的政治讹诈”。并大张旗鼓地在10月7日越过“三八线”，疯狂地向中朝边境进犯。形势的发展向新中国提出了严峻挑战，毛泽东、周恩来等中共领导人，果断地作出抗美援朝、保家卫国的决策。19日，志愿军跨过鸭绿江。

周恩来分析指出：由于美帝国主义的侵略和干涉，使朝鲜问题成为一个国际问题，它同国际上的其他问题是不可分割的。“只有朝鲜胜利了，和平阵营才不会被打开一个缺口。”“中朝是唇齿之邦，唇亡则齿寒。”“所以，从朝鲜在东方的地位和前途的展望来说，我们不能不援助；从唇齿相依的关系来说，我们也不能不援助。这是敌人把火烧到了我们的大门口，并非我们惹火烧身。”“我们要理，要管，只有管，才能使敌我力量的对比发生变化，让它知难而退，然后可以解决问题。”

不久，周恩来做了管制美国在华财产、冻结美国在华存款的命令的报告，强调指出：“过去我们曾设想，要把美帝国主义的残余势力从中国完全肃清，还需要三四年的时间，但最近美国宣布冻结我国在其境内的财产，这就给了我们一个很有利的机会，我们可以提早把美帝国主义在我国的残余势力肃清出去。现在，这一命令，必将对美帝国主义是一个沉重的打击。”根据周恩来的指示精神，一场肃清美帝国主义在中国的政治、经济和文化影响的斗争在中国全面展开。周恩来亲自指挥、部署这场对美国的外交斗争，使全国人民受到了生动的国际主义和爱国主义教育，提振了民族精神。

中国出兵朝鲜直接与美国对抗，并在经济上对美国实行封杀，这是狂妄的美国始料不及的。而这正是美国的软肋。中国的这一做法，显然是触到了美国的痛处。美国开始疯狂反扑：阻止新中国进入联合国，插手台湾事务。

针对这种情况，中国政府针锋相对。首先，利用国际组织和会议，开展对美国的外交斗争。利用联合国这一世界上最大的国际组织，传递和表达中国政府关于朝鲜问题和台湾问题的严正立场。周恩来代表中国政府向联合国安理会和秘书长抗议美国武装侵略我国领土台湾的行径，并要求联合国讨论美国武装侵略台湾的问题，讨论美国武装干涉朝鲜问题。周恩来致电联合国秘书长，指出：美国海军侵入我台湾沿海的行动，是彻底破坏联合国宪章关于任何会员国不得使用武力侵害任何其他国家之领土完整或政治独立的原则的公开侵略行为。周恩来还致电在联合国参加国际会议的伍修权、乔冠华：你们要理直气壮地谈朝鲜问题和台湾问题。经过我方的坚决斗争，联合国决定成立处理朝鲜问题的“三人停火小组”。尽管这一机构受美国控制，但它的成立与我方利用联合国渠道开展斗争密不可分。“三人小组”根据各方意见，于1951年1月11日提出解决朝鲜冲突的五项原则。

周恩来还利用当时存在的各种国际组织，如国际红十字会组织、世界和平理事会等，开展和平攻势。通过这些国际和平组织开展斗争，在反对霸权主义、确立新中国反对殖民主义和帝国主义的国际形象方面起到了积极作用。此外，周恩来还积极利用有关国际会议开展斗争，充分表达中国政府的外交方针和政策，阐述中国政府的外交立场，让国际社会、让世界人民认识和了解新中国，从而直接打破了美帝国主义对新中国的外交围堵。尤其是，日内瓦会议，周恩来创造的外交斡旋堪称外交史上最杰出的范例。在会议上，美国政府不甘心在朝鲜战场上的一败涂地，无视国际和平力量要求和平解决朝鲜问题的正义要求，提出了所谓“联合国统一朝鲜”的决议，其实质是拒绝从朝鲜撤军，无限期占领南朝鲜。针对美国政府的无理要求，周恩来代表中国政府积极支持朝鲜民主主义人民共和国政府提出的为实现国家统一的三项建议：六个月内撤出外国军队；全国举行自由选举；恢复朝鲜和平统一。同时，周恩来也代表中国政府对美国侵略朝鲜的行为表示谴责。一时间，日内瓦会场成了看不见硝烟的声讨美国的战场，日内瓦会议成了关于朝鲜问题的又一次“朝鲜战争”。周恩来在会议行将结束时，充分利用国际和平力量力求达成和平解决朝鲜问题协议的有利形势，代表中国政府提出建议：“日内瓦会议与会国家达成协议，它们将继续努力以期在建立统一、独立和民主的朝鲜国家的基础上达成和平解决朝鲜问题的协议。关于恢复适当谈判的时间和地点问题，将由有关国家另行商定。”

周恩来的建议一出，语惊四座。连美国最亲密的盟友、担任会议主席的英国外相艾登也表示：“周恩来总理的建议应当受到最认真的考虑，这个建议表达了本次会议工作的精神，如果大家同意，我可否认为这个声明已为会议普遍接受？”会议最后还把周恩来的发言载入会议记录。尽管日内瓦会议由于美国的百般阻挠未能就朝鲜问题达成任何协议，但周恩来在会议上的杰出表现使新中国第一次在国际舞台上显示了其影响力，不仅打开了新中国的外交局面，也使世界上更多的国家和人民了解了新中国。

在后来的朝鲜停战谈判中，周恩来一直坚持力争和、不怕拖、随时准备打、谈打结合、以打促谈的方针，提出一系列切实可行的谈判策略，“行于所当行，止于所不可不止”，“原则问题绝对不能让步”，及时掌握对方营垒的各种矛盾，确保我方处处居于主动地位。为了确保谈判顺利进行，周恩来不仅亲自确定中方谈判人选、制定谈判策略、规划谈判进程，还具体指导中朝双方的谈判代表在谈判议题上，如停战的条件问题、军事分界线的确定问题、停战的程序性安排问题、战俘问题、细菌战问题、核战争等一系列问题，与美进行外交上的斗争。这场耗时两年的谈判，中朝双方以军事斗争为后盾，在谈判桌上开展有理有利有节的斗争，最终迫使美方不得不在停战协定上签字。这是美国唯一没有胜利的签字，彻底终结了美国在朝鲜的侵略历史。

魅力感悟

“当行则行”、“当止则止”，关键问题是要善于根据总体目标、形势的变化和条件的许可来审时度势，确定举止进退，以最大限度地维护国家整体利益。这样，“行于所当行”，就不是无目的的盲目行动；“止于所当止”，也不是无原则的迁就退让。一切决策都要以是否有利于总体目标的实现为判断进退的标准。

要做到“当行则行”、“当止则止”，其前提和基础是要对形势有一个科学而准确的判断。在朝鲜停战判断过程中，面对美方从一开始就在判断桌上提出无理要求、在军事上接连制造事端的行为，指导谈判工作的周恩来通观全局，精辟地分析道：“美国在朝鲜问题上不能不谈判停战。由于内政外交原因，他不能不拖一下，但不能破裂，而只能破坏。”“目前谈成的可能性增长，但拖的可能性还存在，全面破裂的可能性不大。”正是在这种科学判断形势的前提下，周恩来提出了正确的谈判方针——“不怕破裂，也不怕拖。愿和，但也不急。”因为我们不怕破裂，所以应该“行于所当行”；因为我们愿意“和”，所以应该“止于所不可不止”。有了这两种准备，两种努力，就能够将原则性和灵活性高速结合起来，采取恰当的应对措施；就能够牢牢把握住外交工作的主动权。

“行于所当行”、“止于所不可不止”，外事谈判应该如此，其他工作领域又何尝不是如此！在一切工作中，我们的决策都应该既尊重客观规律，又充分发挥主观能动性，将原则性和灵活性高度统一起来，这样才能创造性地开展工作，做到当行则行、当止则止。

巩固谈判成果，以让步彰显真诚
——周恩来在西安事变后与国民党的几次谈判

谈判作为政治斗争的最重要的形式之一，向来被政治家们所看重。谈判桌上虽然看不到硝烟弥漫和枪林弹雨，但唇枪舌剑、斗智斗勇也足以令人心力交瘁。如果没有坚强的意志和高超的斗争艺术，恐怕连台面都难以登上，更谈不上克敌制胜、摧枯拉朽了。周恩来作为古今中外罕见的谈判天才，其言辞柔中带刚，绵里藏针，其论理、气度和分寸感折服了所有的谈判对手。周恩来尤其善于以适当的让步和通融打破僵局，争取主动，但如果要他放弃原则，那他就会毫不犹豫地离开谈判桌。

在和平解决西安事变时，周恩来的谈判技巧再次让蒋介石折服，蒋介石当面表示，希望日后能在南京与周恩来直接会商两党合作的事宜。中共也注意到这一动向，周恩来的南京之行也已在酝酿之中。

第一次：西安谈判

1937年2月8日，周恩来与蒋介石的全权代表——国民党军事委员会西安行营主任兼第一集团军总司令顾祝同，在西安举行谈判。根据工作需要，双方都增加了人员，国民党增加了张冲和贺衷寒，而中共则增派了叶剑英。

谈判一开始，顾祝同就明确表示，红军可以在西安设立办事处。而周恩来，则根据张闻天、毛泽东拍来电报的指示精神提出要求，也就是将红军编制设为12个师，4个军，以林彪、贺龙、刘伯承、徐向前为各军军长，4个军编成一路军，设正副总司令，由朱德、彭德怀担任；军饷按中央军待遇，或先每月接济80万至100万元；如成立国防委员会，红军应派代表参加；国民党要保证不逮捕中共党员，不破坏中共组织，保证中共对红军的领导。

顾祝同、张冲在会谈中则强调，必须取消苏维埃政府，改为中华民国特区；并改变红军番号名称，照国军编制，由国民政府军事委员会派政训人员及联络员，其他地区游击队改为民团。很显然，双方的意愿差距较大。但周恩来在会谈中，将中共中央致国民党五届三中全会电交给顾祝同，希望国共两党能再次合作，共赴国难。双方的会谈虽然仍有分歧点，但还是取得了一些诸如“中共承认国民党在全国的领导，停止武装暴动及没收地主土地，实行御侮救亡的统一纲领。国民政府分期释放政治犯，对中共党员、中共组织不再逮捕、破坏，允许中共适时公开；中共派代表参加国民会议，军队派代表参加国防会议”等积极成果。

国民党五届三中全会后，与会的张冲在返回西安前接受了蒋介石的召见。蒋向他交了底牌：共产党要等宪法公布后公开；特别区恐怕中央的法令不能容；红军可以改编为3师9团，不可再加。张冲回到西安，代表蒋介石再与周恩来谈判，转述了蒋介石的意见，并介绍国民党五届三中全会的情况，周恩来对会议通过的《关于根绝赤祸之决议案》表示遗憾，并保留将来进一步声明的权利。他还告诉张冲：中共目前无意参加政府，只要求参加国防机关。

随后，周恩来便与张冲先后举行了6次会谈。其间，周恩来还利用自己曾是黄埔军校政治部主任的身份，多次与黄埔毕业生谈话，并请中共中央派曾是黄埔一期生的陈赓来西安，同做黄埔系的工作，以利国共和谈的顺利进行。谈判中，张冲的态度友善而又积极，他提出红军主力可编4个师16个团，另编两个徒手工兵师，共6万人。为使和谈能达到预期的目的，他还建议中共通过在苏联的蒋经国做蒋介石的工作。

周恩来认为张冲的建议富有价值，便立即向延安汇报。紧接着张闻天、毛泽东即拍来电报，同意红军的改编意见，并指出，现在谈判的中心内容是，中共“在南京政府下取得合法地位，使全国各方面的工作得以开始”。但出乎意料的是，当张冲将自己的意见转至南京时，却遭到了蒋介石的否决，只允许红军改编为3个师9个团。中共中央书记处在研究了蒋介石的意见后，又指示周恩来，谈判中仍以4个师为基准，如果蒋介石执意“坚持3个师时，亦只得照办”，以表现合作的诚意。经过一个月的彼此交流、磋商乃至争论，双方的意向也逐渐趋于统一，在此基础上，3月8日，周恩来、叶剑英和顾祝同、张冲、贺衷寒再次坐下来，共同商讨形成一个总结性的条文，并决定由周恩来负责文字的起草，这便是《三八协议》，其主要内容是：

（一）中共承认服从三民主义的国家和国民党的领导地位，彻底取消暴动政策和没收地主土地政策，停止赤化运动；国民政府分批释放监禁中的中共党员，容许共产党在适当时期内公开。

（二）取消苏维埃政府及其制度，将目前红军驻在地区改为陕甘宁行政区，执行国民政府统一法令与民选制度，其行政人员经民选推荐，由国民政府任命；行政经费由行政院及省政府规定。

（三）取消红军番号，改编为国民革命军，服从国民政府军事委员会及蒋介石的统一指挥，其编制人员、给养及补充与国军同等待遇，其各级人员由自己推荐，呈报军委会任命，政训工作由军委会派人联络；将红军中最精壮者编为3个国防师，计6旅12团及其他直属之工、炮、通信、辎重等部队，在3个国防师上设某路军总指挥部；将红军的地方部队改编为地方民团或保安队；红军学校办完本期后结束；此外，在河西走廊令马步芳、马步青部停止对红军西路军的进攻。

可令人遗憾的是，这个原本商定好的协议，却被贺衷寒修改了部分内容，加添了：红军改编为3个师后，每师只能有1万人，共3万人，政训人员由南京政府派人参加，各级的副职也由南京政府委派，取消“民选制度”，改“民选推荐”为“地方推荐”，甚至删去了协议中的停止攻击红军西路军的条款，等等。

面对这样强词夺理的“霸王条款”，周恩来一针见血地指出：贺衷寒是要以红军西路军困陷河西地区，而“束缚我们”、“胁迫我们”。这事关中共和红军的生死存亡，与其他让步情况不同，这决不能退步。并认为在西安与顾、贺继续谈判，已经失去了实际意义，提出直接与蒋介石面谈，以期问题的根本解决。中共同意了周恩来的意见。3月13日晚，周恩来会见张冲，提出将《三八协议》直接送达蒋介石的要求，表示：贺案是我们所否认的，但是，两党合作抗日和拥护蒋委员长的方针，不会因贺案而发生动摇。

第二次：杭州谈判

张冲将周恩来的意见转达给蒋介石后，蒋便答应与周恩来在杭州会谈。3月下旬，周恩来便奔赴杭州。在抵达上海时，周恩来抽空与宋美龄举行了会晤，并请她将中共关于谈判的十五条意见转交给蒋介石。宋美龄向周恩来明确表示，中共可以合法存在。一到杭州，周恩来便在潘汉年的陪同下，与蒋介石进行谈判。周恩来首先阐明中共对国共合作的立场，是维护民族解放、民主自由、民生改善的共同纲领，所以，绝不能忍受“投降”、“收编”这种措辞上的诬蔑。重申了中共十五项谈判条件，并提出几点具体的要求：（一）陕甘宁边区成为整个行政区，不能分割；（二）红军改编后人数须达4万余人；（三）3个师上必须设总指挥部；（四）国民党不能派遣副佐及政训人员；（五）红军学校必须办完本期；（六）红军防地须增加。

听完周恩来的陈述，蒋介石的态度极为温和，并对中共给予充分肯定，他说，中共有民族意识，革命精神，是新生力量，几个月的和平运动影响很好。他还指出，国共由于分家，致使十年革命失败，造成军阀割据和帝国主义者占领中国的局面，国共两党要各自检查过去的错误。接着又指出，希望这次合作是永久的，即便在他死后，也不要分裂，免得因内乱造成英、日联合瓜分中国，因此，要商量一个永久合作的办法。

周恩来便趁机谈到具体的合作方式，蒋介石听后也十分爽快地说：这些都是小节，容易解决。中共在几个月后便可参加国民大会、国防会议；陕甘宁行政区可以是整个的，由中共推荐南京政府方面的人任正职，中共派人任副职；红军改编为3个师，4万余人，可以设总指挥部；绝不派人破坏中共的部队；粮食接济定额设法解决。最后，蒋介石提到永久合作应有一个有效的办法。周恩来表示制定出一个双方共同遵守的纲领就是最好的方法。蒋介石也颇为满意，并要周恩来立刻回延安，与中共其他领导层赶快议出一个共同的纲领。

于是，周恩来携带同蒋介石联系的密电码返回延安。3月30日，中共中央政治局立即召开会议，听取周恩来所做的关于杭州谈判的报告，针对蒋介石的提议，决定起草一个永久合作的民族统一战线纲领。会议期间，周恩来致电蒋介石："归肤施（延安）后述及先生合作诚意，均极兴奋，现党中央正开会计议纲领及如何与先生永久合作问题。"

周恩来也期待着再与蒋介石的谈判，并为此作认真准备。经反复斟酌，周恩来在给中共中央的报告中，提出以下谈判方案："（一）我方起草一个民族统一战线的纲领，包含国共两党及赞成这个纲领的各党派及政治团体，共同推举蒋为领袖。（二）我们提出修改国民大会组织法选举法的草案，征蒋同意，如蒋同意上述统一纲领及这一修改，我们可以答应赞助蒋为总统。（三）我们准备提出修改宪法的草案，在全国范围内进行民主运动以影响蒋。（四）对其他具体问题，我们坚持在不妨碍苏区实行民主制度及共产党在红军中的独立领导的原则之下进行一切谈判。红军改编以45000人为定数，地方部队另编1万人。（五）如基本上及具体问题上均能满意解决，则我们拟以党的名义发表合作宣言，以争取公开活动，否则拟采取拖延办法，待事态发展，以便促蒋让步。”

这时，通过中共中央与斯大林的交涉，蒋经国已从苏联回国。分别多年的蒋氏父子也得以团聚，很显然，受苏共影响的蒋经国的到来，给正在进行中的国共谈判增添了有利因素。周恩来趁机给在西安的叶剑英拍去电报，指示李克农与张冲立刻去上海，面见蒋经国，让他从中影响蒋介石。

中共中央在认真研究了周恩来提出的新的谈判方案后，在4月20日召开了政治局会议，就制定民族统一战线纲领、修改国民大会组织法和选举法等问题，进行了认真、慎重的讨论。会上并认真讨论了由吴亮平起草的《关于御侮救亡、复兴中国的民族统一纲领草案》。周恩来就纲领的细则做了详细说明，指出，统一战线必须承认中共的独立性、国际性和阶级性三原则。统一战线的原则是：以共同纲领为行动的准则；建立联合组织；在蒋介石承认此纲领的条件下，中共可承认他为领袖。关于联盟的组织原则：凡各党派各革命团体均可参加；联盟中保持各组织独立性，允许自由退盟等。

第三次：庐山谈判

1937年6月4日，周恩来来到了庐山。当时蒋介石正在庐山筹办暑期训练团。从8日到15日，周恩来同蒋介石进行了多次交谈，宋美龄、张冲也在座。周恩来先将《关于御侮救亡、复兴中国的民族统一纲领（草案）》交予蒋介石。可周恩来却发现，蒋介石虽然没有推翻杭州会谈，但却增加了一些附加条件，使谈判难以进行下去。杭州谈判时，是蒋介石让中共先拿出一个合作的纲领来，可是，当周恩来带来中共草拟的纲领时，他却漠然置之，另外却提出成立国民革命同盟会的主张，企图将共产党融化于国民党之中。

后来蒋介石又推翻了他在杭州谈判时的许诺，3个师以上不再同意设总司令部，而改为“设政治训练处指挥之”，并且要求毛泽东、朱德离开红军，出国考察；对于陕甘宁边区政府，仍然坚持中共推荐国民政府方面的人任正职，“边区自己推举副的”；至于南方游击队问题，他提出应由中共联络，然后“实行编遣，其首领须离开”；对杭州所谈“允许共党适时公开”，则矢口不谈，只是说中共可以派代表参加国民大会，但又“不以共党名义出席”。

对于蒋介石的出尔反尔，周恩来早在意料之中。他有针对性地回答说：所提成立国民革命同盟会组织，事关重大，必须请示中共中央后，才能作出决定；红军改编后不应设立政治训练处，而应设总司令部或总指挥部；边区政府的人事安排也是很不合理的。周恩来还同宋子文、宋美龄等会谈，陈述红军改编后，3个师以上的统帅机关应以军事名义，而不能以“政训处”代替。对于这些带有根本性的原则问题，周恩来与蒋介石争执很激烈，分歧很大，虽经宋子文、宋美龄、张冲等往返磋商，蒋介石仍然固执己见，谈判自然难以进行。

不久，周恩来返回延安。中共中央在听取了谈判情况的汇报后，研究了蒋介石的意见，但仍然准备顾全抗日大局，作出妥协和让步。中央书记处决定由周恩来负责起草谈判新方案，并“原则上同意组织国民革命同盟会，但要求先确定共同纲领，以便奠定同盟会及两党合作之政治基础”。“同盟会组织原则，在共同承认纲领的基础上，可同意国共两方面各推出同数干部组织最高会议。另以蒋为主席，承认其依据纲领有最后决定之权”。陕甘宁边区于7月实行民主选举，在张继、宋子文、于右任3人中，选举一人任边区行政长官，共产党方面由林伯渠任副长官。

实际上，在国共谈判中，最棘手的问题当属改编后的红军指挥部。蒋介石想让红军改编后，由国民政府的所谓政训处取代军事指挥部，并将毛泽东、朱德派出国外考察，让改编后的红军失去核心，这样改编就真正成为收编。6月22日，周恩来致电蒋介石，专门谈及军事指挥机关的问题，表示中共可以再次让步，改编后的红军可用政治机关的名义指挥，但朱德应为这个机关的主任。

这时，蒋介石决定召开庐山谈话会，邀请社会各界名流共商国是。6月26日，南京方面来电催周恩来再上庐山，继续谈判。中共中央为第四次谈判作了认真的准备，周恩来负责起草了国共《两党关系调整方案》，这个方案提出：国民革命同盟会可负责调整两党关系，决定两党共同行动事项，但不能干涉两党内部事务，两党均须遵守共同纲领，但两党又均保留各自的组织独立性及政治批评和讨论的自由权。7月7日，周恩来和博古、林伯渠飞抵上海，也就在这天，震惊中外的卢沟桥事变发生。13日，他们到达庐山，立即将《中共中央为公布国共合作宣言》交予蒋介石，表明重开谈判的诚意和务实的态度。

可这次的庐山会谈，蒋介石所邀各界名流都有一席之地，却唯独将中共晾在一边。致使谈判再陷僵局。但随着华北局势日益危急，全民抗战已成山雨欲来之势。蒋介石终于妥协：红军迅速改编，出动抗日。周恩来则让蒋鼎文转告蒋介石：红军同意改编，同意开拔，但是国民党应立即发表《中共中央为公布国共合作宣言》。在民族生死存亡之际，国共两党终于捐弃前嫌，并再次决定于南京举行谈判。周恩来再次抵达南京，与代表国民党的康泽举行谈判。

就在康泽与周恩来会谈的第二天，日军突然发动对上海的大规模进攻。战火逐步向国民政府所在地南京蔓延。蒋介石措手不及，才下决心与日本决战。周恩来紧紧把握时机，立即向中共中央请示，在将要进行的谈判中，我们应努力达到：（一）努力抗战，以巩固蒋介石的抗战决心；（二）红军立即改编，争取开动；（三）力争发表《中共中央为公布国共合作宣言》；（四）催促发表正副总指挥。

大敌当前，蒋介石不得不同意中共中央的条件，国共谈判中久拖不决的问题，终于得到落实。18日，蒋介石同意红军改编为国民革命军第八路军，任命朱德、彭德怀为正副总指挥，并于22日正式发表文告。红军改编后的指挥机关和人事任命问题，总算得以解决。

魅力感悟

作为共产党的首席谈判大师，周恩来认为，谈判是斗争与合作、进取与让步的辩证统一体，没有让步的谈判很难成为真正的谈判。因而，在谈判中，让步成了周恩来使用最多的一种策略，他把让步当做谈判成功的一条必要性原则。但他却从来不做单方面的让步，在他看来，让步必须是双方的。当然，双方让步也并不意味着非要绝对的对等。一般来说，周恩来总是力图让对方走过中点线来与自己握手，以自己小的让步来换取对方大的让步，以自己在次要问题上的让步来换取对方在主要问题的让步，虽有得必有失，但要力求因小而得大，这在与国民党的谈判中表现得尤为突出。

周恩来在中共与国民党合作抗日的几次谈判中，从“西安谈判”到“杭州谈判”，再从“庐山谈判”到“南京谈判”，周恩来都始终保持高度清醒的大脑以及胸怀中国的政治格局，总以民族利益至上，做了众多让步，如果在某些问题上一直坚持我方观点，势必会导致已经获取的成果付之东流，再说，做某种让步也是一种胸襟和雅量。比如，周恩来承认国民党在全国的领导地位，同意将共产党军队缩编，采用国民党军队的番号，但这一切都必须建立在共同抗日的基础之上，显示了共产党人高风亮节、光明磊落的政治家情怀。但在蒋介石出尔反尔的关键的原则上，周恩来却坚持寸土不让，郑重地提醒国民党不得干预边区的行政和军事指挥权，表现出了凛然不可侵犯的强硬姿态。

周恩来为使自己少让步和迫使对方多让步，周恩来有多种多样的办法，首先是权力限制性策略。当国民党要求中共做出重大让步时，他便以必须请示毛泽东这一权力限制来避免我方让步。其次是客观事实性策略。周恩来认为，让步的目的是必须能扭转局势。在谈判中，让步不仅存在一个适度的问题，还存在一个适时的问题。时机未到，让步只会被对方视作软弱可欺，不但达不到解决问题的目的，反而还助长对方勒求的欲望。由此可见，谈判要有结果，必须掌握“互动”的原则，自己要善于在不损害自身根本利益的情况下做出一定的让步，以打破僵局，但这必须以对方表现出谈判的诚意为条件。对方有了诚意，有了松动，就要把握时机，才能求得成功。因而，周恩来在谈判桌上，不但赢得了中共首席谈判专家的美誉，还获得了众多谈判对手的敬仰。就连多次领教过周恩来谈判风格的宋子文也发出感慨：“像周恩来这样优秀的人，怎么都跑到共产党那里去了！”足见周恩来的人格魅力的不俗之处。

第四节 共赢：没有永远的对手

经过众多历练的谈判专家周恩来深知：谈判从某种程度上讲，就是谈判各方斗智斗勇的一个过程，谈判各方基于各方的利益考量，都会充分发挥各自的综合优势，并运用各种策略、手段等为自己争取尽可能大的利益空间，因而即便是在一片祥和的气氛下，也是各自利益的博弈。因此，谈判和角力的结果往往不外乎3种情况：共赢、有胜有负、不欢而散。对谈判各方来说，达成共赢无疑是一个最理想的结果。周恩来还体认到，即便是私交不错的朋友，在谈判场上，也会为了身后集团的利益，也会针锋相对。但同样，谈判对手，也可以转化为朋友。因为人生并不都是为了谈判。

不打不相识，化敌为友
——周恩来与“剿共”副总司令张学良化干戈为玉帛

众所周知，为了各自阵营的利益，在谈判桌上，往往是刀枪剑戟、硝烟弥漫，双方争得你死我活、不可开交。但作为中共第一谈判高手的周恩来，虽然也会凭借其天下无双的雄辩口才，在谈判桌上舌战群儒、力排众议。但他认为最高明的谈判技巧是通过有效的方法，让谈判对手在心理上产生一种强烈的震撼，从而将对手转化，使之觉悟、转变，不战屈兵，甚至成为朋友。周恩来与政治对手——西北“剿共”副总司令张学良的谈判，就达到了这种效果，成为一生信赖的朋友。

1935年10月，中国工农红军历经千辛万苦，终于转战到陕北。12月，党中央在瓦窑堡举行政治局扩大会议，认为国内形势已发生显著变化。日本由东北侵入华北，使中国面临亡国灭种的危险，此时，民族矛盾已上升为主要矛盾。为把抗日主张扩大到华北，把抗日和反蒋斗争结合起来，1936年2月，红军在前委领导下开始东渡黄河抗日，3月10日，正式命名为中国人民红军抗日先锋军，由毛泽东任政委，彭德怀任总司令。

为消除后顾之忧，毛泽东安排周恩来坐镇陕北，同时要他继续做好东北军张学良的工作，争取早日建立抗日民族统一战线。此时，张学良任西北“剿共”副总司令，代行总司令之职，统率20多万军队，驻防在陕北苏区四周边界上，他的任何动作，都会对红军的生存和发展构成最直接的威胁。

3月3日，周恩来派中央联络局长李克农到洛川与张学良接触，商谈抗日救国大计，取得了理想效果，其中一条就是要毛泽东或周恩来，在适当时间到肤施（即延安）与张直接面晤，共商抗日救国大计，时间可由中共安排；同时还同意中共派代表常驻西安，以便加强联系。这次会谈为联合抗日创造了良好开端，周恩来一面向毛泽东汇报，一面派刘鼎常驻西安。刘鼎到西安后很快赢得张学良的信任，并被接到家中居住，他们经常就抗日问题彻夜长谈。毛泽东分析认为张学良态度确有转变，周恩来与张学良的会谈时机已成熟，在安全无虞的前提下，党中央决定派周恩来赴肤施。

可当时有人出于安全考虑，提出请张学良来我方谈判，怕他反悔后不好收场。周恩来则说：“我们不要强人所难，应当积极采取行动，促进抗日民族统一战线早日形成。再说，革命总要冒风险嘛，不入虎穴，焉得虎子，我们要用双脚把肤施的路踩宽。”也有人主张多带人马以防不测。周恩来则安慰大家说：“我们是去谈判，不是去打仗。古时关云长单刀赴会，我们是正义之师，也来个单骑赴会，谅他们不会把我怎样。再说，我们要相信张将军，如果兴师动众，会给他增加麻烦。”

一切安排就绪后，周恩来便请党中央以毛泽东和彭德怀的名义，就我方行期和接洽地点及会谈内容向张学良致电："敝方代表周恩来偕李克农，与张先生会商救国大计，定于4月7日由瓦窑堡起程，8日下午到达肤施城东20里之川口，以待张先生派人到川口引导入城。关于入城后之安全，请张先生妥为布置。双方商谈问题，敝方拟为：一是停止一切内战，全国军队不分红白，一致抗日救国问题；二是全国红军集中河北，抵御日帝迈进问题；三是组织国防政府，抗日联军的具体步骤及政纲问题；四是联合苏联及选派代表赴莫斯科问题；五是贵我双方订立互不侵犯及经济通商初步协定问题。张先生有何提议，祈告为盼。"电报发出当晚，就收到了张学良同意所列条款和内容的回电。会谈地点确定在肤施清凉山下的天主教堂。

4月7日，周恩来和李克农等人从瓦窑堡出发。8日下午到达川口附近，可携带的电台出现了故障，无法与东北军取得联系。后来中央在石楼的电台与东北军联系上后，才得知因气候的缘故，谈判推迟到9日举行。

9日上午，晴空万里。张学良、王以哲和中共联络员刘鼎乘飞机由洛川飞往延安。下午6点多钟，张学良派专人到川口来接周恩来一行。这时，周恩来和李克农换上便装，在张学良卫队护送下连夜进入延安城。当周恩来和李克农等人走到教堂门前，张学良匆匆从里面赶出来，紧紧握住周恩来的手不放，激动地说："周先生，虽然我们没有见过面，但我早就认识你了！"

"我也早就认识你了！"周恩来一手拍了拍张学良的肩膀，"我的少年、青年时代是在东北度过的，跟少帅也算是半个老乡了！"

"我没有脸见你这个老乡啊！"张学良有些难为情，"我是东北军将领，当日本兵打进自己的家乡时，我却把部队带到这来……"

"在全国同胞面前，你还背着一个'不抵抗将军'的骂名！"周恩来眉头一锁，对张学良说道。

"不错，为此我感到很惭愧！"张学良颇为尴尬。

"少帅知道为此而惭愧，悔悟还来得及。"周恩来紧紧地握了握张学良的手，真诚地说，“给少帅雪洗‘不抵抗将军’骂名的机会，现在来到了！”

张学良有些激动，凝望着周恩来，感激地说：“这个机会，是周先生给我的！……”

“不。”周恩来打断张学良的话说，“应该说是全国人民强烈的抗日愿望给你的！”

随后，张学良似乎意识到了什么，对周恩来有些歉意地说：“不好意思，我们光顾说话了，忘记请周先生进屋了。这里虽是我部防地，但老蒋密探颇多，所以我不能大张旗鼓地欢迎周先生，请多见谅。”

周恩来笑了一下说：“所以，我们只能在黑夜里会谈了，不过肤施是块宝地，我相信不久会大放光明的。”说着，周与张携手走进教堂中央。只见一张圆桌上摆满水果和糕点，一杯杯刚斟的热茶正散发着清香。透过点燃的5支蜡烛，双方才互相打量，周恩来见张学良英姿勃发，张学良见周恩来仪表堂堂，双方顿生敬佩之情。张首先爽快地说：“不瞒周先生说，两年前我向墨索里尼取经，认为只有法西斯主义能救中国，所以主张中国应有一个领袖，像德国或者意大利那样，但国民党贪污腐化、黑暗无能，是没希望的大官僚集团。是李克农和刘鼎先生帮我认识到过去的想法错了。”

周恩来说：“张将军既是集国仇家恨于一身，也是集毁誉于一身，你一心雪国耻、报家仇的心情，只有共产党人最了解你、同情你，并会帮助你，可惜过去把路走错了。”“什么是法西斯？法西斯就是军事独裁。袁世凯搞军事独裁，失败了；吴佩孚搞武力统一中国，也失败了；当前谁想在国难当头时搞独裁，而不去救国，谁就是历史罪人，就是民族罪人，必然要失败。我们呼吁大家停止内战，枪口对外，一致抗日。”接着以反问的口气问道，“张先生，你看中国前途如何？”

张学良说：“目前中国有两条，一走共产党的路，一走国民党的路。过去拥蒋，现在看来，好像不对了。如果中国不停止内战，怎么能把日本人赶出去呢？”周见张坦诚直言，对会谈充满信心，就顺着话茬说：“张先生若想抗日，就一定要实行民主，走人民群众路线。只有实行民主，才能组织千百万人民群众共同抗日，取得战争胜利，把中国引向光明。”张听到这里有些佩服，连连称道：“周先生所言极是。不过对于蒋介石，我与你们的看法有所不同，上次洛川会谈未达成一致看法，所以特约你亲自交谈。”

周恩来则坦诚地说：“多接触，多谈判，就能多了解，多谅解，关于统一战线问题，我很想听听张将军的意见。”

张学良说：“抗日民族统一战线，既然要争取一切可以争取的力量参加，那么蒋介石也应当包括在内。而且他现在实际上统治着中国，不仅大部分地盘和军事力量掌握在他手中，而且包括财政、金融、外交等也由他一手包揽。因此我们现在想要壮大抗日力量，就要把他掌握的这股力量也吸引过来。尤其是，我们是他的部下，如提‘反蒋抗日’，工作起来有实际困难。目前应当设法把他‘攘外必先安内’的错误政策扭转过来，逼他走上抗日的道路，可以提‘逼蒋抗日’或‘联蒋抗日’。如果不把他争取过来，他势必与我们作对，甚至可以用中央政府的名义讨伐我们，像在张家口对付冯玉祥那样，蒋介石的脾气我是知道的，为了自己，他会一意孤行到底的。”

周恩来闻听此言，沉思片刻说：“张先生这个意见很有道理，是值得我们重视的。我本人同意张先生‘逼蒋抗日’或‘联蒋抗日’的主张，如果抗日战争，争取不到蒋介石这个集团参加，将是重大损失。可是现在蒋介石却像西太后，‘宁给外人，不给家奴’。对日寇退让，对群众残酷镇压，叫嚷‘攘外必先安内’，依靠出卖中国主权来维持他的统治。不管他口头上如何诡辩，但他在实际上却配合了日本帝国主义。共产党过去也不是不愿意争取这个集团的力量抗日，是考虑可能性不大，只有用群众的力量粉碎他这个反动集团，对抗日救国才有利。现在为了抗日救国，我们可以既往不咎，愿意争取这个力量。但光让步不行，让步太多会使不知足的人认为我们软弱可欺，这方面我们有血的教训。所以要让步，还要斗争，只有经过斗争，才能促进真正的团结。”

周恩来的一番宏论，让张学良豁然开朗，他若有所思地说：“我同蒋介石接触很多，据我看只要我们认真争取，是可以把他团结到抗日阵线里来的，问题是我们要用最大的力量去争取，想尽一切办法去争取。”

周恩来笑着说：“如果能够把这样一个强大的力量争取过来抗日救国，也是我们十分渴望的。可是，用什么办法才能争取过来呢？张先生知己知彼，可以多谈一谈。”

张学良说：“蒋介石确实是有抗日思想和打算的，日本人给他难堪，他也发过牢骚，心中愤恨。但他有个很错误、很固定的看法，就是认为必须先消灭共产党才能抗日，因为共产党的一切口号、一切行动，都是为了打倒他，他要是在前方抗日，他不放心，这就是他‘攘外必先安内’的政策依据。”

周恩来突然站起来，以其惯有的雄辩口才，揭露了蒋介石窃取革命胜利果实，背叛孙中山先生“三大政策”，勾结帝国主义，投降封建军阀，血腥镇压共产党和工农群众的累累罪行。

李克农和刘鼎听罢，顿觉得痛快淋漓，连张学良也十分激动。周恩来随后又说：“这些都是旧账，我们不愿意再算了。”

张学良连忙称赞：“不错，抗日是当前最迫切的大事！”

周恩来说：“我还是那句话：光让步是不行的，让步太多，会使不知足的人认为我们是软弱可欺的；要让步，还要斗争，才能达到真正的团结。”

张学良兴奋地说：“说得对，说得好，你们在外面逼，我们在里面劝，内外夹击，一定可以把蒋介石扭转过来。”

这次会谈成果丰硕，不但双方达成包括“南京政府必须改组，蒋介石的‘攘外必先安内’的政策必须取消”等五点协议，还让周恩来和张学良结下了深厚的友谊。

就这样，双方在开诚布公的谈判中，不知不觉天已拂晓。张学良对周恩来说："听了周先生一席话，胜读十年书啊。新的一天开始了，新的张学良也开始了。我看到了东北军的前途，将坚定地走上抗日联共的道路，我一定要忠于谈判协议，永不毁约。"

周恩来也立刻回应道："我们共产党人说话从来都是算数的，对于我们达成的协议，一定要执行到底。"

张学良对此次谈判十分满意，并拿出自己的积蓄两万块光洋和20万法币，资助红军作为抗日经费。另外，张学良还把《申报》60年纪念印制的大地图赠送给周恩来。这本大地图是当时中国第一本比较精确的高等投影设色地图，可辅助军用，当时红军仅有两本，另一本是申伯纯送的。这可算是一份相当珍贵的厚礼！

通过这次谈判，互相都对对方有了一个新的了解。周恩来在事后，向毛泽东评价张学良说："张学良公心卓著，毫无私心，虽手握重兵，却没一点军阀味道，真是一位了不起的青年将军！"并在给张学良的信中写道："坐谈竟夜，快慰平生，归语诸同志并电告前方，感佩先生肝胆照人，诚抗日大幸！"

而张学良与周恩来握别后，也感慨万千："这次谈得太好了，比我想象的好得多，周先生有情有义有礼，解决了我心中许多难题，真是相见恨晚啊！"

这年12月12日，张学良和杨虎城发动兵谏，逼蒋抗日，后在我党竭力斡旋下圆满解决，为全面开展抗日战争拉开帷幕。

这两位原本的政治对手，却通过谈判而缔结了一生的友谊。[38]

魅力感悟

周恩来和张学良，一个是共产党的领袖级人物，一个是国民党的"剿共"副总司令，按理说这原本是一对政治上的天敌。可是在国难当头的时候，出于民族大义的考量，二人却能坐在同一张谈判桌上，就国家的未来和民族的存亡达成高度的共识，足见两个人都有宽广的政治胸襟和爱国情怀。

在谈判未开始前，对于有人出于对周恩来安全的考量，建议让张学良过来谈判，免得这个手握兵权的“剿共”副总司令情况有变。再说即便是张学良没问题，但谁又能保证东北军手下的那么多将领会有什么变故呢?可周恩来，却从战略的高度分析了当时的时局，认为只有过去才能彰显共产党的诚意和胸怀，才有可能与这位政治对手结成广泛的抗日统一战线。即便是有凶险，也值得去冒，因为在攸关国家生死存亡和民族危难的时候，个人的利益将退居次要位置。显示出了周恩来将个人生死置之度外的高尚情操。于是，周恩来就效法古人，单刀赴会，结果他赢得了政治对手的无限钦佩。

其实周恩来也并非盲目冒险，因为他通过多方了解，知道张学良是一个铁血将军，是一个有着家仇国恨的爱国人士。在民族的大义面前，应该有自己的政治决断。况且，周恩来很自信的一点就是，自己和共产党的主张，都是超越个人恩怨，视民族利益作为最高利益的。任何一个有着道德良知的人，都会在民族的生死关头作出义不容辞的选择。

实践证明，周恩来的这次选择没有错，虽然个人承担了极大的政治风险，但他凭借一腔爱国情怀和雄辩的口才以及出色的谈判技巧，尤其是他对时局高屋建瓴的精准分析，彻底地征服了张学良这个“剿共”副总司令，可以说处处击中张学良的盲区和要害，使他领略了这个雄才大略的政治家非同寻常的人格魅力，可以说让张学良五体投地，在欢快的气氛中达成了广泛的共识，并最终为全面开展抗日战争拉开了帷幕，从而为中华民族争取了生存的机会。

注释：

[34] 马铬.《国共和谈演义》第二部. 花山文艺出版社. 2000年02月

[35] 来源：李清泉. “周恩来高超的外交谈判艺术”人民网

[36] 王铭珍. “1949年国共和平谈判会场六国饭店轶闻”.《北京地方志》. 2010年02月

[37] 外交部、中共中央文献研究室编辑.《周恩来外交文选》中央文献出版社. 1990年5月

[38] 潘星海.《红军总政委周恩来》湖北人民出版社. 2007年07月

第五章

Chapter 05

睿智诙谐

——周恩来的幽默天赋

周恩来在老一代革命家中，是最具睿智诙谐的一位公关大师，他以语言含蓄、幽默而有智慧和不卑不亢而驰誉中外，受到国内外的普遍敬仰和热烈追捧。郭沫若曾评价周恩来“考虑问题之迅速如焚烧击空，之周密如水银泻地”。柬埔寨元首西哈努克也曾评价周恩来是他“遇见的国家领导人中最聪慧、最幽默的一位”。由此可见，周恩来诙谐幽默之上乘功力非常人所比。其实，作为普通人，幽默也是不可或缺的交际元素，因为幽默感是亲和力的直接表示，也是与人沟通的金钥匙。

第一节 调侃：语言的崇高境界

周恩来是一位举世公认的语言大师，无论多么尖锐的矛盾，无论多么愤慨的情绪，只要周恩来一开口，就会柳暗花明、绝处逢生。他不但能够借助调侃语调和东方式幽默来化解尴尬、挽回窘迫，还能轻松主宰交流的进度。其幽默中所浮现的智慧往往使沟通更顺畅更有效，不但使交往者在幽默中获得启示，还会使持有否定态度的人在谈笑中败下阵来。这就是伟人周恩来在调侃中的崇高境界。

风趣的语言，折射缜密的思维
——周恩来在招待外宾时展现的语言智慧

周恩来作为享誉世界的一流外交家，非常注重外交礼仪，因为他知道，这不但可以展现东方智慧，还可以传播友谊，加深了解，增进感情。因为国与国之间，在文化传统、民族信仰及生活习俗等方面存在重大差异，因为任何疏忽，都可能引起外交纠纷，从而引起不必要的麻烦，因此有些看似平常的小事，却被周总理视作展现新中国外交艺术的平台，周恩来出色的表现赢得了外宾们的一致称道。

睦邻亲善政策 “烤鸭外交”见成效

1949年新中国成立后，中国同不少邻国存在着许多悬而未决的边界问题。而国际上某些别有用心的国家也利用这一点大造声势，“中国威胁论”等荒谬言论喧嚣一时。

由于历史原因，当时的新中国与缅甸存在未划定边界的问题，双方就此开展过多次会谈。本着愿意同缅甸睦邻友好地解决边界问题的真诚愿望，中国领导人摆出了以和平共处五项基本原则解决中缅边界问题的态度。

奈温总理是访华次数最多的缅甸领导人。1958年，奈温出任缅甸内阁看守总理，并奉命组织大选选出新总理。1960年对中国的访问，是他第二次，也是他自己认为最重要的一次访华。此前，中缅双方已就边界问题达成了原则协议，但由于缅甸国内的原因，边界问题未能获得最终解决。按计划，1960年2月将举行大选，奈温以他特有的果断，决定在他看守政府任期内解决这一问题。

1960年1月24日至29日，奈温来华商讨边界问题。1月27日，正值中国农历庚子年除夕，双方的谈判已接近尾声，对于协定和条约的大部分内容已基本达成一致。

周恩来的宴请就是在这样的背景下展开的。

宴请被选择在帅府园烤鸭店举行，作为全聚德开的第二家分店，称为东号。这是周恩来总理第一次在这里请外宾吃饭。

席间，周总理与奈温谈笑风生，用他一贯的幽默说："奈温总理阁下，为了表达我们边界谈判的成功，我们特意选'烤鸭'这种最好的美食来款待您。另外还有一层意思，那就是世界上总有一些人，不希望我们两国走近，我们要接受'考'验，顶住'压'力，简称'考压'，中国有句古话叫'煮熟的鸭子飞不掉'，意思就是板上钉钉，我们边界的谈判成功在望，已经跑不掉了，来，为了我们的成功干杯！"

奈温相当开心，没想到周恩来对烤鸭还有那么多的解释，再次领教了这位智慧总理的幽默和风趣。

显然，这次周恩来的宴请是一次水到渠成的"烤鸭外交"。

1月28日，周恩来总理与奈温总理分别代表本国政府在《中华人民共和国政府和缅甸联邦政府关于两国边界问题的协定》和《中华人民共和国和缅甸联邦之间友好和互不侵犯条约》上签了字。至此，中缅边界问题得到友好解决。《中缅边界条约》是新中国与亚洲邻国签订的第一个边界条约。

中缅边界问题的合理解决，是运用和平谈判方式解决此类问题的第一个成功范例。中国愿意同邻国睦邻友好交往的真诚愿望以及周恩来总理超凡的人格魅力给奈温留下了深刻印象，自此，他与周总理结下了深厚的友谊。1977年2月，全国人大常委会副委员长邓颖超访问缅甸时，已担任总统的奈温破格给予了最高礼遇，以表达对周恩来总理的深切怀念之情。在欢迎宴会的讲话中，一谈到周总理，奈温不禁潸然泪下，有十来分钟低头不语。此情此景，在场的人无不为之动容。[39]

诙谐调侃　消灭“纳粹”

20世纪50年代初，有一次周总理在中南海勤政殿设宴招待一行非常重要的外宾。周恩来特意安排必须做几样体现中国特色的拿手菜。果然厨师们表现不俗，客人们对中国菜的花样之繁多，风味之独特，味道之鲜美都赞不绝口。这时，又上来一道汤菜，汤里的冬笋、蘑菇、红菜、荸荠等都雕刻成各种图案，色、香、味俱佳。

正在大家连声叫好的时候，突然汤里浮出一个法西斯“卍”的标志，贵客见此，不禁大惊失色，忙向周总理请教。原来冬笋片是按照民族图案刻的，是象征吉祥幸福的“卍”标志，翻了个个儿却成了法西斯的标志“卍”。

对于这个问题，周总理也感到十分突然，但他随即泰然自若地解释道：“这不是法西斯的标志！这是我们中国传统中的一种图案，念‘万’，象征‘福寿绵长’的意思，是对客人的良好祝愿！”

接着他又风趣地说：“就算是法西斯标志也没有关系嘛！我们大家一起来消灭法西斯，把它吃掉！”话音未落，宾主哈哈大笑，气氛更加热烈，这道汤也被客人们喝得精光。[40]

学艰苦精神 吃“粗茶淡饭”

1965年5月21日，第一批外国国宾——阿尔巴尼亚部长会议第一副主席科列加一行，由周恩来陪同来到大寨，对大寨进行考察学习。

外宾和总理莅临，山西省委高度重视，并提前做好接待工作。并从省城太原专门组织厨师、服务员，提前带上原料、饮料、餐具、酒具来到大寨。

不料，周恩来一下飞机就对接机的同志交代，说他这次来是陪阿尔巴尼亚客人来接受艰苦奋斗、自力更生教育的，要给客人准备可口实惠的大寨饭，不要铺张浪费。

于是山西省委的同志急忙安排，从太原来的人、拉的东西，没有来得及下车便撤走了。

大寨人就地取材，准备的主食有玉米面窝窝头、小米稀饭、羊肉饺子和油糕，还有四菜一汤。

席间，外宾30余人和中方陪同人员喝着大寨高粱白，吃着土豆丝、腌咸菜，谈笑风生，和谐而轻松。

周恩来就以“大寨精神”为话题，介绍了我们党艰苦奋斗、自力更生的光辉历程。席间，客人不时赞扬大寨的饭菜新奇、可口、好吃，称道大寨“粗茶淡饭”的宴会。所有的人都感到收获很大。[41]

论战外交官饿肚子 让他们吃饱再走

周恩来向来重视外宾招待工作，曾经提到礼宾司务必要记住4个字：“礼宾革命”。周恩来还经常打电话到礼宾司，审核礼宾安排，决定宴请外宾桌次和席位，确定菜单，等等。

中华人民共和国取代了台湾在联合国的席位之后，不少第三世界国家的领导人访华时提出要中国提供接送专机。按照国际惯例，接待国不为外宾提供境外的交通工具。对此，礼宾司的工作人员议论好久，也想不出什么好方案。后来，周恩来听到后就有些生气，批评礼宾司工作太死板，根本就没想通“礼宾革命”的真正内涵，第三世界国家在中华人民共和国取得联合国席位上帮了大忙，这笔政治人情是应该还的。

上个世纪60年代，中国和苏联在意识形态上发生严重分歧，双方展开了大规模舆论攻防战，论战得非常激烈，以致在双方各自举行的国宴上发表的正式讲话中常常有很严厉批评对方的言论。当中国抨击苏联之时，苏联和一些东欧国家使节有时会离席以示抗议。当时，中国的习惯做法是把讲话安排在上热菜以前。这样就有问题，因为中国外交官发言时，菜还没上，而苏联等国的外交官已经被“气饱”走了。周恩来注意到这种情况，就指示礼宾司，以后讲话放在上第三道热菜之后，“让他们吃饱了再走”。这也是周恩来在礼宾工作中细致入微的体现。

有一次，一位身份相当高的官员在送别外宾时，不等飞机滑动就匆匆离开，周恩来得知后当即当众给予训斥。还有一次，总理在机场为非洲某国家元首送行，外宾登机后，突然狂风大作，雷雨交加，专机一时无法起飞，只好滞留在停机坪上。周恩来不顾身边工作人员的再三劝告，仍然坚持在风雨中频频向外宾挥手致意。透过飞机的舷窗，可以看到对方一再示意请周恩来回去，但周恩来却一直等到专机滑向跑道才离开。[42]

魅力感悟

对于周恩来是政治家、军事家、外交家，大家都能耳熟目详，但其实周恩来还是一位美食家。他能嚼出一般人嚼不出来的味道，喝出一般人喝不出来的名堂。人们都愿意和周恩来在一个餐桌上用餐，除了可以领略周恩来的妙语连珠外，还能获得一些意想不到的知识。

在招待外宾时，周恩来不但能够充分地将中华民族的礼仪和热情好客诠释得淋漓尽致，还能详细地向外宾介绍几十种中国名菜。在宴请客人之前，周恩来经常亲自列出搭配得当的菜谱。平时，周恩来则对“大众菜谱”津津乐道。餐桌上的主食，他会有滋有味地嚼高粱米饭、啃窝头、喝小米稀粥和玉米面糊糊；餐桌上的副食，他喜欢吃南瓜、白菜、红薯、萝卜等普普通通的蔬菜。以萝卜为例，风干萝卜、凉拌萝卜、珊瑚萝卜、清炖萝卜等菜肴和萝卜水饺、萝卜蒸糕，他都情有独钟。

可是在长期外宾招待中，即便是准备得再周密，也难免会出现一些细微的疏漏。可是对于外宾来说，这就不是小事，因为这涉及外交礼仪和外宾情绪。在对中国菜处在一片称赞之中，却突然出现纳粹的标志，这让客人相当困惑，可是周恩来却处乱不惊，以美好祝福做解释，并提议大家消灭纳粹。这让外宾们瞬间开心，避免了一场因接待引发的误会。

同样，周恩来舍弃山西省委安排的美味佳肴，而让阿尔巴尼亚的外宾吃“粗茶淡饭”，这并非是刻薄和冷漠，而是让这些远道的朋友切身体会大寨人艰苦朴素的精神，使他们在轻松愉快的气氛中，接受了一场艰苦创业的熏陶，感受了来自基层农村的饮食文化浸染，让外宾们开心不已。

当然，对于一些不同政见的外国朋友，周恩来也表现得相当大度。在中苏关系相当紧张的时候，因为中国的发言，常常将苏联的外交官“气饱”，还没等进餐就愤然离席。周恩来意识到发言时间的不合理性，就及时做了调整，旨在让这些外交官吃饱。这充分显示了周恩来作为素有礼仪之邦的大国总理的风范。

至于周恩来的“烤鸭外交”，则体现的是另外一种风格，从他对烤鸭的独特解释中，再次让人领教了周恩来的幽默、诙谐和睿智。

事实上，周恩来的外交风度和横溢才华赢得了世人的赞誉。新中国成立后，周恩来一直主持外交工作，为摆脱西方外交围堵、拓展国际生存空间立下了不朽功勋。尤其是在招待外宾这些事情上，周恩来也显示出了与众不同的高超才华，就算双方正在唇枪舌剑之时，也不忘礼数，让人家吃饱喝足，彰显了一个大国总理海纳百川的胸襟气节。

调侃诙谐，彰显睿智

——周恩来妙语震天下

周恩来是举世公认的伟人，他曾以超凡的人格魅力征服了他所处的那个时代，尤其是其诙谐的口才、幽默的风趣，更是让人高山仰止、赞不绝口。他应变机敏，言辞犀利，柔中带刚，诙谐风趣，就连他的谈判对手在震慑畏葸之后，也会情不自禁地露出赞叹之色。周恩来的口才之所以能如此熠熠生辉，很重要的一个原因，就是他善于妙用各种辞格，因而，周恩来在各种场合下，都能彰显智慧、展示才华。

妙语答问　语惊四座

新中国成立初期，周恩来的一次东南亚之行，备受世人关注。在行前的一次记者招待会上，周恩来彬彬有礼，潇洒得体，直爽坦率的回答镇服了在场的每一位记者。

在记者招待会即将结束的时候，大家依然意兴未尽，一位肤色洁白、金发碧眼的年轻姑娘从座位上站起来，她对着话筒匆匆问道："周恩来先生，我能不能问您一个私人问题？"周恩来坦诚地点点头，微笑着应答："可以。"这位记者非常兴奋，急忙问道："您已经60多岁了，为什么依然神采奕奕，记忆非凡，显得这样年轻、英俊？"场内顿时响起友善的笑声和议论声。周恩来温和地笑笑，问道："这个问题我可以不回答吗？"

"一定要回答！"场内众多人都充满了好奇，一起大声喊。

"那好，我就告诉大家！"周恩来就抬了抬受伤致残已无法伸直的右臂。待场内安静下来，他便声音洪亮坦然地回答说："因为我是按照东方人的生活习惯生活，所以我至今很健康！"当翻译用流利的英语将周恩来的回答翻译完，整个大厅里就回响起经久不息的掌声和喝彩声。[(43)]

翻译不到位，总理提“抗议”

有一次，周恩来总理偕夫人邓颖超会见外宾，当中方礼宾官员用“周恩来的爱人”来介绍邓颖超时，由于当时很多中国人都忌讳“夫人”一词，这一下子，可难住了年轻的翻译唐闻生，她一时语塞，绞尽脑汁也无法找到准确的词儿来表达，情急之下，只好用lover来充数。

可语音刚落，能操一口流利英语的周恩来立刻做出“反应”，他连连摆手，夹杂着英语大声“抗议”：“NO，NO！我和邓颖超女士结婚都快50年了，怎么能说是lover（情人）呢……”

众人皆笑，连唐闻生也赧然一笑，都被总理的幽默所感染。

妙语反击 柔中带刚

在一次记者会上，一位西方记者不怀好意地问周恩来：“请问总理先生，你们中国人口众多，你知道你们中国有多少个厕所吗？”

这是一个非常刁难的问题，又纯属无稽之谈，一个泱泱大国的总理是管理国家大事的，怎么可能去调查全国有多少个厕所呢？可是，在这样的外交场合，如果不回答，就会显得有失风度，但怎样回答又不失分寸呢？大家都在瞪大眼睛等着周总理的回答。

周总理脱口而出：“两个。”

这位西方记者有点纳闷：“你们中国人口稠密，只有两个厕所怎么能行呢？”

周总理说：“我们中国只有两种人，一种是男人，一种是女人。所以我们的厕所只需要两个，一个男厕所一个女厕所就已经足够了。难道贵国还有第三类厕所吗？”

西方记者无言以对，就这样，周总理巧妙地回答了这位西方记者的刁难问题。

魅力感悟

周恩来是卓越的外交家和语言天才，他杰出的外交思想、丰富的外交经验、精湛的外交艺术、坦诚的外交风格，使每一个中国人引为自豪。尤其是他雄辩的口才和飞速的思维，以及精彩绝伦的即兴回答，都给后人留下了许多赞叹不已的美谈。

当记者会上有人问其为何在花甲之年还能始终保持迷人的风采，周恩来不但赞赏了东方生活习惯的优越性，还扩大了统一战线。这对刚刚步入国际舞台的中国至关重要，周恩来的回答，可谓一石三鸟、掷地有声，难怪赢得满堂的喝彩，足见周恩来思维的跳跃。

可是当翻译将他亲密的夫人、革命的伴侣邓颖超，翻译成“lover”（情人）时，立即用“NO，NO！”来表达“抗议”，这既折射出他对夫人的尊重，又彰显了他对工作的严谨，还在外宾面前体现了东方的幽默，更加赢得国际友人的认可。

至于周恩来在回答一个带有刁难性质的记者提问时，则显示出周总理的睿智善辩，不但巧妙地回答了这个刁钻的问题而且还展开了必要的反击：哪个国家还会有男女之外的第三类厕所，莫非不男不女？

由此可见，周恩来无论遇到多么刁钻的问题，都能以最精准的语言和最合适的方式即兴回答，难怪周恩来迷人的风采征服了全世界。

第二节 招数：兵来将挡水来土掩

一流的口才是政治家必备的功夫，因为政治家随时都有可能面临各种挑战，很多都需要用高超的语言作为保驾护航或者开拓工作，否则，就很难维护自己的人格不受伤害，更谈不上维护国家的尊严。古代作战讲究招数、枪法，而口头、书面的语言应变也是一样，需要认清对象，洞察情势，讲究技法，相机措词，方能得心应手，游刃有余。周恩来无疑是这方面的顶尖高手。无论什么样的人，想在周恩来面前逞口舌之能，都会输得很惨。因为，周恩来会对不同的人采取不同的口才应变策略。因而，所向披靡、势如破竹，充分表现出他过人的应变能力和高超的语言艺术。

轻松小幽默，缓解大紧张
——周恩来招招见智

周恩来既是一位能言善辩的语言大师，又是一个善解人意的幽默高手。他常常以其精辟、准确、幽默而又富有思辨性和战斗力的语言，使复杂的问题得到解决，使紧张的气氛得到缓疏；他常常在谈笑间就能使棘手的问题迎刃而解。

妙语支招　九龙杯完璧归赵

1971年3月25日晚7点，外交部和上海外事部门成员在上海衡山俱乐部宴请外宾，宴会气氛很热烈，可是宴会过后，却发生了一件大事：一只用于宴请的九龙杯不翼而飞了，这还了得，这可是件价值连城的宝贝。

九龙杯是陶瓷精品中的精品，1958年景德镇的一位古瓷专家经过无数次的试验，才成功地烧制出这种接近于中国宋代品位最高的汝窖瓷的精品瓷器，但遗憾的是，这位陶瓷专家不久就去世了，因此九龙杯就成了绝品，弥足珍贵，可以说是国宝。

事情发生后，衡山俱乐部总值班和主持俱乐部日常工作的上海负责人立即组织人员寻找，并对店内所有的人员进行了一番严密的查寻，但一无所获。

第二天，俱乐部接到紧急通知：周总理光临衡山俱乐部。周恩来详细地了解情况，并指示从当时记者的电视录像中查看九龙杯的下落。经过仔细滤看，终于显示出了九龙杯的下落。原来，一位外宾一开始就对九龙杯显示出浓厚的兴趣，他手捧九龙杯翻来覆去地欣赏，在连喝了几杯酒后趁人不备，飞快地将九龙杯放进了提包。

经过快速调查，掌握了此人的资料，该人名叫皮罗涅斯库，34岁，是罗马尼亚外交部的一名文化秘书。周总理当即作出指示：“九龙杯是国家宝贵财产，必须设法收回来，不过要有礼貌，要讲究方法和策略，不能伤国际友人的感情。”

可是有关人员却拿不出一个很好的方案，只好向总理汇报。总理询问晚上罗马尼亚贵宾有何活动安排，当他得知还没有活动安排时，就面露喜色地说：“今晚组织越南的同志观赏杂技节目，我们可以邀请他们一起去观看，九龙杯在那位同志眼里既然显得十分珍贵，他就定会放在随身的包里，寸步不离，我们也正好借机行事，取回九龙杯。”

可汇报的人仍是不解，不知道怎么不伤和气地将九龙杯取回。总理笑了笑，就对他做了详细的解释，这让汇报者茅塞顿开，连连称妙。于是便迅速布置了方案，并且根据总理的精神对上海杂技团做了交代。

当晚的杂技节目相当精彩，博得了一片热烈的掌声。之后又报出了下一个节目——魔术。

随着徐徐拉开的大幕，衣着笔挺的魔术师风度翩翩地走上舞台，手中

这次宴会给罗查大使留下了非常好的印象，中巴关系也是一直稳步推进。

中苏关系破裂后，中国对外交政策实行彻底调整，终结了“一边倒”的外交策略，开始更多地融入国际社会。“第三世界”国家开始更多成为国宴上的座上宾。

但和“第三世界”国家交往有个麻烦，就是“穷亲戚多”，经常来要钱要物，当时我国也处在困难时期，有些吃不消。但又不好明说，有时候就要通过招待和餐饮上来委婉表达。

1969年5月，以谢胡为代表的阿尔巴尼亚代表团来要援助，周恩来就安排去了大庆，特别交代，就以大庆饭招待，主副食品一定要大庆自产的，不但没有白酒，连啤酒、汽水也没有。

餐厅是临时的，由于房子小，人多，非常拥挤。上菜就用一个搪瓷洗脸盆，里边装上白菜、豆腐、粉丝等。直接就是一个大乱炖。周恩来特别说：吃完了再加。

主食是高粱米、芸豆饭。

虽然“国宴”简陋如此，但周恩来还是体现了他外交的周到和细致，特地让加了一份面包，以照顾外宾的口味，看到中国生活如此艰难，这让来要外援的外国朋友也不好意思张口。

但有时候也有例外。1972年，周恩来在人民大会堂举行国宴，招待美国总统尼克松，标准也是“四菜一汤”，但这“菜”和“汤”，都是山珍海味：芙蓉竹笋汤、三丝鱼翅、两吃大虾、草菇盖菜、椰子蒸鸡。

为了这次招待，早在尼克松访华前，周恩来就派人了解美国人的餐饮喜好，因此提前准备了优质黄海鲍鱼。尼克松知道这一情况后，非常感动，为中美顺利建交做了很好的铺垫和推动。当时特殊情况下，中国如此隆重地宴请美国总统，就是做给苏联看，旨在打破对中国的外交围堵和封锁。

但由于各国的文化差异及风俗习惯不同，中国人眼中的美食到了外国人那里，未必他们就一定就“吃得消”，有时候甚至会闹出笑话，但在接待工作中，都会被周恩来一一化解。[45]

煮酒论英雄　让猛将“口服心服”

战场猛将许世友是出了名的“酒仙”。他不仅自己爱喝酒，还把喝酒作为看人老实不老实、豪爽不豪爽的重要标志之一。特别是在其壮怀激烈的当年，常常煮酒论英雄，在桌子中间放个大空碗，叫做滴酒罚一碗。他身后立一名卫兵，叫做监酒，不但监视谁耍滑，而且具体执行罚酒任务，和许司令同样级别的上将，卫兵也敢动手得罪，叫做“各为其主”。

一些吃过苦头的将军免不了说出去，后来干脆有人向总理告状诉苦。于是，当许世友到北京时，周恩来便约他喝酒。

当晚，许世友如约赴宴，总理已经迎在小餐厅门口，一见面就拉住他的手说：“许司令，今天我们是小范围宴请，尽可随便啊。”

真是小范围。入席一看，只有总理和他，再无第三人。

服务员端上茅台酒。周恩来用手接来酒瓶放桌上，用怀疑的眼神望着许世友，笑着说：“许司令是个老实人，我听人说，就是喝酒不老实，喜欢吹牛。”

“啊，总理，这是谁说的？我去找他……”许世友嚷道。

周恩来连连摆手，说：“现在你去哪儿找？这样吧，我们两个人喝，看看许司令能不能比我多……”

“总理，这，这怎么行？”许世友倒有些客气。

“怎么？怕了？不会连我都喝不过吧？”周恩来一副挑衅的口气。

“我怎么喝不过？”许世友牛脾气上来了，可又比较为难，“我怎么能跟总理赌酒呢，总理不信，另找个能喝的过来……”

“喝酒不论官大小，只论酒量大小。世友同志，你要是喝不过我，那就是吹牛。”周恩来胸有成竹。

“我要是喝不过总理，我，我……”许世友真被激起来了，脑袋晃动着朝前倾，像要在桌上寻找什么，终于找来一句话：“我，我，我给总理磕3个响头！”

“这不行，我不会磕头。”周恩来开心一笑。

许世友好像已经赢定了，灿然一笑：“我哪敢叫总理磕头呀，我只要总理说一句话，‘许世友喝酒无敌手，一点不吹牛’，这就行了。”

“好，君子一言、驷马难追！”周恩来满口答应。

于是，两人一瓶对一瓶，服务员帮忙启封开盖。

许世友立起身，像血气方刚的年轻人：“总理，我敬你，立地3杯。”

他连干3杯，显示他的豪爽，坐下来，竭力显出毫不在意的样子。

周恩来一直平稳安静，好像早忘了赌酒的事，一边吃着花生米，一边慢斟慢饮，仔细品尝着酒香，并且不忘聊天。时而问问部队情况，时而很动感情地回忆往事。

许世友却时刻不忘赌酒的事，他干两杯，歇口气，紧接着再干两杯，并且总是要在周恩来望着他的时候用大幅度动作来完成。他不仅是喝酒，更是叫周恩来“看酒”，看看咱许世友是怎样的一条汉子！

“总理，干了！”许世友将酒瓶子垂直向下，晃一晃，只晃下一滴酒。他响亮地咂一下嘴，将空瓶空杯放桌上。

“哦，我落后了。”周恩来拿起自己的酒瓶，朝杯里倒酒。这时，许世友忽然吃惊地睁大了眼：那酒瓶居然也成倒立垂直，流出的酒只剩少半杯，又被周恩来不忙不迫津津有味地一饮而尽。

“许司令，用你们练武人的话，咱们点到为止，好不好？”周恩来面不改色心不跳。

“不行，总理，喝一半怎么能成呢？喝酒要过瘾。”此时，许世友的酒劲也涌上来了，豪兴大发地朝服务员嚷嚷，“去，快去，再拿两瓶茅台。”

服务员朝周恩来望。周恩来略一沉吟，大概是估量一下酒量，他办事历来谨慎，终于点点头：“那好，就再拿两瓶。”

服务员又上来两瓶茅台。

“许司令，你拿一瓶。”周恩来慢条斯理地嚼花生米。许世友脸上闪过的一丝狐疑躲不过他。

许世友自己开瓶，嗅一嗅，狐疑尽消，多了几分尴尬。

周恩来仍然是边吃边聊，慢斟慢饮不停杯。许世友仍是干两杯，歇歇气，再干两杯。

两个小时后，许世友终于干掉第二瓶。他不再喊酒，只是摇晃着身子看周恩来。周恩来不说什么，将酒瓶朝酒杯垂直起来——那瓶子早空了。

服务员第三次上来两瓶茅台，这次是周恩来动手开瓶。

“许司令，你要哪瓶？”周恩来柔和地问。

没有回答。许世友点点头，大概是想说“随便”，可嘴巴不太流利了。并且但他那粗壮的身体也不由自主地仰靠着椅子往下滑。

周恩来哗哗地斟满一杯酒，一口干掉。他也喝到了极限，站立不是很稳，却以极大的毅力保持着清醒。

“总理，我，我许世友，服了。今后，你，你指向哪里，我，我就打向哪里……”许世友嘴巴开始不利索了。

“又再胡说。是毛主席指向哪里，我们就打向哪里。”周恩来立即纠正许世友的话。

“对，对对。”许世友大事上还没糊涂，望着总理重新说，“总理，叫，叫我死，我，就不活。我听总理的。”

“那么我就告诉你，喝酒不能强人所难。人酒量有大有小，不要自己能喝就认定别人也能喝。不比当年了，人过50岁，身体素质下降，再那么乱喝要闹出事呢。你也一样，以后喝酒不许超过6杯，半斤。”周恩来严肃地说。

“我，我听总理的。”许世友满口答应。

后来，周恩来对许世友的孩子们也交代过，让他们监督劝说父亲，喝酒不要超过6杯。许世友基本做到了，也不再强人所难搞什么监酒罚酒了。[46]

魅力感悟

作为政治家待人接物、酒场应酬，是在所难免的。别看周恩来风流儒雅，可在酒场上却也是豪放一族。他常常凭借过人的酒量为毛泽东主席保驾护航，甘当酒托，为此他赢得了不少的赞誉。而在宴请宾朋时，更是趁着酒兴妙语连珠，让人望尘莫及。

周恩来由于特殊的工作岗位，整天会面对各种应酬，但周恩来总不错过任何一个可以公关或者交流的机会。酒场成了他的另类工作岗位，因为周恩来知道，在满足来宾胃肠需求的同时，最容易拉近彼此的距离。周恩来的很多朋友都是通过酒场认识的，很多棘手的问题，也是通过酒场解决的。当然酒场中未必全是朋友，也可能有政治对手，甚至敌人，但来者都是客，周恩来都能从容应对。

当然，周恩来对于自己的战友，则呈现了另外一种方式。周恩来不但善于做思想工作，还能让人深刻地认识到自己的错误，而让人心服口服。尤其是对于那些个性极强的人，周恩来更是用心良苦。周恩来对待身边的人，总是关怀备至，从不强人所难，可他得知许世友在喝酒问题上强人所难，他自然要管上一管，这不但有利于其他同志，更有利于许世友本人。

许世友出身少林寺，生性耿直、刚烈，性格极度豪爽粗犷，脾气火暴，又透着天真，但有时办事没深浅。周恩来善于处理各种最复杂的矛盾，不同的人用不同的方法。比如许世友，除了毛主席，其他人的话他不会老实去听；他性烈如火，连全军敬畏的彭老总都说要让他三分。对于这样的人，单纯批评不解决问题，说轻说重也不好把握。但是，他这样有着特殊经历又特别义气的人，一旦心服，他会说到做到。于是，周恩来首先不能让对方挑出理来，必须先从“喝酒”这一点上做到有资格来劝你。

周恩来先是使用激将法，让许世友放开量喝，免得最后不认账说：“这次不算，我根本没放开，再等下次。”这样就麻烦了。许世友一听总理说他吹牛，当然不干，非要证明自己，并立下赌誓。这样，如果许世友输了，他就会无话可说。

然后，随着酒一瓶一瓶地喝完，许世友也到了酒量的临界点，这时周恩来还是劝他再喝。实际上就是让许世友也尝一尝被人逼着喝酒的滋味，让他明白“己所不欲，勿施于人”的道理。

最后，许世友投降了，明确表态“栽了”，不过，这次让他“口服心服”。这时，周恩来认为挑明深意的时机成熟了，一方面告诉他“喝酒不能强人所难”，其中也隐含着，办事也一样，不能强人所难。同时还告诉他要注意自己的身体，毕竟年龄不饶人。循循善诱，用心良苦，这怎么能不让许世友感动呢?

第三节 玩笑：即兴的愉快插曲

具有幽默感的人，大多都喜欢开玩笑，因为开玩笑不仅可以减少尴尬，还可以制造一种轻松的气氛，何乐而不为。当然，要想开玩笑，就要先学会培养自己的幽默感。幽默是有天分的，否则就永远达不到理想的高度。而周恩来却是一个幽默细胞极其丰富的人，他开的玩笑不但活跃了气氛，而且还彰显了智慧。可以说，周恩来是一个具有国际视野的人，自然他开的玩笑也是具有国际水准的“国际玩笑”，其水平功力让很多人只能望其项背。

看似张冠李戴，实则借题发挥
——周恩来妙语连珠彰显领袖风采

周恩来在长期的生活历练中，其机敏程度和反应能力都达到了炉火纯青的地步，寥寥数语就能将对方的真实意图摸得清清楚楚。但有时不便拒绝，只能采取委婉的方式加以回应，这看似张冠李戴，实则借题发挥。但这样做旨在避其锋芒，又错开敏感话题，实在是一种妙不可言的另类智慧。

开“国际玩笑” 绕开敏感话题

上世纪70年代初，长沙市东郊一座古代墓葬的横空出世，不但揭开了“东方睡美人”的神秘面纱，也为世界医学提供了无双范本，其文化贡献之大，影响之远，前所未有。

因为在地下埋藏了2100多年的女尸，出土时竟然结构完整，全身润泽，皮下脂肪丰富，软组织尚有弹性，确实令世人感到不可思议。许多专家都想揭开这个谜。马王堆汉墓周围有1.3米厚的白膏泥，白膏泥下面是厚厚的木炭，约有5000公斤，当时整整装了4卡车。木炭的作用是防潮，这是很明显的，但是，从地下埋藏了2100多年木炭的变化中或许能获得一点女尸不腐的秘密。其学术价值足够几代人琢磨研究。这一下子让马王堆成为响彻寰宇的名字。有人把它誉为中华民族的地下文化宝库，西方人称之为东方的“庞培城”。因它在诸多领域里都是“独一无二”的，所以奠定了它当之无愧的国之瑰宝地位。

当时，基辛格为恢复中美外交关系秘密访华。在一次正式谈判尚未开始之前，基辛格突然向周恩来总理提出一个要求：“尊敬的总理阁下，贵国马王堆一号汉墓的发掘成果震惊世界，那具女尸确是世界上少有的珍宝啊！本人受我国科学界知名人士的委托，想用一种地球上没有的物质来换取一些女尸周围的木炭，不知贵国愿意否？”

周恩来总理听后，随口问道：“国务卿阁下，不知贵国政府将用什么来交换？”

基辛格说：“月土，就是我国宇宙飞船从月球上带回的泥土，这应算是地球上没有的稀有宝贝吧！”

周总理哈哈一笑：“我道是什么呢，原来是我们祖宗脚下的东西。”

基辛格一惊，疑惑顿生，急忙问道：“怎么？你们早有人上了月球，什么时候？为什么没有公布消息？”

周总理笑了笑，用手指着茶几上的一尊嫦娥奔月的牙雕，认真地说：“我们怎么没公布？早在5000多年前，我们就有一位嫦娥飞上了月亮，在月亮上建起了广寒宫住下了。这是我国妇孺皆知的事情，怎么，你这个‘中国通’还不知道？”

周总理机智而又幽默的回答，让基辛格笑了。

玩笑拉近距离　幽默增进友谊

英国陆军元帅蒙哥马利是在第二次世界大战中涌现出来的风云人物。他退役后，曾在1960年5月“走马观花”地访华，并受到毛泽东、周恩来的接见。临别，他余兴未尽，要求再次访华，于是1961年9月访华3周，除会见我国领导人外，还要访问几个不对西方开放的城市，获得周恩来的首肯。

9月7日，蒙哥马利在陈毅副总理主持的欢迎会上发表热情洋溢的讲话，提出了自己总结的“和平三原则”，即：一、都承认只有一个中国——中华人民共和国；二、都承认有两个德国——民主德国和联邦德国；三、一切地方的一切武装部队都撤退到他们自己的国土上去。

周恩来认为蒙哥马利很有政治头脑，就安排外交部的同志陪蒙哥马利去外地参观。周恩来指示，要放手让他看，旧中国遗留下的贫困落后和新中国取得的成就，都是客观存在，让他自己看了下结论，帮助他尽量从本质上了解新中国。于是，蒙哥马利先后访问了包头、太原、西安、延安、三门峡、洛阳、郑州、武汉，9月20日傍晚回到北京。

9月21日、22日，是蒙哥马利在北京逗留的最后两天。蒙哥马利与周恩来进行了愉快、轻松的交谈。

蒙哥马利一开始是谈他在各地观看的文艺演出。他说：“我们这次在各地看了许多有趣的演出，有出戏中的媒婆很有趣（指陕西戏《吹鼓手招亲》）。还看了一出女将军（指《穆桂英挂帅》）。我认为女人当将军不好。”

“中国许多民间传说里称赞妇女有特殊的原因，因为在旧社会里，她们最受压迫，于是人们用各种形象来表现她们，描写出正义在妇女一边，有女将军、女医生等等，在许多爱情故事里，也描写妇女表现得最为坚贞。”周恩来没有从正面回答蒙哥马利，而是从艺术社会学的角度作了阐释。

“妇女可以做各种各样的事情，但就是不能当将军，更不能当元帅。”蒙哥马利说。

周恩来只是善意地笑了笑。他不准备在这个问题上与蒙哥马利争论。

蒙哥马利见周恩来不作争论，就立刻转移到另一个话题，他说：“西方有人说，中国现在正在走下坡路，人民在挨饿，他们要暴乱，中央的计划也松弛了。总之，一切都不是很好。但是，我去了内蒙古、华北、华中许多地方，可我所看到的一切，都不能为他们的那些说法提供证明，我看到全民生活得很好，大家都在努力工作，虽然有些地方生活得还比较落后，但至少人民是愉快的。因此，可以下结论的是：西方有些人是在故意扭曲新中国。我回去后要告诉大家，旨在戳穿那些人的谎言。”

“谢谢你所作的观察和对我们的称赞。你在我们这里接触了现实，我们钦佩你公正的判断。当然，你看到的可能是好的一面，我们的工作也还有缺点，也许你没有说，也许你还没有发现。有缺点是任何工作中的正常现象。”周恩来显得很客观。

蒙哥马利颇为疑惑地问：“有什么缺点？”

周恩来谈了三年自然灾害给中国经济和人民生活造成的一些困难，并实事求是地说：“在发展过程中，也不是没有缺点和错误的。我们是在克服缺点和错误的过程中前进的。”

蒙哥马利对周恩来的真诚非常感动。过去，他曾视政治家的言行为“政治游戏”，并认为在这种“政治游戏”中讲真话是很少有的事。

蒙哥马利还与周恩来谈论中国的计划生育。他说：“我去年来时，人们告诉我，试行过节育。”

周恩来说：“不错，我们的确在实行计划生育政策，节育方针应该进行下去。”

“人口太多了，家庭太大，经济上不易抚育后代，是吗？”蒙哥马利问道。

“不只是经济上，而且还有精神上的方面。儿女太多，教育不好。”周恩来答。

“我的父母有9个孩子，我是9个中的一个。”蒙哥马利笑着说。

周恩来也很爽朗地笑了起来，幽默地说：“你很健康嘛！伟大的母亲教育得很好。”

蒙哥马利也笑了，说：“我母亲16岁就出嫁了，太年轻了。”

就这样，3个小时的谈话在轻松、随便的氛围中很快地就过去了。

蒙哥马利站了起来：“我知道总理很忙，我想我该告辞了，谢谢总理给了我这么多次谈话的机会。”

周恩来也站起身来，紧紧握住蒙哥马利的手：“元帅阁下，我们非常支持你提出的和平三原则。”

蒙哥马利握着周恩来的手摇了摇，笑着说：“我只谈为什么要这样做，具体怎样做的问题，最好是由总理这样的政治领袖们去解决。”

“毛主席你也说是一个军人政治家啊！”周恩来又幽他一默。

“哈马舍尔德死了，下一位联合国秘书长需要一个和美国关系不很密切的人担任。他要有勇气站出来说，美国做错了！”说罢，蒙哥马利停步侧身，对相送到门口的周恩来开起了玩笑，“总理估计下任秘书长是谁？你们喜欢我去联合国当秘书长吗？”

“你的计划很好，我们完全同意。”周恩来也玩笑式地作了回答，并和蒙哥马利同时哈哈大笑。22日晚上，周恩来在人民大会堂为即将回国的蒙哥马利举行饯别宴会，并发表了热情洋溢的讲话，公开称赞和支持蒙哥马利的和平三原则，说其“抓住了解决国际重大问题的关键”，“中国政府和中国人民完全赞同和支持这位著名的军事家和政治家所提出的明智主张”。周恩来在讲话中还赞扬“蒙哥马利元帅为促进世界和平作了有价值的努力”，并“希望蒙哥马利元帅把他所看到的实际情况介绍给西方的朋友们，把中国人民的友谊，带给西方所有爱好和平的人们”。

1962年，一向以非常挑剔的眼光看政治家的蒙哥马利在他的回忆录《三大洲》中对周恩来作了这样一番描述：“周恩来和毛泽东很不相同。他出身高贵，是一个官宦子弟。从他脸上可以看出他是很有才智和非常聪明的。的确，就脑力来说，他是杰出的。他的思想敏捷、清晰，说话明确，举止优雅，性格极其宜人，像毛泽东一样他富有幽默感。他不仅很有才智和受人欢迎，并肯定是一个第一流的政治人物。他懂一点英文，并且能讲法文。”[47]

魅力感悟

生活中，一个有趣的笑话能让人们放松心情，让忙碌的生活增添乐趣；一个善意的笑话能缓解两人初次见面时的尴尬气氛；而一个诙谐幽默的笑话，在取悦大家的同时，还能让你在别人心中成为一个聪明睿智的人；因此开玩笑不但能够化解分歧，还能拉近彼此的距离。很显然，周恩来是一个浑身都充满幽默感的人，他总能在需要笑话的时候脱口而出。

但美国国务卿基辛格提出要用“月土”换马王堆的木炭时。众所周知，马王堆的木炭乃天下无双，是国之瑰宝，有很高的科技和学术研究价值。各国当然也都想了解其中的奥妙。可作为国家的核心机密，自然不能随便示人。但基辛格又是一个在国际上颇具分量的政治人物。周恩来没有直接说不行，因为那样会伤及一个为中美友好而奔波的好友的颜面，周恩来话锋一转，用一个张冠李戴的例子——嫦娥奔月的典故，带出了“月土”乃祖宗脚下的东西，对美国也许是珍宝，但对中国来说却并非什么稀世珍宝。这样就一下子将话题岔开，从而让基辛格也不好再说什么。

而蒙哥马利元帅，这位第二次世界大战的英雄，在西方对华外交围堵中却对中国抱有好感，在他退役后，到中国转了一圈印象更加深刻。随后，再次访华，并对中国的一些城市进行访问，用他的所见所闻，驳斥了西方大国对中国的歧见。特别是倡导的和平三原则，受到了中国政府的高度欢迎。因而在他离京前，和周恩来谈得十分投机，竟和总理说起了玩笑，自然得到了总理的玩笑回应。使彼此的关系更加融洽，也有利于正面传播新中国的外交思想。

善意的玩笑，敏捷的智慧
——活跃气氛，高雅玩笑见功力

周恩来是一个善于开玩笑的人，他认为只要是玩笑运用得当，就会拉近人与人的关系。但玩笑一定要充满睿智、讲究情调，并不是不看场合地乱开玩笑。周恩来使玩笑变成了一门艺术。从他超脱的玩笑中，就可以感知到周恩来的魅力人生。

妙起绰号 结下生死友谊

抗战初期，当时在武汉担任国民政府军委会政治部副主任的周恩来，一次在给10个抗敌救亡演剧队全体队员作动员报告，在这次报告会上，周恩来认识了一位名字叫赵丹的演员，两个人一见如故。随后，赵丹愉快地接受了周恩来布置的任务，全力以赴投入义演献金活动。

自此，周恩来就常对人们说："我和阿丹是老朋友了！"

赵丹有了周恩来这位朋友，也备感荣光，因而也常对人们说，他一生最敬佩的人就是周恩来！后来，抗敌救亡演剧队在周恩来、阳翰笙的领导下，辗转来到重庆。赵丹在重庆公演《全民总动员》、《上海屋檐下》、《阿Q正传》等话剧，周恩来也经常去观看赵丹的演出。

解放前夕，赵丹主演的《武训传》和《我们夫妇之间》都受到极不公正的严厉批判。这以后，赵丹有整整4年不能拍电影。尽管如此，周恩来还是想法保护和帮助了赵丹。当时，以纪念"世界文化名人屈原"的艺术活动为缘由，周恩来指示把赵丹从上海调到北京，主演了郭沫若的历史名剧《屈原》。从1954年到1964年间，赵丹重上银幕，主演《为了和平》、《李时珍》、《海魂》、《林则徐》、《聂耳》、《青山恋》和《烈火中永生》等，达到了他一生表演艺术的高峰期。这一切，跟周恩来的关怀、爱护是密不可分的。

周恩来在繁忙的国务活动之余，喜欢跳交谊舞。从上世纪50年代中期到60年代中期，每年赵丹要到北京出席全国人民代表大会的年会，或者为电影事业出差，经常应邀参加周恩来举办的舞会。有时周恩来为了让赵丹、赵青父女俩在晚会上及时欢聚，还特地打电话通知，并且专派他的警卫员乘坐总理的小轿车来接父女俩。周恩来经常选赵青为第一个舞伴，然后他就坐在一旁，笑眯眯地看着赵丹、赵青父女俩翩翩起舞。在一次晚会上，周恩来把赵丹请到身边谈心。赵丹向周恩来诉苦，说是上海总有一些人老要整他："抓住我一两句话无限上纲，揪辫子、打棍子、戴帽子，批得人人灰溜溜的真没劲！"

周恩来则鼓励赵丹说："不要害怕，有什么说什么！放心演好你的戏、拍好你的电影，这就是你最大的任务。我了解你。"

赵丹激动地对周恩来说："总理呀，你得给我解围啊！不要让那些人随便对我乱发淫威！我是个艺术家，不是什么政治家。请关照他们别用政治家的标准来要求我，请用艺术家的标准来要求我！让我心情舒畅一些，发挥我的特长，好好为国为民拍他几十部杰出的影片……"周恩来听后会心地笑了。

1961年周恩来主持广州会议为知识分子"脱帽加冕"，就是说脱下了反动剥削阶级的帽子，加上"工人阶级一分子"的桂冠。这是赵丹最高兴的时刻，会上争论得面红耳赤，不肯相让。

周恩来只好说："你赵丹是一家之言，我周某人也是一家之言嘛，两种观点可以同时并存。百家争鸣、百花齐放嘛！你赵丹完全可以不同意我周某人的看法，坚持你自己的看法。这是正常的。这是你作为艺术家的权利嘛！"周恩来总理还喜欢请赵丹一起吃饭，他甚至给赵丹起了一个外号，因为赵丹胃口特别好，吃到最后总是把满桌子的残汤剩菜一扫而光，所以周恩来开玩笑叫他"赵光腚"，赵丹也乐意接受，成就了总理与演员的一段佳话。

有一年中秋节，周恩来、邓颖超特意请赵丹到中南海西华厅的家里一起吃螃蟹。持螯对菊，赏心悦目。在这充满诗情画意的月白风清之夜，赵丹竟然口无遮拦，说：“总理呀，你知道我是艺术家，不是弄臣！艺术家有良心，不会拍马屁；弄臣尽拍马屁，可没良心哪！”

说得周恩来哈哈大笑：“好！我最欣赏阿丹这豪放不羁的个性！”(48)

笑谈生死　展现唯物价值观

1975年9月，周恩来接见了罗马尼亚共产党中央书记、罗马尼亚党政代表团团长伊利耶·维尔德茨，而这时周恩来即将走到生命的终点，距离他逝世还不到半年。

宾主寒暄之后，话题自然地转到主人的健康上来，周恩来开玩笑却言辞令人心酸地说：“马克思的‘请帖’，我已经收到了。这没有什么，这是不以人的意志为转移的自然法则。”

看到外宾的心情比较沉重，周恩来就很欣慰地开导说：“生老病死，是自然法则。我会很坦然地离开这个世界！邓小平同志将接替我主持国务院工作。邓小平同志很有才能，你们可以充分相信，邓小平同志将会继续执行我党的内外方针。”显然，他觉得把“接力棒”传给邓小平，是他最后的“尽心尽力”，他的历史使命已经完成，因而可以直面马克思的请帖了。

当时，许多同志和亲友也为周恩来不久将离开人世而感到痛惜，但周恩来则以自然法则和异乎寻常的超脱来安慰他们。有一次，他躺在病榻上同侄女周秉建通电话，周秉建对他的身体忧心忡忡，但周恩来却说：“这有什么着急的？共产党员要唯物主义嘛！共产党员应该是唯物主义者，人总有那么一天，活了77，还不够吗？天有不测风云嘛！对家人、亲人也要这样，要想得开呀！我要与大家走完这最后的快乐时光！不要让我留下遗憾哦！”

魅力感悟

俗话说："人上一百，形形色色。"人的性格不同。在交际场上适度开点玩笑，就可调节气氛，减缓紧张情绪。周恩来就是一个出色的气氛烘托大师。他总是根据不同的场景需要，及时地开一些玩笑，从而使对方从焦虑或者紧张的情绪中解脱出来，恢复常态。

赵丹作为一名出色的演员，因为遭受了不公正的待遇，而有些牢骚，周恩来总是以他的老朋友自居，做一些耐心的疏导工作。不但将他请到自己的家里吃饭，还根据他吃饭的特点给他起了个"赵光腚"的绰号。而赵丹不但乐意接受，还将总理视为知己，并且还敢在总理家里"大放厥词"，足见他们的关系非同一般。这不但体现了总理的亲民作风，还展现了总理的政治雅量。

周恩来对死亡的态度也非常理性，非常超脱。他认为，死亡是人生的自然法则，有生必有死，有始必有终。他不企求生命的重复，他唯愿用有限的生命迸发出最大的光和热。他用一句"收到了马克思'请帖'"的玩笑话，传递给朋友的是超脱，表现了一个唯物主义者正确对待生死观、价值观的崇高境界。如果把周恩来的人生观归结为一点，那就是"尽心尽力"的原则，有义务有能力去做的，就一定去做。周恩来给世人的印象是，他像负重的"牛"，辛勤耕耘、永不停歇；他像一架不断运转的"机器"，将身体和精神之能力发挥到了极致，鞠躬尽瘁，死而后已。

第四节 “糊涂”：以诙谐回避尖锐

周恩来无论才气还是德行均称上品典范，但由于工作性质的问题，有时会呈现出大智若愚的状态，但绝非“不明事理”，而是对“糊涂”的妙用，这也正是他个人修养达到了淡泊名利、胸怀宽广的真实写照。这看似糊涂，实则是进入了一种无欲则刚的精神境界，是豁达、宠辱不惊，是大智若愚。

表面轻描淡写，实则是坚决拒绝
——周恩来妥善处理溥仪工作问题

周恩来在为人处世上总是体现出他一贯的智慧，尤其是对一些敏感问题的处理上，往往体现出他高超的政治决断力，也因而在人们的心目中形成了崇高的人格魅力，所以更容易赢得人们的信任和支持。在这方面，周恩来永远是人们学习的榜样。

1959年12月9日，周恩来等在人民大会堂接见了一位特殊人物，说此人特殊就是因为此人是中国的末代皇帝——爱新觉罗·溥仪。溥仪是以被特赦的战犯、新中国的普通公民的双重身份，前来参观人民大会堂的。曾经居住在距人民大会堂不远处紫禁城内的末代皇帝，不禁感慨万千，并为自己的前半生感到悔恨。

辛亥革命后，清帝退位，溥仪只好在紫禁城内称孤道寡，与现在的人民大会堂只有一街之隔。日本入侵后，溥仪成为由日本人扶植的“满洲国皇帝”。他通过对东北民众的横征暴敛来支援日本的“大东亚圣战”，他甚至下令把宫中的金属门把手也拆下来送给日本人。在日本投降后的次日，溥仪便宣布退位。后在沈阳机场准备乘飞机逃往日本时，被支援中国的苏联红军抓获，并被送到苏联接受改造5年。新中国成立后，1950年7月30日，溥仪等70多人被遣送归国，在抚顺战犯管理所关押。朝鲜战争爆发后，溥仪等人随着战犯管理所迁往了哈尔滨。

1959年9月中共中央向全国人大常委会建议，在庆祝建国10周年之际，特赦一批已经改恶从善的战争罪犯、反革命罪犯和普通刑事罪犯。1959年12月4日与溥仪一同受到特效的共10人。

溥仪回到北京后的第五天，周恩来便派人将他从什刹海西岸的前井胡同，接到人民大会堂北京厅，同时被邀请的还有从北京功德林监狱特赦的国民党人士杜聿明、王耀武、宋希濂、邱行湘、曾扩情、陈长捷等10人。

在封建时代，溥仪是高高在上的皇帝。现在，他作为普通公民，很想看看人民大会堂内部是什么模样。他曾向带领他们参观的市民政局的殷兆玉提出请求。尽管当时人民大会堂并不对外开放，但溥仪还是被特别安排而走进了这座殿堂。不久之后，他再次来到这里，感慨颇多。

与周恩来总理一同参加接见的，还有陈毅和习仲勋副总理及张治中、邵力子、傅作义、章士钊、屈武等人。中共中央统战部副部长徐冰，给大家做了相互引见。周恩来与这批特殊的客人握了手，让溥仪坐在自己身边。在这批人中，除溥仪和陈长捷等另外两人外，其余全部毕业于黄埔军校。周恩来曾任军校政治部主任，自然与他们有师生之谊。黄埔一期毕业的曾扩情被特赦后，以学生的身份致信周恩来，诚恳地请求“赐教”，成了这次接见的由来。周恩来总理逐个了解每个人的近况。

“我们这些人没听老师的话，走到反革命路上去了。”杜聿明首先表达了惭愧之情。

“这不能怪你们，我这个当老师的没带好你们。”周恩来诙谐地说。

溥仪听周恩来问起自己，连忙站起来抱拳拱手。周恩来为了缓解他的紧张情绪，开玩笑地说："请坐吧，你们满族人的那套繁缛礼节要取消。我要是在大街上，一看到这些特征，就能认出他是满族人。"

"溥仪先生，当初我在北京读书，也是你皇帝管辖之下的臣民啊！"陈毅副总理说，"你特赦出来，我们都想见见你呢！"几句风趣的话，顿时让溥仪紧张的心情放松下来。

"你们是标兵，要经得起考验。"周恩来鼓励大家，"我们政府说话算数，是根据人民的利益释放你们的。"

众人均点头表示认同，唯有溥仪心事重重，周恩来就开导他说："你当皇帝的时候才两三岁，那时的事不能让你负责。但在伪满时代，你是要负责的。"中肯的评价令溥仪感到心服，心里热乎乎的。

"清朝不仅亡了国，而且亡了族。"周恩来接着说，"认识了立场是一个问题，站得稳站不稳又是一个问题。民族立场、劳动人民立场的建立，是长期的，要从改造入手。"周恩来简明地归纳了自己的观点。会见的时间很快就要结束了，人们似乎还没有听够周恩来的谆谆教诲。

最后周恩来又勉励溥仪、杜聿明等人说："你们的新生开始了。你们是新人了，不是皇帝、总司令了。我们是以朋友相待。现在社会上还有死角，希望大家努力把它消除。"周恩来又告诫大家："不劳动不得食，有机会锻炼对你们说来还有必要，可以帮助你们树立劳动观点。你们出来后，集体观点要巩固，不然，个人主义的思想就会抬头。你们个人主义的东西还不少，十年所得不要抛于一旦。你们有了一定的劳动观点、集体观点，今后不要丢啊！"周恩来的教诲，增强了这些共和国特殊公民驶向新人生彼岸的信心。

对于溥仪的工作问题，周恩来安慰他："不要着急，工作问题过春节再谈。溥仪先生你也不要过分自卑。我想，你们第一要相信国家信任你们。第二还不会样样满意，倘有不满意的事，可以写信给徐冰部长。你们是旧社会过来的人，旧东西多，但可以改造社会不易改造的死角。"周恩来总理的用意，是充分发挥这些人的作用。这些人的作用非常特殊，有些是共产党起不到的。

“你们在旧社会生活了四五十年，与旧社会关系不可能没有联系，拒绝他们不行，让社会改造他们更好。你们的亲友，你能影响他，他也能影响你，新的一代也可能批评你们。”陈毅善意地提醒这些特赦人员，要防止庸俗的你捧我、我捧你时，周恩来表示赞成：“陈老总的话很中肯。新的环境，是对你们进一步的考验。”周恩来接见的5天之后，中央统战部专门宴请了溥仪等人。

李维汉、张执一、全国政协副秘书长平杰三、公安部副部长徐子荣都出席了宴会，溥仪特别被安排在李维汉和徐冰之间。过了春节，统战部组织这些人参观了北京。

几天后，在一次座谈会上，溥仪说出了自己的心里话：“是祖国改造了我，她是我的重生父母。我要为国家建设贡献自己的力量，甚至生命！”

1960年的春节前，人民大会堂举行宴会，溥仪也在被邀请之列。周恩来与中科院院长郭沫若，就溥仪的工作问题专门进行了协商。周恩来打算让刚特赦的溥仪去中科院下属的北京植物园参加劳动，征求郭沫若的意见。

“圣上驾到，当然欢迎。”郭沫若模仿戏中的道白，拖长了声音回答。

周恩来特意叮嘱：“要作为一项重要的任务来对待，只能做好不能做坏！”关于溥仪的工作，周恩来曾打电话指示，要办好两件事：一是找个医院，给溥仪全面检查一下身体。二是工作问题，原来的意思是到中科院下面的工厂劳动，现在考虑在植物园劳动，学点技术和知识，订个规划。原来，北京市民政局曾经考虑把溥仪安排到离人民大会堂不远处的故宫参加劳动，周恩来得知后不急不慢地说：“不太合适吧？故宫每天那么多游客，如果都来看‘皇上’，怎么办？”

而溥仪去植物园劳动，就没有这个问题了。北京植物园坐落在京郊西山脚下，也是周恩来批准兴建的，占地约5000余亩。溥仪到香山植物园之后，周恩来做了具体安排。至于下放劳动的时间，为期一年。每天半天安排劳动、半天安排学习，礼拜天休息，每两星期回城一次，可以自由活动。生活困难另外补助。来植物园的第三天，溥仪被分到温室劳动，温室里汇集了国内和五大洲的2000多种植物。劳动使他逐渐改变了靠服药才能入睡的习惯，神经衰弱症不见了，脑袋一沾枕头就能呼呼入睡。他自己也承认现在能吃能睡，体质好多了。第一个月的工资发下来之后，溥仪用这笔钱买了棉花和被面，由同事帮他做了一床紫花面的新被。这是他有生以来，第一次用劳动报酬换来的生活用品。后来，周恩来又把溥仪找去，问他今后的安排。

溥仪说："我对历史、文艺方面感兴趣，过去下过工夫，但这不是当务之急，还得在劳动中锻炼……"

1961年2月18日，中央统战部副部长徐冰在全国政协第一次会议上郑重宣布，第一批特赦的7人在全国政协文史资料研究委员会担任文史专员。名单里第一个就是溥仪，其他有杜聿明、王耀武、宋希濂等人。其他人均是面露喜色，唯独溥仪低头不语。原来，自从写完《我的前半生》之后，溥仪自己觉得没东西可写了，住在城市总感到不如植物园清静。溥仪给民政部门打去电话，希望在文史资料委员会领取特遇，仍住在植物园参加劳动。但周恩来只同意他每星期去一两次植物园。

从此，溥仪开始在全国政协文史资料研究委员会上班。"把亲身经历记录下来，传之后代"，溥仪则成了首批文史专员之一。

1967年10月17日凌晨2时30分，溥仪带着对人间的眷恋咽下了最后一口气。10月22日，他的骨灰存入八宝山革命公墓。[49]

魅力感悟

对特赦人员的工作安排举世关注，可以说稍有不慎，就会造成很大的负面影响。周恩来无疑是处理这方面的顶尖高手。

对于一些特殊犯人的处理，不但能够体现新中国的执政方针，还能在国际上赢得大度与恢弘的评价，也更有利于其他犯人的劳动改造。

可是溥仪作为封建统治的最高代表，曾经在皇宫称孤论寡，如果让其重回故宫，虽无“放虎归山”的险情，也能发挥其文字功底的专长，但昔日的皇宫，已经成为旅游的景区。势必会造成旅游者寻找“皇帝”热，倘若那样的话，既不利于溥仪过平静的生活，甚至会带来不必要的安全隐患。

对于北京市民政局这样的安排，周恩来并没有过多干预，而是以“不太合适吧？故宫每天那么多游客，如果都来看‘皇上’，怎么办？”加以提醒，使北京市民政局很快意识到工作的疏漏。因为溥仪作为一道政治招牌，不要说出现不测，就是稍有疏漏，都会给国际社会带来随便发挥的空间。而周恩来看似轻描淡写的提醒，却恰恰点破了事情的要害。可见周恩来是何等的富有智慧。

在周恩来的亲自过问下，那些特赦的新中国的公民，都得到了妥善的安置，不但有利于他们自身的生活，还在国际上带来了较高的美誉度。这就是周恩来与众不同的才华的另类展示。

宽容仁厚不做作　老实坦诚超洒脱
——周恩来以率真示人获认可

周恩来是一个具有雄韬大略、运筹帷幄的政治家。其坦诚率真的风度堪称楷模，一直为人们所敬仰。尽管他智慧超群、口才出众，但当他意识到自己出现了一些过错时，绝对不会凭借口才的优势为自己辩解，更不会盛气凌人借题发挥，而是坦诚承认、知错就改，表现出了一个大政治家的磊落胸怀。由于他的态度和谈吐与众不同，甚至连认错的态度也被人视作魅力的展现。

周恩来向来注重修身养性，最推崇“诚”字。学生时代，即以诚实慎独自勉自励，发于言，著于行，力争“无丝毫假借，无智利相”，以诚待人，以诚感人，以自身的严谨塑造完美的道德人格。

中国古代圣贤们，由于受传统道德观念的影响，对“诚”怀有较高的期待，主张“遇欺诈的人，以诚心感动之；遇暴戾的人，以和气熏蒸之；遇倾邪私曲的人，以名义气节激励之”，如此，“天下无不入我陶熔中矣”。

周恩来非常认同这些看法，在他看来，“诚”乃人固有之天性，而“欺诈”不过是后来养成之恶习。上下五千年，纵横十万里，虽然欺诈私曲之徒并不鲜见，为争霸窃权也纷攘角逐，但未有以作奸欺世之术能范围世界、统领人心者。相反，“诚”则能够感动万物，包容天地。他追溯历史，认为能以一己之所行所言，范围世界之人类，虔心信仰，莫余外者，有儒之孔，西之耶稣，佛之释迦。这三人虽然论贵比不上天子，论富比不上陶朱，论权比不上将相，寿命也只是个中等水平，但却能炫耀于当时，照耀于后世，言中于人心，行垂于史册。

周恩来有句名言：“世界上最聪明的人是最老实的人，因为只有老实人才能经得起事实和历史的考验。”周恩来自己信奉以诚待人的原则，不虚与委蛇，不文过饰非，许许多多与他交往过的人都被他的真诚所感动，为他的品格所吸引。

1971年美国乒乓球队访华，周恩来在接待他们时，其中有一位出人意料地征求周恩来对美国“嬉皮士”的看法，周恩来说：“在许多国家里，一般地说，青年人总是对他们的长辈所做的事情感到不满，应当让他们有寻求真理的自由，我们年轻的时候也是这样。”接着他又补充说，“靠近人民，就不会走错路，但是如果你发现走错了路，那就要及时回头。”周恩来这番没有任何掩饰，坦诚而又真挚的语言，博得了美国客人的阵阵掌声。

有一次，美国的基辛格博士找到澳大利亚著名新闻记者威尔弗雷德·贝却敌，特意询问他对周恩来的看法，贝却敌脱口而出："他是这样一个人，他怎么想就怎么说，怎么说就怎么做。"并自信地认为这是对周恩来这方面品格的准确概括。

美国总统尼克松对周恩来以诚待人的品格也十分钦佩和赞赏。周恩来在1972年会见他时，提到出席会议的双方人员平均年龄的差距悬殊，说："我们的领导层中，年纪大的人太多了。就这一点来说，我们应该向你们学习。"

当周恩来陪同尼克松游览北京十三陵时，中方一个基层官员特意嘱咐一些孩子穿上鲜艳的衣服，还教他们在尼克松一行到达时应该怎样做。周恩来对此表示歉意，说："有人带了一些小孩来这儿，是为了点缀陵墓的风光，造成一种假象。你们的记者向我们指出这一点，我们承认这是不对的。我们不愿意文过饰非，而且已经批评了当事人。"

尼克松后来在追述上述两件小事后感慨万千："在我们访华的过程中，我情不自禁地想起赫鲁晓夫的高谈阔论是多么装腔作势，而中国人的待人接物又是多么平易近人。其实，赫鲁晓夫的吹牛不过是为了掩盖其自卑的心理；周恩来机警的自我批评则是自信心充分发展的明显表现。我知道，这只是如何待人接物的一种方式，但在事实上，这表明中国人对他们的文化和哲学的绝对优势坚信不疑。凭借这一优势，他们总有一天会战胜我们和其他人。"

而周恩来对下属所犯的错误，则不是横加指责，而是首先从自己身上找原因，给群众造成一个心理上的安全感，既教育群众，又解决问题。

20世纪50年代中，德意志民主共和国总理来中国进行国事访问，并与中国方面签订中德友好互助条约。访问期间，周恩来在国务院会议上报告了两国总理会谈的情况，并嘱咐记者不要报道。第二天，周恩来又将此事向全国人大常委会会议作了报告。可会议结束，记者仍照往常的做法，写了一条新闻发了出去。按照国际惯例，两国签订条约，要经双方约定时间，同时公布，条约尚未签订，我方就在消息中透露，这是对对方的不尊重。周恩来发现后，立即打电话向民主德国总理表示歉意。当天下午，周恩来把有关人员找去开会。会上，周恩来首先承担了责任，他指出这次差错是自己的疏忽造成的，并告诫记者，有关他的重大活动的报道应该告诉他一下，这不是他个人如何，而是出了差错会给党和国家造成不好的影响。他的谈话，大家听了都感到切中要害，又心悦诚服，心情舒畅，从而进一步增强了工作的责任心。

周恩来为了国家的事业，对于那些曾经严重犯过错误的人会采取的容忍态度。例如，1941年5月，日本帝国主义在中条山地带对蒋介石发动了一次逼降攻势。蒋军望风披靡，很快失去了5万多人的兵力。为了掩饰失败，蒋介石方面造谣诬蔑十八集团军（即八路军）坐视日本日军进攻不管。而当时主持《大公报》工作的王芸生等应蒋介石方面的要求，写了一篇题为《为晋南战事作一种呼吁》的社评发表，污蔑十八集团军。周恩来看穿了《大公报》所谓“大公”的特点，当天夜里就写了致《大公报》张季鸾、王芸生的公开信，对其进行严正批评。抗战胜利后，周恩来陪同毛泽东到重庆同蒋介石谈判。周恩来亲自去看望王芸生，同他谈国事的展望，并送他一口袋小米红枣。周恩来的豁达大度和亲切教诲，终于使王芸生走进了爱国人士的行列。

当然，周恩来也是讲原则的，对那种出卖朋友、投机取巧的人是绝对不能容忍的。1946年10月底，正当国共停战谈判进入关键期，梁漱溟、罗隆基等几位中间派人士背着中共，把一份中共根本不能接受的停战方案单方面交给了蒋介石和马歇尔。周恩来愤怒地指责他们违反事先达成的“君子协定”，出卖朋友。他还对其中的一位说：“以前有人说你是伪君子，我看你是真小人。”在周恩来义正词严的批评下，这几位中间派人士羞愧难当，慌忙收回了方案。[50]

魅力感悟

古往今来，总有人偏激地认为只有“阴谋诡计”才称得上是谋略，才是受用于人生，姑不说这是浅见，至少也是一种偏见。以诚为本，信誉至上，才是最高层次的人生谋略。人做到极处，不过是“全真保璞”，正如写文章一样，不管如何讲究章法机巧，而文章之极品不过是自然本色。周恩来就是这样一个率真的人。周恩来在回答美国乒乓球队员有关“嬉皮士”的看法时，其坦诚率真的回答就赢得了美国朋友的认可。

人非圣贤，孰能无过？周恩来对待那些犯过错误的人，总能以宽容的情怀去客观对待。而且他同时还能正视自身的缺点，周恩来历来反对那些不懂装懂、假充内行的人。他认为每个人由于职业学识等的差异，都会存在盲点和误区，大胆承认自身的不足，不但不会招致嘲讽，反而会赢得坦诚的掌声。对陪同尼克松游览十三陵时，看到有官员故意让穿鲜艳服装的孩子做点缀时，周恩来自揭其丑，这样看似迂腐的“糊涂”，不但无损周恩来的光辉形象，反而获得了尼克松的高度赞扬。

当然，周恩来敢于负责、勇承错误的做法，也赢得了国际的赞誉。按理说，中德建交，被记者报道的事情，周恩来完全可以推卸责任，但周恩来却主动向德国总理致歉，也正是这样自揭其短的“糊涂”，赢得了国际友人的敬重。

可是周恩来，为了新国家可以忘记仇恨，对迎合蒋介石胃口而肆意歪曲事实的王芸生，就显示出了这种海纳百川的政治雅量。不但“糊涂”地捐弃前嫌，还为其送去红枣和小米，结果让王芸生投身到爱国者的行列。

可周恩来也是一个眼睛里揉不进沙子的人，对于那些出卖朋友的人，周恩来却“糊涂”不起来，而是坚决地保持了清醒，显示了周恩来爱憎分明的坚定立场。

周恩来，就是这样一个既“糊涂”又清醒的斗士，他不但赢得了国民的认可，也赢得了国际的赞誉。

注释：

[39]《档案春秋》:周恩来总理和“烤鸭外交”. 中国网. 2008年03月24日

[40]陈如松.《世界名人幽默艺术欣赏》(世界名人语言艺术欣赏丛书). 当代世界出版社.2007年1月

[41]吴德广. “周恩来招待外宾到大寨食” .中国共产党新闻网

[42]江康，鲁培新，吴德广. “外国使节离席抗议 周恩来:让他们吃饱了再走” .世界新闻报

[43]云海 《好人生的支点：成就一生的99个好习惯》. 哈尔滨出版社

[44]周总理智取“九龙杯”. 新浪网. 青年时讯摘编自《党员文摘》.2007年11月15日

[45]二毛. “周恩来：美食为媒宴天下”. 出处杂志：博客天下. 2011年3-4期

[46]权延赤.《走下圣坛的周恩来》. 中共中央党校出版社. 1993年01月

[47]胡长明.《大智周恩来》.中共党史出版社. 2008年9月

[48]蒋遵和. 摘自《新闻午报》

[49]马祥林编著.《人民大会堂往事追踪报告》.中央文献出版社. 2010年8月

[50]胡长明.《大智周恩来》. 中共党史出版社. 2008年9月

第六章
Chapter 06

世界倾倒
——周恩来的魅力风采

20世纪对于中华民族来说，是一个风起云涌、能人辈出的世纪。百年沧桑，伟人迭出，巨星交辉。毫无疑问，周恩来是20世纪最耀眼的政坛明星之一，也是世界人民共同敬仰的杰出政治家。他外柔内刚的人格让他的敌人和人民诚服，他崇高的思想品德、高尚的道德情操成为矗立在人民心中的一座历史丰碑。

第一节　品德：魂系江河里，碑树人心中

周恩来的逝世，不但撼动了中国，也震撼了世界。因为周恩来是举世公认的道德典范，也是世界少有的杰出人物。他超凡的气度、横溢的才华和无穷的魅力征服了全世界，也征服了他所处的那个时代。虽然他从公众的视线中悄然离去，甚至连同他的骨灰也一同融于他喜欢的那片土地上、那片山水里，可是他的思想、他的信念、他的精神、他的形象却永远地矗立在人们的心目中，成为整个中华民族的骄傲，是当之无愧的东方骄子。

鞠躬尽瘁，死而后已
——盖世英才，周恩来赢得人民空前美誉

历史在1976年1月8日凝固了，因为这一天，中国人民的伟大儿子周恩来走完了他生命的最后历程。对中国人来说，这是一个举国同哀、大地皆悲的日子，尽管人们在心理上无法接受这一残酷的现实，但毕竟周恩来还是告别了他热爱的祖国和人民。遵其遗嘱，遗体火化，不保留骨灰，骨灰撒到北京密云水库、天津海河入海口及黄海黄河入海口。灵车经过天安门广场的时候，自发组织起来悼念周恩来的上百万群众聚集在道路两边，即著名的“十里长街送总理”。大陆各地举行了广泛的自发悼念活动。仅仅几天时间，北京人民英雄纪念碑下就放满了群众敬献给周恩来的花圈。周恩来虽然走了，可是他却在人民的心目中树起了一座熠熠生辉的道德丰碑。

赤胆报国恩　灰撒江河里

作为中国共产党早期的最高领导人之一，周恩来在50多年的时间里，为国操劳，鞠躬尽瘁，忍辱负重，终因超负荷运转而给他辉煌的一生画上了句号。

周恩来辞世的当天，邓颖超即向党中央提出了周恩来生前的最后一个请求：骨灰不保留，要撒掉。

三天后，邓颖超把当时的西花厅党支部书记、周恩来生前副卫士长张树迎和支部委员、周恩来生前贴身卫士高振普叫到她的办公室，说："恩来不保留骨灰的请求，党中央已经批准。今天叫你们来，就是要研究一下，把他的骨灰撒在什么地方。"

周恩来的逝世，给全国人民带来巨大的悲痛。多年在他身边工作的张树迎、高振普等人的悲痛自然就更不用说了。邓颖超继续说："你们是跟随恩来工作多年的人，他的最后一个请求已得到中央批准，就由你们二人执行撒骨灰的任务。这也是你俩为恩来同志做的最后一件事……"

说着说着，邓颖超哽咽了，张树迎、高振普两人的泪水也夺眶而出。邓颖超强抑住悲痛，安慰他们说："接到中央批准撒掉恩来骨灰的消息后，我很高兴。他的遗愿就要成为现实了。我们要共同为实现他的这一遗愿而继续工作。我也很想亲自去撒，但是，目前的条件已不允许我去做了。因为天气太冷了，我年岁又大了，一出去'目标'又大。恩来同志是我们党的人，你们二人都是恩来所在支部的支委成员，所以我委托你们二人去做这件事……"

邓颖超的话，既道出了周恩来的遗愿以及他为实现这个遗愿所作的安排，同时也是对周恩来身边工作人员的莫大信任。于是，张树迎、高振普和邓颖超的秘书赵炜3个人先后到北京的玉泉山、京密引水渠等几个地方察看。1月的北京，天寒地冻，没有选择到一个合适地点。因为大家都知道，全国人民对周恩来怀有深厚的情感，他的骨灰如果撒到地上、冰上，人们就会想方设法去搜集一点留作纪念。最后还是由中央决定：派飞机去撒，并由罗青长、郭玉峰（时任中共中央组织部部长）、张树迎和高振普 4 个人去执行撒骨灰的任务。撒的地点也是根据周恩来生前遗愿由中央同意的。

1月15日下午，周恩来追悼大会结束后，邓颖超领着张树迎等西花厅工作人员，以及罗青长、郭玉峰等人走进人民大会堂西大厅。周恩来的骨灰静静地放在那里，上面覆盖着鲜红的中国共产党党旗。他们跟在邓颖超身后，立正、低首、默哀。

默哀完毕后，邓颖超趋前打开骨灰盒，用颤抖的双手抚摸着骨灰，两眼含着泪水，十分坚强地说："恩来，你的愿望就要实现了，你安息吧！"

在场的人立即发出一片哭声。

1月15日晚上 7 点半左右，张树迎从邓颖超手中接过了骨灰盒。晚 8 时许，他们一行来到北京东郊的通县机场，一架原用于洒农药的苏制安－ 2 型小飞机停放在那里。

执行撒骨灰任务的同志登上飞机后，邓颖超由身边工作人员搀扶着，向飞机挥手，向她的战友、伴侣作最后一次告别。

头把骨灰撒北京，热爱首都一片情；二把骨灰撒密云，难忘治水为人民；三把骨灰撒天津，津门起步闹革命；四把骨灰撒滨州，亲山亲水报母亲。

就这样，一代伟人周恩来在把自己的一生无私地奉献给了祖国和人民的同时，也把最后的一点骨灰撒向了祖国的山山水水，从而奏出了周恩来人生观的千古绝唱：亲山亲水归大地，生生不灭为人民。

伟人驾鹤去　碑树人心中

说周恩来是人民的总理，这话一点都不过，因为他用一生的心血，践行了"为人民服务"的毕生追求。总理长年累月，平均每天只睡4个小时或者更少的时间，到点了必须叫醒。为了叫醒他，有的时候，身边的随同竟然要把总理从床上架起来走几圈，总理才能醒过来！在许多时候，他甚至不能睡觉，万隆会议开了7天，他只睡了13个小时！可是在去世前的最后日子里，多数时间他是处于昏睡中。他这一生实在睡得太少了！可是，对他充满敬仰和牵挂的人们却无法忍受他一睡不醒！

在他病重之际，还在坚持工作，实在无法坚持了，他却道歉说："我真的是无法坚持了，请让我休息十分钟吧。"说完就昏迷过去。

1976年1月7日晚11时，处于弥留之际的周恩来从昏迷中醒来，认出了医生，他说："我这里已经没有什么事了，你们还是去照顾别的生病的同志，那里更需要你们。"而这就是他生前所说的最后几句话！周恩来从未为自己提过任何要求。在他的最后岁月里，他的亲密战友——叶剑英元帅安排了人带着纸和笔，在总理身边守候，无论总理提出任何要求或有任何言语，都要立即记录下来，并马上送报，可是一直到去世，几个月下来，却仍然是白纸一张。

在总理身边工作过的人们，在总理昏迷时，都悄悄地进来默默看一看，出门后个个放声大哭，甚至有哭昏倒在地的。许多亲密战友，叶剑英、李先念等每次看望总理后，出病房后都会掉眼泪。为了安慰总理，他们当面从不流泪，李先念有几次离开病房就边抹眼泪边加快脚步前行，泪越流越急，步越走越快，走出楼道，就再也忍不住了，呜的一声，号啕大哭。

后来，当总理病逝的消息传开时，举国上下都沉浸在巨大的悲痛里，泪流成河、哭声震天，中华大地都以各种方式祭奠这位中国人民的伟大儿子。

周恩来的去世使中华大地有了亿万人侍立寒风哭英灵的旷古悲恸。当时年已80高龄的胡厥文老人万分悲痛，泣泪写就一首五言诗《悼念周恩来总理》，道出了不少人的心声："庸才我不死，俊杰尔先亡。恨不以身代，凄然为国伤。"生命属于人只有一次，许多人从心底发出以己之"灭"换周之"存"的愿望。人民对周总理的深厚感情由此可见一斑。稍后，清明节期间，成千上万的中国人，用各种形式表达对周恩来总理的怀念哀悼之情，谱写出一幕幕悲壮的史诗剧。

周恩来专机机长刘崇福时说：“总理逝世后，我4天吃不下饭，心脏都弄坏了。说老实话，父母死了我也没这样……”

八宝山革命公墓火化周总理的火化工，是跪着把总理的遗体送进火化炉的，一边哭着一边火化，火化结束他已经成了个泪人。

这就是一个总理在人们心目中的位置。

在总理逝世20年以后，有人为拍摄《百年恩来》而采访和接触了许多人。

摄制组采访天津宝邸县副县长侯隽（当年知识青年的先进典型，周恩来接见过她）时，面对镜头，侯隽一句话未说完，哇的一声号啕大哭。摄制组制片段文兵走上前想安慰几句，他安慰的话未讲完，自己也泣不成声。侯隽也知道摄制组采访任务艰巨，她很想控制自己，可是却难以自制，她说：“对不起，我不该这样对待你们……可是，我实在没办法，一想到总理，我……我心里就控制不住自己的情绪……”话未讲完，又放声大哭。

第二天，摄制组决定把原来的室内采访换成野外采访，这样也许大家都可以控制自己的情绪。于是，他们选择了一个蔬菜基地作为场景。然而，面对摄像机，侯隽依然止不住眼泪，她泣不成声地说：“父母死了20多年，不会想起来就哭，可是我们的总理呢？就不一样了，直到今天，家人也好，同事也好，谁也不敢在我面前提总理，一提总理我这心里就难受，就想哭……”这时，摄像张世君鼻子发酸，眼泪哗地涌出眼窝，扛起的摄像机也颤抖起来。

魅力感悟

周恩来是一个时代的符号，是一个伟人的象征。从政府高官，到黎民百姓，甚至包括周恩来的政治对手们，只要一提起周恩来，就会油然而生敬意。他是一个浑身都充满人情味的真正的布尔什维克，他把自己的一生都献给了他所深爱的祖国和人民，鞠躬尽瘁，死而后已。他的身后虽然没有一座坟茔，没有一抔黄土，没有一块墓碑，但他永远活在中国的崇山峻岭和江河大川之中，活在他所深爱的祖国和人民的心中。

从周恩来病重，到他的骨灰撒到江河。他牵动了多少人的心，有数不清的人为他默默祈祷，可是癌症还是无情地夺去了这位伟人的生命。无论是国家领导人的号啕大哭，还是火化工的跪地火化，乃至于几十年后，一提到周恩来，或者看到周恩来的扮演者，人们的心就被揪住了，这就是伟人的魅力，楷模的价值。

不管肤色，不论种族，人们一致评价周恩来的人格，是最高层次的高尚完美的理想人格。正像一位学者所指出的那样："虽然世界上没有完人，没有不存在缺点的人，但相对来说，周恩来确实是一个光彩夺目的比较完美的典型，中华民族的最好美德几乎都体现在他的身上。中国共产党人的优良传统在他的伟大一生中充分反映了出来，在人们心中树立起无比崇高的形象。"

的确，周恩来的人格达到了共产主义理想人格的最高境界。有人曾将周恩来人格的特质具体界定为：憎爱分明的政治人格，公而忘私的道德人格，坚韧不拔的心理人格，聪慧高超的智能人格，崇尚新美的审美人格等五个方面。

高山仰止，景行行止
——光明磊落的千古一人

伟大的时代风云造就了周恩来的精神品格，周恩来伟大的精神品格又影响、推动了一个时代的前进。周恩来的高尚品德，集中体现在他为了国家和人民的利益，真正做到了大公无私、殚精竭虑，鞠躬尽瘁、死而后已，他把中华民族的传统优秀品德和共产党人的优秀品德融为一体，创建和形成了中国精神道德文明的最新高峰。周恩来真正是毛泽东所说的毫无自私自利之心，毫不利己专门利人，是对工作极端负责，对同志对人民极端热忱的人；是一个完全为着解放人民，彻底地为人民利益工作的人；是一个高尚的人，纯粹的人，有道德的人，脱离了低级趣味的人，是个有益于人民的人。

民众至上　事无巨细都躬行

周恩来是彻底的唯物主义者，具有乐观豁达的无产阶级世界观。因此，他坚信人民群众是历史的创造者，是推动社会发展的决定力量；无产阶级革命事业和共产主义事业是亿万人民群众的事业。因而他把“永远不与群众隔离，向群众学习，并帮助他们”作为重要的修养要则，规范自己，要求自己。他认为，人民是至高无上的，人民是永生的。他心中时刻装着人民，一事当前先考虑人民的利益，因而全心全意地为人民服务，把自己的一切无私地奉献给人民。这是周恩来精神品格的核心和真谛。因而，周恩来心系人民，把自己当做人民的勤务员。

1938年，安徽寿县的曹云屏，让人代写一信，给当时在武汉八路军办事处工作的周恩来副主席，述说自父亲曹渊牺牲后，母子二人贫苦无依、度日艰难、求学无望的情况。

曹云屏的父亲曹渊是黄埔一期生、叶挺独立团第一营营长。1926年，曹渊牺牲在武昌城下时，曹云屏年仅两岁。1926年5月，叶挺独立团在攻打湖北汀泗桥时，敌军在桥上设下铁丝网，桥下河阔水深，军阀吴佩孚又组织了1000多人的“奋勇队”守桥。身为共产党员的曹渊率领第一营浴血奋战，打垮了敌人的“奋勇队”，立下了汗马功劳。9月3日，北伐军初攻武昌不下，伤亡惨重。曹渊在战地向叶挺写了份紧急报告：“团长：天已拂晓，进城无望，职营伤亡将尽，现存十余人。但革命军人有进无退，如何处置，请指示。曹渊。”他刚写下自己的名字，不幸头部中弹，壮烈牺牲。曹渊牺牲后，叶挺将军非常悲痛，派人去抢回他的遗体，还牺牲了几位同志，后来将他葬在武昌洪山。周恩来接到曹云屏的来信后，非常重视，并立即写了复信，同时还寄去银元20元，作为曹云屏赴武汉的路费。

后来在周恩来的直接关怀和帮助下，曹云屏于1938年5月辗转来到延安，入陕北公学学习。同来的还有其堂兄曹云青。周恩来对云屏、云青关怀备至，经常询问他们的学习和生活情况。1939年，当时正是抗战最艰苦的阶段，同学们对抗战前途有种种议论。云青、云屏也有些困惑，就想请周恩来副主席给他们谈谈有关抗战和国共合作的前途问题，于是致信周恩来进行问询。

可当时周恩来却出了意外，他在7月10日骑马到中共中央党校作报告途中，马惊坠地，右臂骨折。但周恩来仍在伤势严重、即将赴苏治疗前，忍着剧痛函复云青、云屏信，勉励他们“更加努力地学习”，并祝他们进步。为了帮助云青、云屏认清革命形势、抗战前途，周恩来还特地给他们订购了延安出版的《解放》杂志，让他们从中受到启迪。

无独有偶，在周恩来于武汉主持八路军办事处工作的时候，还接到一封侨胞的来信，也得到了妥善的处理。

1937年，“七七”卢沟桥事变，激发了众多中华儿女奋起抗日，也引起旅居曼谷的侨民杜英先生和30多位华籍员工对祖国命运的担忧和关注。他们急切地想探听国内消息。

一天，杜英先生从报纸上看到周恩来主持武汉八路军办事处工作的报道后，经与工友们商量后，便以“曼谷十八涌跑马场华籍洋务工人”的名义写了一信，向周恩来请教如何看待抗战前途问题。随信还寄上筹捐的泰币4000铢。

信发出后，杜英等工友想，周恩来工作那么忙，彼此又不熟悉，肯定不会有复信。然而出乎他们意料之外的是，不久，周恩来即亲笔写来一封回信。信写得很长，有8页之多。内容除了赞扬海外侨胞关心祖国命运，支援祖国人民抗日战争的爱国热忱外，还着重谈了抗日的形势问题。周恩来在详细分析形势、精辟地论述战争的发展趋向后，断然指出："抗日战争必将是以中国人民取得最后胜利而告终。"信末，还嘱咐杜英等今后捐款寄到香港，交廖承志收转，不必寄到武汉。

看着周恩来那清秀流畅的笔迹，工友们激动得热泪盈眶。周恩来的信，像暖风迅即吹遍跑马场内外。为了让更多的侨胞看到周恩来的信，杜英又设法将信删去头尾，以《周恩来论抗日形势》为题，登在《曼谷时报》上，在整个曼谷华侨社会都引起轰动。周恩来亲切的话语，不仅温暖了旅居泰国侨胞的心，也打消了他们对抗日前途的疑虑、担忧。

身居高位　以身作则

周恩来具有强烈的自我醒觉意识。他认为："人总有缺点的，世界上没有完人，永远不会有完人。"因而，他善于把自己作为客体来无情地解剖。他在处理改造别人与改造自己的关系时，认为只有能改造自己的人才能改造别人，并提出"批评自己——批评别人——接受批评"的公式，不但把批评自己放在首位，而且把接受别人批评作为落脚点，能够勇于改造自己。他曾提出"要与自己的他人的一切不正确的思想意识作原则上坚决的斗争"、"适当的发扬自己的长处，具体的纠正自己的短处"、"对自己要求应该严一点，对人家应该宽一点，'严以律己，宽以待人'"，从而使个体的精神品格得以纯净和升华。同时他还认为事物总是有矛盾的，要经常进行自我反省、自我解剖，提出并实践了"活到老，学到老，改造到老"的至理名言。

1962年春，周恩来到杭州开会。当时，北京因气候缘故缺少青菜，而南方恰值青菜上市。杭州的同志为了能让总理多吃一点青菜，在会议结束之际把两筐青菜搬上了周恩来的飞机。周恩来的随同人员表示，总理多次交代过不准给地方造成困难，不许随便带东西回北京，婉言加以谢绝。但杭州的同志却解释说，菜不是送给总理的，是分给中央首长吃的，而且不是白送，收费发票都开好了。随同人员无奈，付了钱才将青菜带回北京。

在吃到这些青菜时，周恩来询问："是不是你们把菜带回来的？"听了随同人员的解释后，他严肃地说："以后即使这样也不允许。这样做，会造成不好的政治影响。你们想想，总理和市民都是一样的人，我要不当总理就没有这个优越条件，就享受不到这种特权。市民能买到这个菜吗？"

尔后，他又语重心长地开导工作人员："你们在我这里工作要懂得，办任何事情都要跟我联系起来，要跟我的职务联系起来，要和政治影响联系起来，要把我和人民联系起来。"

在场的工作人员事后回忆：周总理和蔼可亲地开导大家，国家目前还很困难，要精打细算，学会过日子。当时，周恩来有句话使在场的人们深为感动。他说："我们干部要和人民群众同甘共苦才行，可不能搞特殊呀！"

类似的事还有许多。有一年，周恩来来到长春，住在南湖宾馆。工作人员按他立下的规矩给厨房送了一份禁吃的菜谱，囊括山珍海味，甚至鸡、鱼、肉、鸡蛋、罐头、香肠均在禁吃之列。一天早晨，宾馆厨师给周恩来做了一顿炸油条。他当即询问服务员："群众一个人每月供应几两油？炸一顿油条要几斤油？我们一顿要吃掉几个人的油？"

北京站有个客运服务员，在一次会上见过总理。事隔多年，总理陪外宾参观，看见她在母子候车室打扫卫生。总理还记得她的名字，并主动过去握手问好；邢台遭到强烈地震以后，总理乘车去灾区慰问，想起了人民大会堂有个服务员家在邢台，一定很担心，就立即派车把这个服务员接来，让她随同回家看看。

作为无产阶级革命家，总理完全把自己融合于社会之中，把自己看做平等的社会成员。总理有个弟弟，原来是个旧职员，解放后下放锻炼，有同志知道后就想给以照顾，可总理却让邓颖超转告同志们：不要照顾，他有旧思想，应该好好锻炼、改造。

第二节　造诣：经天纬地之才，安邦定国之志

周恩来是一位造诣极高的俊杰，他有经天纬地之才，有安邦定国之志。在少年时代就确立了“为了中华民族之崛起”而读书的远大目标，为寻求革命真理，曾东渡日本，西去欧洲，成为中共最早的党员之一。并凭借出色的政治才干，在25岁就获得了孙中山的赏识，被委任黄埔军校政治部主任这样重要的职位；领导发动南昌起义，打响了武装反抗国民党反动派的第一枪；他和朱德共同指挥第四次反“围剿”并取得巨大胜利；他支持召开遵义会议，支持毛泽东的正确主张。随后，周恩来就作为毛泽东的得力助手，一直处于中国巨大的政治漩涡之中。西安事变、重庆谈判、三大战役，无不显示他纵横捭阖、经天纬地之才。新中国成立后，周恩来担任总理26年之久，成为日理万机、鞠躬尽瘁的一代名相，显示出了他雄才大略的执政水平，建立了不朽的历史功勋。

九州鸿儒，世界伟人
——博学多才的周恩来赢得世人钦佩

周恩来的博学多才和人格魅力，不但是一种非凡的力量，还是一笔中华民族足以自豪的精神财富，他不但赢得了亿万国人的敬仰，还获得国际上的口碑。他在政治、军事、外交、文学、艺术等领域均卓有建树，可以说造诣很深。凡是接触过周恩来的人，不管阶级立场、意识形态如何，都会不由自主地被他展现的博学和魅力所吸引、所折服。周恩来伟大的人格

力量，不仅获得民族的认同、历史的认同，也已为世界认同。

学养深厚 诗人才情见底蕴

人们之所以对周恩来充满敬仰和崇拜，就是因为他身上始终洋溢着超凡的魅力，他胸襟坦荡、口才出众、品德高尚、能力超强，并在长期的革命和外交生涯中，练就了超常的思辨能力和应对技巧，留下了许多机智善辩、妙语应答的千古佳话，而被世人誉为巍峨的丰碑和道德的楷模。周恩来不但是举世公认的大政治家、外交家和军事家，其实，他还是一位诗人、文艺家，他有丰富的文艺实践，有很深的文学素养和精湛的美学鉴赏力，另外他还是杰出的马克思主义文艺理论家，这就令人不得不叹服造化的神奇，更不得不敬佩周恩来坚韧不拔的追求。他是一位崇高的人，为理想献身的人，他的美学思想与其坚定的信仰是一致的，因而充满了理想主义的光辉。尽管由于他的日理万机，而限制了他的诗作数量，但窥一斑而知全豹，我们不妨从他早期的作品中领略诗人的风采，感悟他人格与诗境相通的忧国忧民思想。

大江歌罢掉头东

大江歌罢掉头东，邃密群科济世穷。

面壁十年图破壁，难酬蹈海亦英雄。

这首现存于中国历史博物馆的手迹，是1917年9月，周恩来结束中学时代，为寻求革命真理，东渡日本，出国前夕写下的。1919年3月，周恩来为了投身到祖国的反帝反封建的洪流中去，毅然放弃在日本学习的机会，决定回国。在回国前夕，他的同学好友张鸿诰等人为他饯行，请书赠留念。周恩来挥毫书赠了这首诗，并在诗后写有“右诗乃吾十九岁东渡时所作”、“返国图他兴，整装待发，行别诸友”、“书此留为再别纪念”等字句，同时还写明书赠此诗也是为了自督。这首诗表现了诗人怀抱救国宏愿、以身许国的豪情壮志。

“大江歌罢掉头东”起句气势雄伟、荡气回肠，表达了周恩来负笈东渡寻求真理的坚定决心。“大江歌罢”指刚唱罢令人豪情四起的苏轼词《念奴娇·赤壁怀古》，其词开篇即有“大江东去，浪淘尽，千古风流人物”的句子。周恩来此处用此典，一是表明其志向的豪迈，二也是为了照应东渡日本横跨大洋江海的经历。杜甫有诗“巢父掉头不肯住，终将入海随烟雾”，而这里“掉头东”则表明赴汤蹈火、义无反顾的人生抉择。梁启超在1898年戊戌变法失败后流亡日本时，曾有诗句曰：“前路蓬山一万重，掉头不顾吾其东！”梁启超表达的是离开中国而到日本寻求真理的决心，周恩来此诗句反映的也正是他1917年东渡时立志救国的远大抱负。

“邃密群科济世穷”，诠释的是他到日本求学的目标，即细密地研究多门科学以拯救濒临绝境的中国。周恩来自中学始就具有“为中华崛起而读书”的远大理想，他所处的时代也正是国内掀起“实业救国”、“科学救国”的呼声高涨时期，留学潮中的中国青年大多抱有到国外寻求先进思想、先进技术以报效国家、拯救中国的愿望。故他在国内革命需要时可以放弃在日本的留学，又可以为了革命的需要于1920年到欧洲勤工俭学。

“面壁十年图破壁”，“面壁”面对墙壁坐着。《五灯会元》记载：达摩大师住在嵩山少林寺，“面壁而坐”，终日沉默不语，人们不知道他在干什么，都说是在看墙壁。这里用来形容刻苦的钻研。是借达摩面壁修禅的故事反映出诗人刻苦钻研欲达到的境界和追求。西来的达摩禅师从长江之南一苇渡江到达嵩山少林寺，在山洞里面壁十年默默修禅，终于将印度佛教成功传入中国，成为禅宗初祖。周恩来表示东渡留学也要有达摩面壁的精神，而且学成之后要达到如巨龙破壁腾飞的境地。“破壁”之说源自《历代名画记》中所记载的传说，说南朝着名画家张僧繇在金陵安乐寺的墙壁上画了4条没有眼睛的龙，他说，如果点了眼睛，龙就要飞走。别人以为这话说得荒唐，他于是点了龙的眼睛，不一会雷电大作，轰毁了墙壁，巨龙乘云飞去，而没有点眼睛的龙还在。这个故事是形容张僧繇画技的高超。“画龙点睛”和“破壁”两个词语都来源于此。周恩来将“面壁”和“破壁”巧妙地结合起来，不仅在修辞手法上是一种艺术创造，更重要的是表达出一种不同凡响的人生追求。表示他学成以后，要像破壁而飞的巨龙一样，为祖国和人民做一番大事业。

“难酬蹈海亦英雄”，蹈海，投海。这句意思是：即使理想无法实现，投海殉国也是英雄。“蹈海”可有两种理解，一是跳海殉身之意，如近人陈天华留学日本，为了抗议反动当局无理驱逐中国留学生和唤起民众的觉醒，毅然投海自杀，以示警醒；二是到了晚清时，出洋寻求真理亦称“蹈海”。章太炎在1902年曾出洋到日本，归国后因“苏报案”被捕入狱。梁启超在《广诗中八贤歌》中即说他“蹈海归来天地秋”。另据《史记·鲁仲连邹阳列传》记载：鲁仲连善于出谋划策。秦军围赵都邯郸，曾以利害进说赵、魏大臣，劝阻尊秦昭王为帝。他说：“彼即肆然而为帝，过而为政于天下，则连有蹈东海而死耳，吾不忍为之民也。”这几句话的意思是：秦昭王妄图称帝，用错误的政策统治天下，那我将投东海而死，也不愿作秦国的百姓。

近现代革命先驱为挽救陷于危世的中国，他们的志向都是非常远大的，而当时只有19岁的热血青年周恩来不但有远大的政治抱负，而且在其诗作中，旁征博引，让人看后无不热血沸腾、荡气回肠，足见其深厚的国学素养和人格境界。

后来，周恩来刻苦奋斗，终于实现了自己的政治抱负，和无数志士仁人一同前赴后继，建立了新中国，其国学素养也更日趋完善。其伟大的人格魅力、超迈拔群的品质为世人称道、敬仰。冰心老人曾说过：“周恩来总理是十亿中国人民心目中的第一位完人。”连国民党元老于右任也不由得赞叹：“周恩来的人格真是伟大！”

周恩来以其宽阔的胸怀、深厚的素养赢得了世人的爱戴。

多国语言　折服国际友人

1917年周恩来自南开毕业，获国文最佳奖，并代表毕业同学致答辞。《毕业同学录》中对周恩来评价甚高：“君家贫，处境最艰，学费时不济，而独于万苦千难中多才多艺”、“善演说，能文章，工行书”、“长于数学”、“毕业成绩仍属最优”。

在《毕业同学录》中，虽然评语中没有提到周恩来的英文水平，但是既然毕业成绩“最优”，可以说周恩来的英文底子也是相当扎实的。后来周恩来留日期间，在日记写道：“阅英文报，得知日政府又提二十条于中国矣！”可见周恩来英文的水平。

1921年年底周恩来抵达法国，却专门去到英国，打算报考英国学校，也足以证明周恩来对其自己的英语水平相当自信。事实上，周恩来阅读英文报纸的习惯也一直延续到解放以后，在《百年恩来》这部纪录片中也有周恩来在工作之余阅读英文报纸的镜头。

1936年美国记者埃德加·斯诺在陕北第一次见到了已经是中共主要领导人的周恩来。斯诺在《西行漫记》第二篇“去红都的道路”上对周恩来做了这样的描述：“……这时突然出现了一个清瘦的青年军官，他长着一脸黑色大胡子。他走上前来，用温和文雅的口气向我招呼：‘哈喽，你想找什么人吗？’他是用英语讲的！我马上就知道了他就是周恩来……我一边和周恩来谈话，一边深感兴趣地观察着他，因为在中国，像其他许多红军领袖一样，他是一个传奇式的人物。他个子清瘦，中等身材，尽管胡子又长又黑，外表上仍不脱孩子气，又大又深的眼睛富于热情。他确乎有一种吸引力，似乎是羞怯、个人的魅力和领袖的自信的奇怪混合的产物。他讲英语有点迟缓，但相当准确。他对我说已有5年不讲英语了，这使我感到惊讶……”

美国著名作家、记者哈里森·索尔兹伯里先生，也记述了他1954年亲眼目睹的一件轶事。那是周恩来在日内瓦会议之后经过莫斯科，参加苏联人举办的一个酒会。参加酒会的有赫鲁晓夫、米高扬、莫洛托夫等苏共政治局要员，以及当时与中国有外交关系的外国使节，包括英国和印度。

当周恩来致辞时，他使用的却是英语。他这样做是很不寻常的，因为除了那几个国家的外交官外，酒会上的苏联权贵是根本不懂英语的，所以还要翻译把他的英语致辞翻译为俄语。

索尔兹伯里还亲眼看到，当周恩来用英语向米高扬祝酒时，米高扬以很不满的口气对周恩来说："周，你为什么不说俄语，你的俄语很流利嘛！"可周恩来的回答也很直接："可是你为什么不说中文呢？"让米高扬顿时哑口无言。

当然，世人真正领略周恩来的英语听力和警觉性是在1972年1月，当时美国总统特使基辛格为尼克松访华打前站，周恩来的英语水平表现的淋漓尽致。基辛格的前站非常成功，尼克松总统顺利访华签署了《中美联合公报》。在公报签字后尼克松举行答谢宴会，最后特别赞扬中方的翻译，并且拿出美国人的幽默感对章含之说她很出色，"翻译我全听到了，一个字也没错过"。可是尼克松不知道，就是在这次酒会上，章含之在翻译尼克松的致辞时翻译错了一个词，尼克松当时说中美之间的距离很近，才1.7万英里，当时他说的1.7万英文表达就是17个千，当时章含之翻译成1700英里。可在场没有一个中方人员听得出来，因为那时还没有中国人去过美国，也没有一个美方人员听得出来，因为他们也搞不清中国到美国究竟有多远，只有周恩来听出来了。可周恩来却抬起头来，对章含之说："含之，太近了点吧。"

章含之心领神会，点头佩服。

事实上，从周恩来的经历来看，他除了少年开始学习英语以外，还因出国接触过日语、法语、德语、俄语。

据日本友好人士冈崎嘉平太的儿子冈崎彬回忆说，他曾随父亲在1963年访华，在人民大会堂受到过周恩来的接见，周恩来与来访的每一个人一一握手后，最后才与站在队伍最后面的冈崎彬握手。周恩来第一句话用中文问："会不会普通话？"冈崎彬诚实地回答："不会。"

周恩来又用法语问："会不会法语？""也不会。"冈崎彬再次诚实回答。周恩来又用英语问："会说英语吗？""英语会说一点儿。"冈崎彬回答后，接着反问周恩来，"您会日语吗？"

周恩来两手一摊，笑着用日语说："我的日语忘光了。"可是冈崎彬却惊奇地发现，周恩来这句"我的日语忘光了"分明是清清楚楚、标标准准的日语。

1973年1月9日，意大利摄影记者洛迪先生随同意大利外长梅迪奇见到了他心中的偶像周恩来。洛迪作为摄影记者，早就产生了要为周恩来拍张单人像的强烈愿望。因此，尽管此次接见前意大利使馆向洛迪等记者反复叮嘱，不允许携带相机，但他却向意大利驻华大使撒了个谎，悄悄地带上了照相机。在代表团一行排着队等候周恩来握手时，洛迪排在队伍的中间。当听到周总理向人们打招呼和致谢的声音时，洛迪向排在前面的大使询问：除了中文外，周总理会讲什么语言？大使说："周恩来的法语讲得很流利。"洛迪马上有了主意，洛迪就从队伍里走了出来，一直走到队尾，这样就成了最后一个接近周恩来的人。当临到洛迪与周恩来握手时，他果然用法语向周恩来请求拍照。洛迪那时只是个中年人，却是位"少白头"。周恩来看了看洛迪，诙谐地对他说："对有白头发人的请求，我是不会拒绝的。"于是就诞生了那幅最著名《深思中的周恩来》的照片。[51]

魅力感悟

对于周恩来在政治、军事、外交等领域的卓越才干，国人大多能耳熟能详，可是周恩来的才华远非这些。其实周恩来在诗词、文学艺术、书法绘画，甚至在佛学研究、文艺表演上也颇具功力，甚至造诣很深。可是，人们对于周恩来这些大多知之甚少。

从周恩来的诗词境界中，让人们见识了周恩来对古典诗词的精准把握。他不但旁征博引还推出新意，并将自己的政治抱负融入诗词，展现了他忧国忧民和扶持天下苍生的人格境界，让对文学有深刻研究的文人也赞叹不已。尤其是周恩来通过诗词将自己与中华民族的命运联系起来，让人顿生敬意。

另外，周恩来对多国语言的熟练运用，更彰显了他的才气与气度。作为政治家，周恩来原本就以迷人的光环，潇洒的外表、谦逊的品质、优雅的风度吸引了全世界关注的目光。他对各种语言的熟练程度，更是让人佩服不已，这也是他成为纵横捭阖的大外交家的内在功力。因此，周恩来，之所以受到国内外一致的认同，就是因为，周恩来确实是一个才华横溢、品德高尚的伟人。

中华民族的优秀分子自古以来有殉真、殉善、殉美的传统，周恩来就是这样一位传统文化的传承者。他胸前始终戴着一枚“为人民服务”的胸章，是他为之奋斗的理想。作为一个“以天下为己任”的人民总理，他将一切贡献给人民了。周总理作为一个坚定的共产主义者，将共产主义信念与人民的利益融为一体。在他的诗词和文艺活动中，始终以马克思主义的理论修养为基础，因此表现出一般文艺理论家难以达到的思想深度。从某种程度上称其为一代鸿儒毫不为过。

中华圣相，国际巨擘
——周恩来是亘古未有的人民总理

周恩来自1949年起，就被任命为国务院总理，也就是从这个时刻起，世界逐渐知道了中国的开国总理周恩来。共和国总理一职，周恩来一做就是26个年头，鞠躬尽瘁，死而后已。

小荷才露 伯乐资助成大器

1913年，15岁的周恩来入南开后，很快显露出品学兼优的才能，得到南开“校父”严修的格外赏识。经济上严修和张伯苓校长经常资助周恩来，让他为学校刻蜡板或抄写讲义，以补助膳食费。入学第二年，严修便破例批准他为南开学校唯一免交学费的学生。

1917年，周恩来以平均89.72分的优异成绩毕业。严修对这个才华横溢的年轻人寄予了厚望，甚至想要这位19岁的青年做他的乘龙快婿，但却被周恩来彬彬有礼地拒绝了。可严修不仅没有生气，反而更加敬重这位不图财富努力选择自己道路的年轻人，故此他一如既往地资助他。在严修的帮助下周恩来赴日本求学。1919年五四前夕，周恩来再入南开，成为南开学校大学部第一届文科学生。

周恩来入大学后，积极投身五四爱国革命运动，成为天津青年学生爱国运动的领导者。1920年1月，他因领导学生运动遭到反动当局逮捕身陷囹圄，经多方营救才得以出狱。

严修为了保护好这位被他誉为有“宰相之材”的年轻人，就与张伯苓商量以他在南开设立的“范孙奖学金”资助周恩来出国深造。这一年，严修捐款7000元银洋，设置“范孙奖学金”，选派南开大学最优秀学生出国深造。他们一致同意派周恩来出国留学。

为了给周恩来创造更好的留学条件，严修还特意给驻英国公使顾维钧写信，介绍周恩来的情况。周恩来1962年还提到此事，说他在法国的留学费用不是靠勤工俭学，而是“范孙奖学金”。正是“范孙奖学金”起了资助革命的作用。

到达欧洲后，周恩来一直与严修保持密切联系。严为资助周恩来，特在严家账目上为其立了户头。除第一年留学费用是交给周恩来支票，让他亲自带走外，以后的学费，都是严修让人转寄的，每半年一次，准时不误。为了感激严修对周恩来的资助，1922年春节，周恩来的父亲周懋臣特去拜谢严修。严修在经济上的帮助，使周恩来免受饥馁之苦，也不必像其他旅欧学生那样勤工俭学，这使他有充足的时间和精力去从事革命活动。

由于“范孙奖学金”的资助，周恩来的留学生涯实际上成了他对西欧这一资产阶级革命及工业革命发祥地的实地考察。他旅欧时的活动中心是巴黎，间或往返于比利时及德国等地，从事革命考察和领导工作。在较为系统地考察中，周恩来依据亲眼所见，对真理做了进一步的求索，并重构了自己的思想，确定了共产主义的信仰，还被选举为中共旅欧总支书记。由于周恩来在欧洲从事革命活动，有人就劝严修不要再给周恩来以资助，但他不为所动，以“人各有志”奉答，继续寄钱给周恩来。

周恩来出任总理后，于1950年在中南海西华厅设便宴招待张伯苓校长，当时在场的张希陆（张伯苓的儿子）回忆，总理曾说：“我在欧洲时，有人对严先生说，不要再帮助周恩来，因为他参加了共产党。严先生说：‘人各有志。’他是清朝的官，能说出这种话，我对他很感激。”言外之意，是感激老先生对他人格的认识。吃饭时，端上一碗汤来。总理又深情地说：“老先生就像一碗高汤，清而有味，是封建社会一个好人。”周总理对严修老先生的资助始终未曾忘怀。[52]

居高位不显摆 成百官楷模

自古以来，官和权总是连在一起的。在某些人看来，官就是显赫的地位，就是特殊的享受，就是人上人，就是福中福。官和民似乎成了一个对立的概念，也有了一种对立的形象。但周恩来作为一国总理则只求不显。在外交、公务场合他是官，而在生活中，在内心深处，他总是以一个最低标准甚至不够标准的平民来要求自己。

一次他出国访问，内衣破了送到我驻外使馆去缝洗。大使夫人抱着这一团衣服时，泪水盈眶，她怒指着工作人员道：“原来你们就这样照顾总理啊！这是一个大国总理的衣服吗？”总理的衬衣多处打过补丁，领子和袖口已换过几次，一件毛巾睡衣本来白底蓝格，但早已磨得像一件纱衣，即便是瞪大眼睛都找不出原来的纹路。这样寒酸的行头，当然不敢示人，更不敢示外国人。所以总理出国总带一只特殊的箱子，不管住多高级的宾馆，每天起床，先由我方人员将这套行头收入箱内锁好，才许宾馆服务生进去整理房间。人家一直以为这是一个最高机密的文件箱呢。其实，这专用箱里锁着一个平民的灵魂。而当总理在国内办公时就不必这样遮挡“家丑”了，他一坐到桌旁，就套上一副蓝布袖套，那样子就像一个坐在包装台前的女工。

可许多政府工作报告，国务院文件和震惊世界的声明，都是在这蓝袖套下写出的。只有总理的贴身人员才知道他的生活实在太不像个总理。总理一入城就在中南海西花厅办公，一直住了25年。这是座老平房，又湿又暗，工作人员多次请示总理，总理都不准维修。终于有一次，工作人员趁总理外出时将房子小修了一下，于是《周恩来年谱》便有了这一段记载：一九六〇年三月六日，总理回京，发现房已维修，当晚即离去暂住钓鱼台，要求将房内的旧家具全部换回来，否则就不回去住。工作人员只得从命。

一次，总理在洛阳视察，见到一册碑帖，爱不释手，忙问秘书身上带钱没有，见没带钱，就摇摇头走了。总理从小随伯父求学，伯父的坟迁移，他不能回去，先派弟弟去，临行前又改派侄儿去，为的是尽量不惊动地方。作为一国总理，他理天下事，管天下财，住一室，食一蔬，用一物，办一事算得了什么？可总理有权不私，有名不显，权倾一国，两袖清风，这种近似残酷的反差让人们不由得对总理肃然起敬。

效法古代先贤　终成国际大政治家

自周恩来成为开国总理以后，就以更高的道德标准和工作作风严格要求自己，并从古代先贤魏征、范仲淹、王安石等人那里借鉴治国思路，特别是诸葛亮“鞠躬尽瘁、死而后已”的敬业精神，更是被周恩来所效法。

周恩来无论是在治国理政，还是外交斡旋上都显得大气磅礴，别具一格，尽显中华智慧。特别是在日内瓦会议上的以新中国的身份闪亮登场。在关于朝鲜问题的讨论中，面对以美国为首的“十六国”集团，周恩来的外交智慧得到充分显现。尤其是当朝鲜问题的谈判破裂，印度支那问题能否谈下去？日内瓦会议处于转折关头，周恩来折冲樽俎，使会议展现出和平解决的前景。

如果说，日内瓦会议周恩来的风度让世界仰视的话，那么周恩来在万隆会议上的卓越表现，在被视为亚非巨人第一次握手的同时，也征服了整个世界。周恩来无疑成了外交史上的一座丰碑。他也因此而跻身世界级大政治家的行列。

魅力感悟

在几代中国人心目中，周恩来是一位慈祥的父亲，一位称职的家长，一位知心的朋友。

有人说，周恩来是中国稀有的天才，从少年时就被他的伯乐——南开“校父”严修看出来是“宰相之材”，因而倍加呵护，并资助其出国留学。这位自小就抱定“为中华之崛起而读书”的英才，果然不负众望，终于以自己近似完美的人格魅力成为共和国的开国总理。可是这位雄才大略的一代圣相，在威望崇高、功勋显赫的光环中，也没有搞任何特殊化，总是以人民中的一员来要求自己，因而，博得了更多老百姓的拥戴。

应当说，周恩来身上散发的优秀基因，将一个共产主义者的无私和儒家传统的仁义忠信糅合成一种新的美德，并为中华文明提供了新的典范。如果说毛泽东是中国共产党和中华人民共和国的缔造者，那么周恩来则是党和国家的养护人。周恩来化成了“两袖清风”的一个政治符号，甚至在他走时连一点骨灰都没有留下。可他却树起了一座光芒四射的道德灯塔，成为世人仰慕的不朽丰碑。

第三节　功勋：功昭日月，勋誉寰宇

从某种程度上讲，周恩来代表了中国政治家的最高境界，是最值得中国人骄傲的历史人物。特别是新中国成立后周恩来在外交、统战、知识分子、科学技术等方面建立了卓越功勋。因此，人们基本认同“民族英雄、党的领袖、开国元勋、人民公仆、世界伟人”这“五大桂冠”，周恩来对世界和平和进步事业所作的贡献，不仅在当代产生了广泛的影响，而且给世界留下了宝贵的精神遗产，是举世公认的伟大政治家。可以说，周恩来是一个功勋昭日月，肝胆映山河的世界伟人。

和平共处五项原则根植世界沃土
——周恩来为世界各国交往指明了方向

周恩来是新中国当之无愧的外交创始人和奠基者。他倡导的和平共处五项原则经毛泽东同意并批准，成为我国对外政策的基本方针。五项原则不但使新中国迅速地在国际斗争的惊涛骇浪中稳住阵脚，开创了中国外交史上扬眉吐气的新时代，还成为世界各国交往的基本准则，具有国际外交的里程碑意义。几十年来，和平共处五项原则经受了国际风云变幻的考验，显示了强大的生命力，在促进世界和平与国际友好合作方面发挥了巨大作用。中国不仅是和平共处五项原则的倡导者，而且是其忠诚的奉行者。在这五项原则的基础上，中国与绝大多数邻国解决了历史遗留的边界问题，与世界上大多数国家建立了外交关系。

新中国建立后，中国共产党由革命党开始向执政党转变，毛泽东、周恩来等也开始由革命领导人向国家领导人转变，党的主要任务也由夺取政权向巩固新政权、恢复国民经济转变。外交作为内政的延续，其性质和目的也发生了根本性的变化：由党的外交转变为国家的外交，从争取外国援助来夺取政权转变为和外国建立友好关系来巩固新政权。在外交政策转变的过渡时期，革命时期的一些世界观、原则依然是当时党和国家领导人的指导思想，具体表现在外交政策上为：经常从革命领袖而不是国家领导人的角度来考虑对外关系，把许多第三世界国家看成革命国家，认为中国有义务支持这些国家的革命力量推翻其政府。这导致许多亚洲新独立的国家对新中国产生恐惧感。而一些西方国家，由于受意识形态的掣肘，更是对新中国实行外交围堵。在外交形势比较严峻的情况下，为了突破外交封锁，毛泽东、周恩来高瞻远瞩，制定了具有开创性的外交政策。

中国政府的政策首先体现在发展与印度的关系中。因为印度和中国既是近邻，又在很多方面比较相似，都是在西方殖民主义扩展的过程中先后沦为殖民地和半殖民地的。在印度沦为英国的殖民地后，英国殖民统治者不断以印度为中转站和跳板，对中国发动侵略和渗透，在中国西藏攫取了不少特权。

虽然西藏得到和平解放，可印度继承英国殖民主义在西藏的一些特权却并没有得到及时清除。1953年12月底，中国政府代表团和印度政府代表团就中印两国在中国西藏地方的关系问题在北京开始谈判。周恩来总理在12月31日会见印度政府代表团时从战略高度上首次指出，需要按照“互相尊重领土主权、互不侵犯、互不干涉内政、平等互惠和和平共处的原则”来发展中印两国之间的关系，处理和解决两国之间“业已成熟的悬而未决的问题”，得到了印度方面的积极回应。双方经过12次协商会谈，在平等互利的基础上于1954年4月29日达成了《中印关于中国西藏地方和印度之间的通商和交通的协定》及有关换文。协定在序言中把和平共处五项原则确定为指导两国关系的基本准则。根据这些原则，协定确定了中国西藏地方和印度之间的通商贸易以及便利两国人民互相朝圣和往来的各项具体办法。印度将撤退其驻扎在中国西藏地方亚东和江孜的全部武装卫队，并将其在西藏的邮政、电报和电话等企业及其设备和12个驿站全部移交给中国政府。这一协定不仅清除了中印关系中的殖民主义痕迹，而且还标志着印度以正式方式承认了中国对西藏行使主权的事实。这也是和平共处五项原则作为一个整体首次被载入国际文件中，不仅在中国外交史，而且在国际关系史中也占据了重要的地位。

1954年6月，周恩来总理利用日内瓦会议休会的时间，先后访问了印度和缅甸。这是新中国总理第一次对这两个国家进行访问。在访问期间，周恩来总理与印度总理尼赫鲁和缅甸联邦总理吴努进行友好的会谈，并分别发表《中印联合声明》和《中缅联合声明》。在《中印联合声明》中，中印两国总理重申指导两国关系的和平共处五项原则，并表示，他们感到在他们与亚洲国家以及世界其他国家的关系也应该适应这些原则；如果这些原则不仅适应于各国之间，而且适应于一般国家关系中，它们将形成和平与安全的坚固基础。

在中缅总理联合声明中指出：如果和平共处五项原则“如能够为一切国家所遵守，则社会制度不同的国家的和平共处就有了保障，而侵略和干涉内政的威胁和对于侵略与干涉内政的恐惧就将为安全感和互信所代替”。

在1955年召开的亚非万隆会议期间，一些国家，如印度和缅甸等提出将中国倡导的和平共处五项原则作为指导亚非国家关系的准则，但有一些国家却反对使用“和平共处”，认为这是个共产党人使用的词汇。针对这种现象，周恩来在发言中指出，会议应该撇开不同意识形态、不同社会制度，以要求和平合作作为共同基础来解决正在讨论的问题。他说，如果有人说不喜欢“和平共处”这个词，那么可以采用联合国宪章中的“和平相处”，如果有人反对五项原则的措辞和数目，那也是可以修改的，因为我们所追的是把我们的共同愿望肯定下来，以利于保障集体和平。最后参加亚非会议的29个国家和地区联合发表了著名的《关于促进世界和平和合作的宣言》，列举了各国和平相处友好合作的十项原则，其中包括了这五项原则的全部内容。

后来经过经历了与同为社会主义国家的中苏关系的波折，中国越来越认识到："如果遵循和平共处五项原则，社会制度不同的国家可以和睦相处，友好合作；如果违背和平共处五项原则，社会制度相同的国家也可能尖锐对抗甚至发生冲突。国与国之间关系好坏，关键在于双方是否严格遵守和平共处五项原则。"

1957年毛泽东主席在莫斯科向全世界庄严宣告，中国坚决主张一切国家实行和平共处五项原则。1963年年底至1964年年初，周总理出访亚洲、非洲和欧洲的14个国家，提出了我国经济援助的八项原则，把五项原则扩展到经济领域。

时间是检验真理的唯一标准，随着时间的推进，和平共处五项原则已逐步为世界大多数国家所接受，不仅在各国大量的双边条约中得到体现，而且被许多国际多边条约和国际文献所确认。1970年第25届联大通过的《关于各国依联合国宪章建立友好关系及合作的国际法原则宣言》和1974年第6届特别联大《关于建立新的国际经济秩序宣言》，都明确把和平共处五项原则包括在内。

时至今日，已有160多个国家在与中国签订的双边国际文件中确认了这一原则，越来越多的国家、国际组织和国际会议将这一原则载入其重要国际文件。可见和平共处五项原则的强大生命力和重要性。

2004年，中印两国举行会议，隆重纪念和平共处五项原则提出50周年。中国和印度国家领导人发表重要讲话和互致贺电，中外政治家、外交家和学者对和平共处五项原则的创立和发展历程进行了回顾，从不同的角度论述了和平共处五项原则作为指导国家间关系的基本准则重要意义，特别是在新世纪和新条件下继续维护和平的必要性。和平共处五项原则已经成为公认的指导国际关系的准则，成为被广大国际社会所普遍接受和遵守的国际规范。

魅力感悟

周恩来之所以在国际上产生如此大的轰动效应，就是因为周恩来除了优雅的外交仪表和出众的外交才干外，还给国际社会留下了丰富的精神财富，和平共处五项原则已经成为国际社会普遍遵循的外交准则。仅此一点，就无人可比。贡献之大，前无古人。

新中国建立之初，中国外交形势非常严峻，特别是西方国家，由于意识形态和价值观的迥异，把新中国看做洪水猛兽，而在外交上采取围堵和封杀。一方面，中国与周边的一些邻国，如缅甸、印度、巴基斯坦等差不多同时获得民族独立。这些国家在获得独立以前拥有与中国相似的历史：都曾经创造过辉煌的历史，在独立之前都遭遇了西方列强侵略和殖民统治的悲惨命运，在独立以后面临着维护独立发展经济的共同要求，因此在很多地方与中国有共同的愿望。新中国发展与这些国家的关系存在着很好的基础。但另外一方面，这些国家都是在民族主义政党领导下获得独立的，独立之后建立的是不同于中国的社会制度，在对外政策中奉行的是民族主义的指导思想，由于一些历史的原因，再加上西方帝国主义国家出于冷战的考虑渲染“中国威胁论”，挑拨中国与周边国家的关系，需要中国政府采取切实可行的政策处理好与这些国家的关系。新中国成立初期中国政府执行了一条谨慎、原则性与灵活性相结合的方式来处理好与这些国家的关系。

面对这样的外交形势，周恩来审时度势、高瞻远瞩，从独特的外交思维出发，提出了具有划时代意义的和平共处五项原则，不但拓展了中国的外交途径，还为不同社会制度的国际社会创设了一个普遍接受的国际规范。

在今天，世界格局已发生显著变化，可中印联合倡导的五项原则不但没有淡出，反而比当年更有现实意义。从这个角度讲，五项原则是超越时代的对外关系准则。经济越是全球化，平等互利和互不干涉内政就越发显得重要。全球化带来的好处应该让更多的国家享受到，而不仅是发达国家能获利。不但要让发展中国家得到全球化的好处，就是在发展中国家内，也要让贫困阶层享受到发展带来的好处，也越来越受到国际社会的普遍欢迎。就其贡献而言，周恩来被称为伟大的外交家毫不为过。

无私胸襟传播五湖四海
——周恩来的国际影响力

周恩来是闻名中外的优秀领导人、奇才外交家；他那非凡的智慧和才华，豁达的外交风度和高超的外交艺术，使新中国外交大放异彩，得到了国际社会的广泛推崇和普遍赞誉。尤其是他那崇高的情怀和无私的胸襟，不但赢得了国内人民的赞誉，也为他结交了一大批国际上的朋友。当然，周恩来对老朋友坦诚相见、热情周到的这种人格力量，也将永远铭刻在人们的心中。

法国留学　缔结兄弟友谊

1955年，越南民主共和国主席胡志明率领越南政府代表团访华，而负责接待的则是他神交已久的周恩来。

一见面，二人除了热烈拥抱外，还沿用了在法国留学时的“兄弟”称呼，这在国际舞台上绝对是罕见的景观，使双方都备感亲切。周恩来做东宴请胡志明，席间两人谈笑叙旧，从巴黎讲到国内，从越南聊到中国，都洋溢在久别重逢的氛围里。

当宴会快要结束时，胡志明眼睛向四周扫了一下，好像在找什么东西。周恩来立刻从口袋里掏出一包精致的牙签，递给胡志明。胡志明惊喜地说：“兄弟，你记性真好，30多年过去了，你还记得我要用这东西。”

“恐怕我这一辈子都忘不了了！”周恩来充满感情地说，“老兄的这点爱好，兄弟要是记不住，还算是兄弟吗？”

“确实，我们一辈子都忘不了！这才是真正的兄弟！”胡志明也深有感触地说，“不但我们忘不了，我们还要把中越友好的关系，世世代代传播下去！”

显然，他们之间的交流已不像国家与国家领导人之间的沟通，倒如同兄弟谈心。

其实，周恩来和胡志明的友谊是从巴黎起步的。在巴黎十三区中国城的旁边，有一条叫做戈德弗鲁瓦的小街。周恩来就住在街中的一个小旅馆里。在这里，周恩来与胡志明结下长达50年的“同志加兄弟”的真挚友情。

胡志明，原名阮必成，少年时因不满越南政府依赖外国乞求独立的主张，一心要到西方国家观察学习，寻求救国救民的革命真理。

1919年，巴黎和会在凡尔赛宫召开，胡志明改名阮爱国，向参加巴黎和会的各国代表上书，提出著名的八项要求，希望西方国家关注殖民地国家的民生。可各国使团却没有理会这个黄皮肤殖民地国家的“小人物”。但胡志明仍然义无反顾地参加到法共组织中，为越南和亚洲国家的民族尊严而战。从此，阮爱国的名字成为贫弱国家争取民族独立的一面旗帜。

在法期间，周恩来等人经常参加法共组织领导的集会演说，其卓越的才华和超凡的工作能力引起了比他大8岁的胡志明的注意，他极佩服周恩来的人品与学识，主动约周恩来在塞纳河畔的一个巴黎地铁站见面。两人一见如故，从此经常联络，并肩战斗，一生以“兄弟”相称。后来胡志明从法国转道苏联，周恩来也回国，任职于黄埔军校。

再后来，胡志明成了越南民主共和国的主席，而周恩来则成了中华人民共和国的政府总理。时间虽然跨度很大，但友谊却随着时间的推移而日趋牢固。

胡志明晚年身体不好，周恩来就选拔中国最好的大夫组成医疗组，赴越南为胡志明治病。1969年9月3日，胡志明因心力衰竭在河内逝世。周恩来得知噩耗“悲痛万分，彻夜难眠”，中共中央派周恩来前往河内吊唁。在机场，周恩来见到越南总理范文同时，两人相望而泣，周恩来悲伤地说：“我来晚了，我来晚了。”

当时越南政府为长期保存胡志明的遗体，对遗体作特殊处理，规定任何国家的代表团不准瞻仰胡志明的遗容。但是，当他们得知周恩来想要见胡志明最后一面的心愿时，却破例改变了原先的安排，周恩来与相知一生的“老大哥”胡志明见了最后一面。

胡志明和周恩来从巴黎相识，50年“同志加兄弟”的真挚友情，成为中越人民血浓于水的友情见证。[53]

万隆会议　广交朋友

半个世纪前，万隆会议在危机四伏的国际环境中拉开了帷幕。会议期间，周恩来以决策人、指挥家和实践家三位一体的身份，殚精竭虑，日夜操劳。终于赢得了国际社会的广泛推崇和普遍赞誉。在与各国代表们交往和接触中，周总理结交了一大批朋友，在国际上树立了平等待人、自尊自信而又谦虚自处的崇高形象，并使人乐于与他交往。周总理的这种外交风格，不仅对亚非会议的圆满成功作出了重要贡献，而且增进了相互了解和友谊，消除了某些国家对新中国的误解和疑虑。

周总理在会议期间辛勤播下的友谊种子，终于结下累累硕果。在会议结束不久，我国就同与会国之间的关系有了迅速发展。先后与尼泊尔、埃及、叙利亚、也门、锡兰、柬埔寨、伊拉克、苏丹、加纳和老挝等10个亚非国家建立了外交关系。此外，中国与亚非其他一些与会国家的关系，也有了不同程度的发展。

可以说，周总理为亚非会议的成功发挥了关键作用。黎巴嫩代表团团长查尔斯·马立克1955年4月25日拜会周总理时曾当面赞誉说：“我想可以说，在每一场你要参加或者你允许自己参加的重要战斗中，你都获得了胜利。”“虽然我们在好些问题上，有些是很重要的问题上有分歧，但我们却同你建立起了一种亲密的关系。”“你在会上获得了成功，比别人都大的成功。”应该说，黎巴嫩代表团团长对周总理的这一评价，在相当程度上具有广泛的代表性。

的确，周总理在亚非会议期间那种实事求是的作风、灵活机动的策略、善于解决难题的卓越才能以及他顾全大局、平等待人的态度，不仅为新中国赢得了朋友、赢得了尊敬，而且对确保亚非会议的成功，对扩大新中国的国际影响，对提高新中国的国际地位和国际威望，以及对发展新中国同亚非国家的正常关系和友好交往发挥了重要的作用。

患难之交　成就最信赖的朋友

1970年3月18日，美国策动柬埔寨朗诺—施里玛达右派集团，趁西哈努克亲王出国访问之机发动了政变，宣布“废黜”柬埔寨国家元首西哈努克亲王。

政变发生后，毛泽东主席和周恩来总理高瞻远瞩，立即作出继续支持西哈努克亲王的决策。3月19日，西哈努克亲王按原计划自莫斯科抵达北京，中国仍按照国家元首的规格隆重接待，使西哈努克亲王深受感动。

5月5日柬埔寨王国民族团结政府成立，中国承认其为柬埔寨唯一合法政府，同时宣布正式断绝同政变集团早已断绝的一切外交关系，撤回金边使馆。西哈努克亲王在中国一住就是5年多，直到1975年9月才返回金边，成为在中国逗留时间最长的外国元首，也是亿万中国人民最熟悉的外国元首。柬埔寨成语说：“患难之中识敌友。”西哈努克在最困难的时候得到周总理和中国的坚决支持，深感周总理和中国是柬埔寨最忠实的朋友，“是可以信赖的”。

西哈努克亲王在朗诺政变后抵京初期，情绪低落。周总理倾注了大量心血做西哈努克的工作，在亲王到京后的第一个月，周总理几乎每天都到钓鱼台国宾馆同他会谈，鼓励亲王坚持反对朗诺集团的正义斗争，表示中国坚决给予支持。会谈次数之多、时间之长，在中国外交史上是绝无仅有的。在北京的许多外交场合，只要一有机会，周总理总是尽可能邀请西哈努克亲王参加，热情地把他介绍给中国的一些新老朋友。对于西哈努克亲王在中国期间的生活和他出访参观等活动，事无巨细，周总理都要亲自过问，并让人为亲王的外出安排舒适的专列或专机。

从1970年西哈努克亲王到中国至1975年离华回柬埔寨的5年中，他访问了朝鲜、南斯拉夫、罗马尼亚、阿尔巴尼亚、阿尔及利亚、毛里塔尼亚、摩洛哥、伊拉克、埃及、苏丹、坦桑尼亚、赞比亚、乌干达、索马里等国，全部都是乘坐周总理特别为他安排的专机。另外还有一架专机装运亲王在出访中要赠送的礼品。每一次西哈努克亲王出访，周总理都坚持亲自到机场迎送，无微不至的关怀让西哈努克亲王感动不已。

后来，西哈努克亲王在回忆录中写道："1970年到1975年间，我成了一个被罢黜的国家元首流亡于北京，在此期间，周恩来从未停止向我表达他非同寻常的问候、关切与尊敬。""我与周恩来之间的友谊的确是非常特殊的。在北京的那几年忧心忡忡的日子里，无论是周恩来有事同我商议或是我有事与他会面，他总是不让我劳神去他的办公室或住宅，我再三恳求也无济于事。除非纯粹的社交应酬，他总是坚持要我同意他来拜会我。"

伟人去世 撼动世界

周恩来的伟大和质朴为世界人民所钦佩，他的人格魅力更给世人留下了深刻印象。当他逝世的消息传至纽约联合国总部时，引起了巨大震动和深切哀悼。从各国常驻代表团大使到一般外交官，从联合国秘书处高官到一般工作人员，都用自己的方式向这位伟人表示了崇敬之情。其场景之动人，情意之真切，语言之诚挚，令人震撼而永志不忘。

周总理逝世的第二天下午，中国驻联合国人员强忍着深深的悲痛，出席非殖民化特委会的例会。可一走到联合国会议大厅，两位素不相识的美国警卫就走过来向中方参会代表立正敬礼，神情严肃地说："周恩来先生去世了，我们感到很难过，特来向你们表示哀悼和敬意。"紧接着，两位在安理会工作的拉美国家女士，也走过来说，她们在这里专门等候中国代表团的成员，为的是表示拉美人对周总理的深切哀悼之情。又说周总理一生为中国人做了许许多多的好事，拉美人敬重他。此后，中国代表团的成员在走廊里还遇见许多女士和先生，他们或招手，或轻声言语几句，或点头致意，无不包含着他们对周总理去世的深深哀思。

非殖民化特委会会场的气氛显得格外庄重和严肃。24个国家的代表先后走上来向中国代表团的成员表示慰问，向已离开人世的周总理致以敬意。特立尼达和多巴哥常驻联合国代表阿卜杜拉公使一边紧握中国代表团的成员的手，一边动情地说，周总理是令人敬仰的伟人。他为中国作出的伟大贡献已镌刻在中国的史册上。突尼斯参赞易卜拉欣说，周总理既伟大又平凡。伟大在于他思想深邃，一直站在历史的制高点；平凡在于他为公众做了许多事情而从不炫耀，一直工作到生命之火熄灭为止。

会议开始后，特委会主席、坦桑尼亚大使萨里姆宣布取消会议的原来议程，把全部时间用来追悼中国伟人周恩来。这时，24个国家的代表全部站了起来为周总理默哀一分钟。接着，萨里姆发表了感人至深的讲话。他说，他在担任驻华大使期间，就为周总理的睿智所折服，为他对亚、非、拉国家的炽烈情感所鼓舞，为他的杰出才华所钦佩。同周总理讨论建设坦赞铁路是他终生难忘的事情。不是别人，而是毛主席和周总理帮助非洲修建了坦赞铁路。那时西方国家没有一家愿意帮助我们非洲国家。说到这里，他哽咽得再也说不出话来。

更为感人的是，联合国还特地下半旗哀悼周总理。这是联合国建立以来罕见的事情。

魅力感悟

周恩来这位在国际政坛熠熠生辉的政治领袖，靠其出众的才华和人格魅力，不但赢得了国人的认可，还征服了整个世界。即便是作为周恩来国际上的政治对手，也不得不佩服周恩来的崇高品德，都把周恩来视作政治上的一面镜子。

凡是和周恩来有过接触的人，不管开始如何，但最终都被其人格征服。他和胡志明延续半个世纪的兄弟友谊，他同西哈努克亲王的患难之交，以及他在国际场合结交的所有朋友，几乎都会成为他终身的朋友，而这都源于他崇高的人格境界。

美国前总统尼克松在写到周恩来时，深情地说："我1972年访问中国期间，周恩来无与伦比的品格是我得到的最深刻印象之一。通过多次长时间的正式会谈和非正式交谈，我终于了解了他，并对他产生了极大的敬意。'恩来'译成英文是'恩惠降临'之意。这个名字很能概括他的风度和气质。"

而周恩来的另一位朋友——金日成，得知周总理逝世的消息，当时正准备动眼疾手术，但因眼睛哭红，手术不得不推迟。金日成决定，制作一个特大的花圈，送到北京周总理的灵堂，对周总理不幸逝世表示深切的悼念。并在随后，在周总理访问过的地方建立了一座周恩来铜像，这是朝鲜唯一的一座外国人铜像。

由此可见周恩来的非同寻常的人格境界。

第四节　影响：超越国界，泽被后世

周恩来堪称是20世纪国际舞台上最伟大的人物之一，很少有人像他那样能够扮演各种不同的角色而且应酬自如。他既是所向披靡的斗士，又是处理棘手问题的调和者；他是真君子，又是伟丈夫。他能将“鸽的平和与鹰的机警、水的柔情与火的炙热”这些极为不同的双重品质完美地糅合在一起。周恩来的才干、品德和灵活自如的政治智慧不但铸造了他在中国人心目中丰碑位置，也成为世界各国的共同精神财富化身。周恩来倡导的“和平共处五项原则”，至今仍被视为建立国际秩序的选择之一，也成为中国对于国际关系最大的创造性贡献，还将在未来多元化的和谐世界中被广泛运用。

世界级领袖典范
——众人楷模，改变世界

周恩来超越意识形态的人格魅力，就在于他不但能够让敌人成为朋友，也能够让对手甘愿合作。历史当然不会忘记周恩来逝世的1976年1月8日，联合国总部为其降半旗志哀，出人意料的是，不论是与中国建交还是没有建交的全球130多个国家的党、政领导人发来唁电、唁函，几乎所有重要国家的报纸、电台都在第一时间播报了这一消息；显然，对周恩来的认可超越了政见、超越了时空、超越了意识形态……早已不仅仅是“外交家”三个字所能够承载的。

好评如潮，国际友人、世界政要眼里的完美典范

在世界当代史上，恐怕还没有人能够超越周恩来所创造的国际影响力，他以自己的政治智慧、外交才能和完美人格赢得了全世界的赞誉从而成为享誉世界的伟大政治家，也成为世界政坛领袖纷纷效仿的国际巨人。为了感悟周恩来的内在魅力，我们不妨从“局外人”的角度，听听他们对周恩来的评价。

1. 阿拉法特生前曾说过：“伟人之所以伟大，就在于能够准确地预见未来，当我们在贝鲁特和特里波利被围困时，周总理说过的话，给了我们多么大的力量啊！”

2. 美国前驻中国联络处主任布鲁斯说：“无论用什么标准来衡量，中华人民共和国总理周恩来都是当代最杰出的政治家之一。”“周恩来在文职政府的管理方面显示了近乎天才的能力！实际上，他掌管了国内经济和政府为他的数以亿计的同胞们所操心的事情。”

3. 坦桑尼亚总统尼雷尔说过：“周恩来以无私的献身精神毕生为祖国人民服务，用人民认为合适的一切方式为人民发挥了自己巨大的才能，他对中华人民共和国的解放和进步所作的贡献无论怎样评价也不会过高。他和他的同事们所取得的成就，就是他的纪念碑。但是，周恩来总理是属于全世界的中国伟人之一，这些中国伟人为促进人类尊严和国际革命团结作出了自己的贡献。我国人民以爱戴和感激的心情把他看成是一位伟大的人，人类的伟大朋友和给人以鼓舞力量的领导人。”

4. 迪克威尔逊认为：“周是一位极优秀的外交家、调解者和行政官，他是能把任何事情都能办成的人，是为经济建设出谋划策的人。”

5. 苏联前总理柯西金在会见日本创价协会会长池田大作时说：“请你转告周总理，周总理是绝顶聪明的人，只要他在世一天，我们是不会进攻的，也不可能进攻的。”

6. 英国前外交大臣艾登对美国记者说：“你们早晚会知道，周恩来

可不是平凡的人。”

7．苏联前总理柯西金对毛泽东主席说：“像周恩来这样的同志是无法战胜的，他是全世界最大的政治家。”

8．丹麦《日德兰邮报》有人发表文章指出：“周恩来作为一位领导人对现代中国的建设起了最重大的作用……是一位伟大的管理家，他把毛主席的思想变为现实。”

9．苏联前外交部长莫洛托夫对西方记者说：“你们认为我是难以对付的话，那你们就等着与周恩来打交道吧。”

10．印度印中友协会长说：“世界上的领导人，能多一些像周总理的，世界和平就有希望了。在国内也同样，要是能多几个像周总理这样的领袖，国家就会很好了。”

11．印度尼西亚前总统苏加诺说：“毛主席真幸运，有周恩来这样一位总理，我要是有周恩来这样一位总理就好了。”

12．新中国成立前夕，斯大林和米高扬对毛泽东说过：“你们在筹建国家方面不会有任何麻烦的，因为你们有现成的一位总理，周恩来。你们到哪里去找这样好的总理呢？”

13．肯尼迪夫人杰奎琳说：“全世界我只崇拜一个人，那就是周恩来。”

14．西哈努克夫人莫尼克公主也说过：“周恩来是我唯一的偶像！”

15．许多有识之士在评价周恩来时都曾指出，不要以为周的特长在外交，而忽略他经国济民的治国之才。本杰明艾施瓦兹说：“我一点也不怀疑，自始至终，他是矢志不渝地献身于创建一个‘强盛富裕’的中国。”

16．1972年尼克松说：“周恩来，是北京必不可少的全天候人物。他在党内最高层任职时间，比列宁、斯大林或者毛泽东还长，自从中华人民共和国诞生以来，他就担任总理，作为国家的代言人达四分之一世纪之久。也是我们这个时代最有造诣的外交家之一，也是我所认识的最有天赋的人物之一，中国如果没有毛泽东，就可能不会燃起革命之火；如果没有周恩来，就会烧成灰烬。”

17．联合国前秘书长哈马舍尔德于1955年在北京会见过周总理后说过一句广为流传的话："与周恩来相比，我们简直就是野蛮人。"

荡气回肠，世界领袖悉心揣摩的经典妙答

周恩来的经典妙答堪称独有的周氏风格，甚至具有不可复制性，因而周恩来的每一个妙答，几乎都能牵动世界的神经。特别是在世界聚焦的国际场合，周恩来的反应之灵敏，回答之贴切、攻势之凌厉让世界许多政治家仰慕不已，绝对达到了天衣无缝、无懈可击的地步，因为无论多么犀利刁钻的问题，到了周恩来那里都不费吹灰之力，就能迅速找到破解之道，他脱口而出的即兴发挥，都会折射语言的张力，并在很短的时间内借助媒体的力量风靡全世界，因此许多国家的政治人物不得不悉心研究周恩来的精彩妙答，以期找到自己可供借鉴的思路，因而难怪周恩来在国际政坛上，尤其是外交界，有着太多的"政坛粉丝"，无论是国际友人还是政治对手，无论是外交机构还是学术研究团体，几乎无一例外地都把周恩来当做效仿的"大牌"和研究的楷模。现略选几例周氏妙答。

1．1954年，周恩来参加日内瓦会议，为了让外国人对中国人有所了解，就通知工作人员，给与会者放一部《梁山伯与祝英台》的彩色越剧片。

可工作人员为了使外国人能看懂中国的戏剧片，竟写了15页的说明书呈周总理审阅。周恩来批评工作人员："不看对象，对牛弹琴。"

工作人员也不服气地说："给洋人看这种电影，那才是对牛弹琴呢！""那就看你怎么个弹法了，"周恩来说，"你要用十几页的说明书去弹，那是乱弹。我给你换个弹法吧，你只要在请柬上写一句话：'请您欣赏一部彩色歌剧电影，中国的《罗密欧与朱丽叶》就行了。'"

结果，电影放映后，观众们看得如痴如醉，不时爆发出阵阵掌声。

日内瓦会议，是新中国外交正式走向国际舞台的第一步，当时一些

国家，由于意识形态和价值观的差异，而对中国采取了外交围堵和全面封锁，并利用他们的舆论工具对新中国的形象进行肆意的歪曲和颠覆。为了展示中国的文化和情趣，也是为了让他们对中国有更多的了解，周恩来就让放映《梁山伯与祝英台》，旨在宣扬中国人也是富有情趣与内涵的，可工作人员却写了15页的说明书，周恩来在对其批评的同时，并指出了具体的操作方法，体现了总理的宽容与睿智。

2．一位西方记者突然问周恩来："请问总理先生，现在的中国有没有妓女？"

不少人纳闷：在如此严肃的场合，怎么会提这种十分无聊的话题？

但也有一些人在瞬间爆笑，因为他们抱着极大的窥视阴暗的心理，企图坐山观虎斗。

事实上，既然问题已被提出，就不容回避，很多人把目光瞬间都集中到了周恩来那里，想看一下中国这位素有"铁嘴总理"之称的周恩来如何回答的。

周恩来不急不慢，环视了一下众人，但语气非常肯定地说："有！"

对于如此肯定的回答，众人大跌眼镜，不但中国记者吃惊，就连外国记者也非常错愕，可谓全场哗然，议论纷纷。因为废除妓院是被当做社会主义优越制度来宣传的，这不是自爆其丑和自认其污啊？再说与公布的相关政策也自相矛盾啊？

周恩来看出了大家的疑惑，就立即补充了一句："中国的妓女在我国台湾省。"

人们瞬间明白，顿时掌声雷动，都为周恩来的回答而叫好。

这位西方记者的提问非常阴毒，他精心设计了一个陷阱，想让周恩来往里跳。解放后，中国政府查封了内地的所有妓院，原来的妓女经过劳动改造后都早已成为自食其力的劳动者。这位记者用"中国有没有妓女"这个问题，就是想诱导周恩来说出“没有”。一旦周恩来真的按那位记者的想象来回答，就正好中了他的圈套，他会紧接着说“台湾有妓女”，这个时候总不能说“台湾不是中国的领土”。因此这个提问的阴毒就在这里。当然，周总理一眼就看穿了他的伎俩，这样回答既点破了分裂中国领土的险恶用心，也反衬出大陆良好的社会风气和台湾腐败的社会制度，以及由此形成的鲜明对比。周总理考虑问题周密细致，同时反应又那么快速，这一点让人不佩服都很难！

3．一位西方记者不怀好意地问周恩来总理：“在你们中国很奇怪，明明是人走的路为什么却非要叫做‘马路’呢？”

周总理不假思索地答道：“我们走的是马克思主义道路，简称马路。”

这位记者的真正用意是把中国人比作牛马，和牲口走一样的路。旨在否定我国劳动人民当家做主的客观现实。如果从“马路”这种叫法来源去回答他，即使正确回答也是没有什么意义。可周恩来却独辟蹊径，把“马路”的“马”解释成马克思主义，这就强化了‘社会主义制度的价值观’，铿锵有力，掷地有声，这恐怕是这位记者所始料不及的。

4．美国代表团访华时，曾有一名官员当着周恩来的面说：“中国人很喜欢低着头走路，而我们美国人却总是抬着头走路。”此语一出，话惊四座。

周总理不慌不忙，脸带微笑地说：“这并不奇怪。因为我们中国人喜欢走上坡路，而你们美国人喜欢走下坡路。”

美国官员的话里显然包含着对中国人的极大侮辱，暗指中国人低三下四、夹着尾巴做人。在场的中国工作人员都十分气愤，但囿于外交场合难以强烈斥责对方的无礼。可如果忍气吞声，听任对方的羞辱，那么国威何在？而周恩来的回答则让美国人领教了什么叫做柔中带刚的力道，因而最终尴尬、窘迫的是美国人自己。

5．50年代，一位美国记者在采访周总理的过程中，无意中看到总理桌子上有一支美国产的派克钢笔。那记者便以带有几分讥讽的口吻问道："请问总理阁下，你们堂堂的中国人，为什么还要用我们美国产的钢笔呢？"

周总理听后，风趣地说："谈起这支钢笔，说来话长，这是一位朝鲜朋友的抗美战利品，作为礼物赠送给我的。我无功不受禄，就拒收。可朝鲜朋友说，留下做个纪念吧。我觉得这支钢笔的来历很有意义，就留下了这支贵国的钢笔。"

美国记者一听，顿时哑口无言，脸也红到了耳根。

这位记者的狂妄与嚣张，结果导致了自取其辱，他原本是想炫耀美国实力，羞辱中国的落后，其潜台词就是：你们中国人怎么连好一点的钢笔都不能生产，还要从我们美国进口？可结果事与愿违，自己搬石头砸了自己的脚。周恩来的一句"朝鲜战场的战利品"，让这位记者颜面尽失。

6．在一个记者招待会上，当周总理介绍完我国的经济建设成就后，一个西方记者就抢着话题说："请问，中国人民银行有多少资金？"

总理眉头一皱，很快答道："有18元8角8分。"在场的人全都愕然。周恩来就又解释道："中国人民银行发行的面额为10元、5元、2元、1元、5角、2角、1角、5分、2分、1分的10种主辅人民币，合计为18元8角8分。中国人民银行有全国人民做后盾，信用卓著，实力雄厚，人民币是世界上最有信誉的一种货币。"

话音刚落，全场响起热烈的掌声……

这位记者提出这样的问题，有两种可能性，一个是嘲笑中国穷，实力差，国库空虚；一个是想刺探中国的经济情报。这涉及国家机密，不可能直言相告。

于是，总理有意回避问题的实质，以“总面额”替代“总金额”，既堵了外国记者的口，又不损害招待会和谐的气氛。运用曲解，使语言犀利而风趣，充分表现出他过人的应变能力和高超的语言艺术，让人折服。因为这样的问题事先根本无法准备，没有雄辩的口才和飞速的思维就不可能做到。可这对于周恩来来说，却是小菜一碟。

7. 1960年4月下旬，周恩来总理与印度谈判中印边界问题，印方突然提出一个挑衅性的问题：“西藏自古就是中国的领土吗？”

周恩来总理坚定地说：“西藏自古就是中国的领土，远的不说，至少在元代，它就已经是中国的领土。”

可对方却固执地说：“时间太短了。”

周恩来笑了笑，说：“中国的元代离现在已有700来年的历史，如果700来年都被认为是时间短的话，那么，美国到现在只有100多年的历史，是不是美国不能成为一个国家呢？这显然是荒谬的。”

印方代表哑口无言，不知如何回答。

在周恩来的反驳中，没有停留在就事论事的争执里，他只是用了两个对比性材料来否定对方的观点。700年与100年相比较，你要否认700年而承认100年显然是站不住脚的，其结果是承认100年就得承认700年这个事实。对比在这里产生了巨大的力量。

魅力感悟

从国际视野的角度，通过国际政坛领袖和友好人士的眼睛来看周恩来，周恩来毫无疑问是一位让人敬仰的国际政坛巨子，他以其非凡的人格魅力，不但赢得了国内民众的认同，而且还征服了整个世界，从某种程度上讲，周恩来所处的时代，几乎就是周恩来的时代，尤其外交领域，周恩来更是被誉为解决国际争端和外交分歧的顶尖高手。

事实上，无论政坛领袖还是知名人士，人们都由衷地愿意把最美好的颂词和掌声献给周恩来，就是因为周恩来身上的确洋溢着一种器宇轩昂的领袖风采和人格魅力，让人根本无法抗拒，几乎让人到了五体投地，甚至是顶礼膜拜的地步。就是因为他像古代的圣贤，让人很难找到他的瑕疵，再加上他出色的斡旋能力，让世人敬仰也就成了顺理成章的事情。在生活中，很多棘手的问题一经周恩来的斡旋，也确实很快就能柳暗花明，顺利找到破解之道。因而，周恩来的历史功勋超越了国界，不但是中国人的骄傲，也是全人类的财富。

任何一个政治人物，无不注重口才，从某种程度上讲，领袖的气质有一半来源于个人口才的魅力展示，周恩来无疑是这方面的典范。周恩来的经典妙答之所以成为世界政坛人物仔细研究和揣摩的样板，就在于周恩来确实有着一般人所不具备的禀赋，他幽默风趣、谈笑风生，在任何发问下，都能从容应对，且妙语连珠，挥洒自如。无论是刁钻的发问，还是热诚的关切，无论是善意的提醒，还是蓄意的讥讽，对周恩来来说都是不假思索、信手拈来，且绝对保证是具有国际水准的一流回答，且具有不可复制性。可谓嬉笑怒骂皆成妙语，让人无不点头称是，竖指称颂。

由此看来，周恩来在国际上有如此之高的人气指数和政治影响力，就是因为他有过人的应变能力和高超的语言艺术，他确实无愧世界级政坛领袖称谓。

中华民族的精神丰碑
——集众多品质于一身的“完人”

周恩来总理是中国人民心中永远的丰碑，他的品德、人格、风范、情怀为中华民族树立了一座精神丰碑。无论过去、现在和将来，都是中华民族宝贵的精神财富，是激励中华儿女把中华民族不断推向前进的强大精神动力。周恩来不但给中国共产党注入了优秀的基因，还给中华民族树立一个光辉的典范。

有口皆碑，中国人民的精神财富

周恩来作为一代鸿儒、雄辩大家，用一生的信念践行了为人民服务的崇高追求，建立了不朽的历史功勋，是一位顶天立地的东方巨人，是一位中华民族足以自豪的伟大英雄，在国人心目中有口皆碑，他们从不同的角度诠释了这位神奇的历史伟人。

1. 两弹元勋钱学森说：“许多党外人士说：‘我们是认识周恩来才认识了中国共产党，因相信周恩来才相信中国共产党。’”

2. 原国家主席李先念说：“中国共产党因为有周恩来而增添了光辉，中国人民因为有周恩来而增强了自豪感。”

3. 著名作家冰心老人说：“周恩来总理是十亿中国人民心目中的第一位完人。”

4. 胡耀邦在1984年瞻仰了江苏淮安周恩来纪念馆后题词：“全党楷模”。

5. 国民党元老于右任和蔡元培都曾说过：周恩来先生的人格真是伟大！

6. 著名经济学家、人口学家、原北大校长马寅初说：“周恩来总理是最得民心的中国共产党党员。”

7. 著名地质专家李四光曾说：“周恩来是个了不起的人物，他胸怀宽阔，不计恩怨，广交朋友，用人唯贤，关心体贴，无微不至，为中国共产党团结了一大批人。”

8. 李宗仁说：“周恩来作为国共和谈的首席代表，高瞻远瞩，立地生辉，抛开国共两党各自的信仰不说，仅以有这样的杰出领袖人物来看，中国共产党的胜利，也是天经地义的，顺乎情理！”

9. 阎锡山说：“周恩来乃神才也！周恩来先生的确是个大人才，我在国民党里没见过，国民党里没有这样的人才。”

10. 张治中说：“我的一切进步与我的老朋友周恩来的帮助、教育是分不开的，我永远不会忘记他的情怀，他那广泛团结人的思想是国人学习的楷模。”

11. 古耕虞说：“国民党把我往外推，中国共产党把我往里拉，其代表人物就是周恩来。是周恩来的力量，才使我改变了对国共两党不偏不倚的立场，逐步靠拢中国共产党。”

魅力感悟

国人之所以发自肺腑地尊敬和怀念周恩来，是因为他除了有坚定的马克思主义世界观修养和人格魅力外，还有对中国共产党和中国人民无限的忠诚。周恩来始终信仰坚定、理想崇高，集中表现为他对党和人民无限忠诚的精神。这是他毕生奋斗的力量源泉。

作为政坛巨子，周恩来必定会在今后的岁月里拥有更多的崇拜者，他们会在周恩来这面精神旗帜下面，延续他对人类社会发展的理想和信念。那些佩服、崇敬和崇拜周恩来的人也注定会成为政治组织里最坚定的中坚分子，成为不可动摇的政治核心，成为任何力量都无法摧毁消灭的精神核心。

周恩来是中国共产党人一面永恒而不朽的精神旗帜，也是一座永恒不朽的精神丰碑。周恩来的影响却不会因为历史的长久而暗淡，相反会更加耀眼夺目，对后世的影响也将更加深远。

注释：

[51] 翟华.《东方文化西方语》. 中国书店 2009年3月

[52] 陈远编，谢泳等著.《逝去的大学》.同心出版社.2005年03月

[53]"战友情深 揭秘周恩来与胡志明的革命友谊".人民网. 2011年06月23日

周恩来经典机智口才故事

1. 一次，外国记者不怀好意地问周恩来总理："在你们中国，明明是人走的路为什么却要叫'马路'呢？"周总理不假思索地答道："我们走的是马克思主义道路，简称马路。"

---

2. 美国代表团访华时，曾有一名官员当着周总理的面说："中国人很喜欢低着头走路，而我们美国人却总是抬着头走路。"此语一出，语惊四座。周总理不慌不忙，面带微笑地说："这并不奇怪。因为我们中国人喜欢走上坡路，而你们美国人喜欢走下坡路。"

---

3. 一位美国记者在采访周总理的过程中，无意中看到总理桌子上有一支美国产的派克钢笔。那记者便以带有几分讥讽的口吻问道："请问总理阁下，你们堂堂的中国人，为什么要用我们美国产的钢笔呢？"周总理听后，风趣地说："谈起这支钢笔，说来话长，这是一位朝鲜朋友的抗美战利品，作为礼物赠送给我的。我无功受禄，就拒收。朝鲜朋友说，留下做个纪念吧。我觉得有意义，就留下了这支贵国的钢笔。"美国记者一听，顿时哑口无言。

4. 一个西方记者说："请问，中国人民银行有多少资金？"周总理委婉地说："中国人民银行的货币资金嘛，有18元8角8分。"当他看到众人不解的样子，又解释说："中国人民银行发行的货币面额为10元、5元、2元、1元、5角、2角、1角、5分、2分、1分等10种主辅人民币，合计为18元8角8分……"

---

5. 1960年，周恩来在北京审查出国表演的节目——京剧《霸王别姬》。当戏演到项羽不顾形势，不听劝阻，执意出战时，他评道："一言堂。"项羽回宫后，虞姬规劝再三，叫他千万不要出兵，以免中刘邦的计。项羽不容分说，回拒说："孤意已决，明日发兵！"他评道："一家之长。"项羽孤军深入，落进了刘邦的伏击圈，他再评道："一意孤行。"项羽终于被困垓下，他又评道："一筹莫展。"虞姬备酒，项羽吟唱"力拔山兮气盖世"时，他指出："一曲挽歌。"项羽陷入四面楚歌，汉兵将至，虞姬自刎，他再指出："一败涂地。"就这样，周恩来几乎对每个重要场景都下了评语。

---

6. 周总理设宴招待外宾。上来一道汤菜，冬笋片是按照民族图案刻的，在汤里一翻身恰巧变成了法西斯的标志。外客见此，不禁大惊失色。周总理对此也感到突然，但他随即泰然自若地解释道："这不是法西斯的标志！这是我们中国传统中的一种图案，念'万'，象征'福寿绵长'的意思，是对客人的良好祝愿！"接着他又风趣地说："就算是法西斯标志也没有关系嘛！我们大家一起来消灭法西斯，把它吃掉！"话音未落，宾主哈哈大笑，气氛更加热烈，这道汤也被客人们喝得精光。

7. “文革”期间，江苏省射阳县的一群红卫兵到北京上访，周总理接待了他们。红卫兵要求把射阳县名字改掉，理由是“射阳”二字是含沙射影，箭射红太阳。周总理听他们讲明来意后，哈哈大笑起来。他们不理解总理为什么发笑，几只眼睛盯着总理脸上望。总理说：射阳两个字很好嘛，我看不用改了。你们这些小将看问题，为什么不从积极方面去看，而从消极方面去看呢？我说“射阳”两字很好，因为我的看法，不是箭射红太阳，而是红太阳光芒四射。周总理深怕他们听不清楚，又重复地说了一句对射阳的解释，射阳就是红太阳光芒四射，你们说对不对？说罢，又哈哈地大笑起来。红卫兵代表也都笑了，因为他们对总理的讲话感到心服口服，表示还是叫射阳县好。

---

8. 一位西方记者问周总理：“请问总理先生，你们中国人口众多，你知道你们中国有多少个厕所吗？”这是一个非常刁难的问题，总理是管理国家大事的，怎么可能去调查全国有多少个厕所呢？大家都在瞪大眼睛等着周总理的回答。

周总理不假思索：“两个。”

这位西方记者有点纳闷：“你们中国人口稠密，只有两个厕所怎么行呢？”周总理说：“我们中国只有两种人，一种是男人，一种是女人。所以我们的厕所只需要两个，一个男厕所一个女厕所就已经足够了。”周总理就是这样轻描淡写把这西方记者打发了。

---

9. 一位西方女记者对着话筒匆匆问道：“周恩来先生，可不可以问您一个私人问题？”“可以的。”周恩来微笑着回答。“您已经60多岁了，为什么

依然神采奕奕，记忆非凡，显得这样年轻、英俊？”场内顿时响起了友善的笑声和议论声。这正是很多人都想知道的问题。周恩来温和地笑了笑，待场内安静下来，才声音宏亮地坦然回答：“因为我是按照东方人的生活习惯生活，所以我至今都很健康！”翻译流利地译出周恩来的话，整个大厅里响起了经久不息的掌声和喝彩声，各国记者无不为周恩来的巧妙回答所折服。

---

10. 在一个外交场合，一位外国人问周恩来：“你们国家有妓女吗？”周恩来回答到：“有。”这时场内一片哗然。可总理接着说到：“在中国的台湾！”听到这里，场内响起了一片掌声。